绝对说服

GOOD ARGUMENTS
HOW DEBATE TEACHES US TO LISTEN AND BE HEARD

［澳］徐辅贤 _著
BO SEO

曹军 _译

民主与建设出版社
· 北京 ·

谨以此书献给

朴真暻（Jin Kyung Park）和徐源教（Won Kyo Seo）

序

　　9 岁生日之前，我已失去了表达不同意见的能力。那是一种缓慢的侵蚀：能力并非在某一个瞬间突然丧失，而是缓慢而稳定地衰退。起初，我抗拒过。尽管反对意见像卡在喉咙一样说不出，但我还是能想方设法将其吐露出来。而后来我厌倦了随争论而来的努力、风险和自我表露，开始在言语间的沉默中逗留，默默地告诉自己：既然沉默，就一定有办法好好待在这个安全而隐蔽的角落。

　　2003 年 7 月，父母和我刚刚从韩国移民到澳大利亚。我们之所以下定决心移民，是为了在生活、工作和教育方面寻求新的机会。当初得知要移民时，我满怀兴奋，但现在，身处悉尼北部城郊安静、富裕的沃龙加，我觉得移民的决定很愚蠢。我们背井离乡、远离好友、吃不到真正的辣椒做的食物、离开了4800 万说我们自己语言的同胞，这一切都是为了什么？走在沃尔沃思商场的冷冻食品过道间，爬上当地公园的游戏架[1]，有种疏离感，让我感觉自己是被冒冒失失选中的，这简直令人懊恼透了。

---

1. 一种儿童游戏用的立体游戏铁架。——若无特殊标注，本书注释皆为译者所加。

对于我的抱怨，父母表示同情，但无动于衷。他们不断重复"过渡"这个词，让我感觉，为了某个美好的愿景，我的那些不适和困惑完全可以忽略不计。

父亲和母亲截然不同。父亲在朝鲜半岛最东端的一个乡村小镇上长大，家族庞大而保守。妈妈则来自首尔温文尔雅的进步人士家庭。父亲有意回避物质享受，而母亲天生喜爱奢华；父亲喜欢和人打交道，母亲爱独自思考。然而，移民的过程却凸显了两人共同的品质：强烈的独立性和实现梦想的决心。

来悉尼的最初几周，父母在城里忙着处理一系列事情，大部分时间我都是在租来的那辆车子的后座上度过的。购买家具、登记税号、租赁公寓……这一切将我们与这座城市更加紧密地联系在一起，但没有一样能让我对这座城市产生亲切感。每当我问他们自己能做点什么时，父母总是告诉我，我要做的只有一件事："好好适应新学校，好吗？"

沃龙加郊区的这所布什小学，当地人管它叫丛林小学。学校周围是野生动物保护区，恣意生长的植物蔓延着，眼看就要进到校园里。灌木丛爬在教室的窗户上，废弃的阶梯教室的座位上长满人耳大小的蘑菇。夏天，校园郁郁葱葱，绿意盎然。然而到了8月，在一个寒冷的周一早上，我读三年级的第一天，树叶泛着淡淡的银色，校园的尽头显得黯淡无光。

年轻的霍尔小姐身着浅蓝色裙子，站在3H班的黑板前。她的表情是那么亲切，脸上的线条都显得柔润起来。她示意我进门。我慢腾腾地往教室前面走着的时候，她在黑板上写下了几个字，字体非常漂亮："徐辅贤，韩国"。我面前，三十几双眼睛睁得大大的，看着这特殊的词语组合。

接下来的一周，我成了全班关注的焦点。我发现，操场上最滑稽、最令人乐不可支的是假装争论。一位同学会称赞西方文明的某个成就——"白面包好在哪里？"我会用刚掌握的几十个英语单词回答："不，大米更好！"其他人摇摇头，但他们无法掩饰对于冲突即将发生的兴奋。

不到一个月，随着我引起的新奇感逐渐消退，我和同龄人之间的分歧呈现出不同的基调。一旦在运动场上或小组项目中起了争论，而我不停地试图表达自己的观点时，便会引发一阵阵的愤怒。在这样的零和博弈中，我弄清楚了一件事，奇怪和不合群之间只有一步之遥，仅需要一个手势或几个被曲解或误会的词，就能把人从界限的一边推向另一边。

最难过的语言关是日常对话，其语速之快、节奏之层层叠叠、立场观点之大反转，对我来说无一不是艰难的挑战。争论时，这些难点交错在一起，会让情形变得更为复杂。语言变得不再确切严谨，压力让人感到精疲力尽。语言上我没多大长进，时常用词不严谨，动不动就说出碎句破句，演讲时磕磕巴巴。

一些孩子，倒不是说对我怀有多大恶意，只是本能地想展示自己的力量，于是尽情发挥自己的优势，对我步步紧逼。他们皱起眉，问是否有人能听懂我说的话。另外那些孩子出于善意，支支吾吾地尽力不挑起矛盾，弱弱地说一句"无所谓"，便走开了。几个月来，我一直不想输。那个好斗的我、那个讨价还价的我、那个殷殷恳求的我都曾努力过。

然而，到 2003 年 11 月，学年快结束时，我忽然发现自己不愿再争论，没有任何事情，也没有任何原则值得争论。如果我试图推翻上述论断，双腿、胃以及喉咙便会一起反抗。

所以我学会了在脸上挂一副心不在焉的微笑。课堂上，我毫不犹豫地承认自己的无知；操场上，我会立刻承认自己的过错。我的语言技能不断提高，但最依赖的单词却只剩下了"是"和"好"。妥协的最初那段时间，我还尽力记住那些我没有说出来的分歧，盼望某天能重新来过。后来，随着时间的推移，记忆亦慢慢消退。

2005 年 1 月，升入五年级的我已经找到了门道，用随和可亲为自己带来最大益处。学校成绩单上的溢美之词说我性格阳光、遵守指令。朋友中间，我成了那个调解冲突，引导大家形成意见共识的人。父母跟韩国的亲戚们汇报说我非常适应新环境。

确实没错。开始，我会因为在争论中没能坚持立场而觉得尴尬。而现在，我认为与人争辩，争得面红耳赤、唾沫横飞才是最令人尴尬的事；而且，平时做再多运动，争论时根本不顶用。我感觉自己已经找到了安全度过童年时期的最佳办法。

时间来到了 2005 年 3 月，一个春日的下午，我两年来形成的习惯因一件事而彻底改变。

...

午饭后，走进大礼堂，我因自我背叛而诅咒着自己。事情是这样的：三天前，五年级赖特老师鼓励大家加入学校组织的一项新活动："辩论是结构严谨的争论，双方争取俘获听众的大脑和内心。辩论是智慧之争。"一番话说完，没几个人动心。我正要往教室外走，老师拦住了我，要我加入，我点了点头。多么不可思议，为避免争论，我选择了辩论。

辩论规则很简单。先由一个中立的第三方指定辩题（比如，应关闭所有动物园）并确定各由三人组成的正方和反方。不管自己真正所持立场，辩手必须站在抽到的立场上进行辩论。由正方一辩开场，接下来双方辩手依次交替发言，所有辩手必须在规定时间内表达自己的立场（对这次辩论来说，每人 4 分钟）。

最后，由精通辩论的另一中立方——裁判判定胜负。裁判依据以下三个方面的表现对辩手做出评判：态度、内容和方法策略。其实，要做出最终的评判，裁判在内心回答一个问题足矣：到底哪一方让他信服？

辩论前一天晚上我没睡好。一般来说，辩论的准备时间是有限的，在

15 ～ 60 分钟。但我们这次有好几天的准备时间，这简直就是上帝垂怜啊。对我来说日常争论的难点在于其即时性。我曾经多么盼望争论时时间能暂停，哪怕只停一个瞬间，让我理顺思绪，找到合适的措辞。现在，作为正方一辩，我可以提前把一切准备好，因此哪怕再细碎的时间，我都用来收集资料、写辩词。

举行辩论赛的礼堂布置得很简单。台上有两张桌子，每张桌子后面有三个座位，高度适中，刚好能看到坐在台下的六十几个学生。为了避免被他们盯着看，我走在了两个队友后面。伊莎贝拉大跨步地走着运动员的步伐，而神经兮兮的蒂姆则局促不安地挪动着双腿。雨水滴滴答答地打在头顶的金属屋顶上，那节奏让人产生了一种不祥的预感。

对手来自五年级 J 班，已经就座。我们踏着台阶快接近他们的位置时，他们一闪一闪的目光里透着嘲笑的意味。其中有两个女孩很快恢复了热聊，并向观众席中的朋友们挥手致意。第三个辩手亚瑟是个优秀生，戴着金边眼镜，一直盯着我们这边看。在操场上争论时，亚瑟就很不好对付，从植物学到"二战"，无所不知，他会尽情地展示自己的聪明才智，机关枪速射般地抛出一个个论据，而且会一次次打断别人，直到把对手弄得哑口无言。

然而，在这个舞台上，我们有同等的思考时间，亚瑟看上去就没那么不可一世了。以前，我只注意到他扬起的眉毛和锃亮的鞋子，现在我发现了他衬衫上的小污渍，还有右脸颊上的痣。

舞台中央，赖特老师用手拢了拢狮毛一般浓密的头发，宣布辩论开始。她的声音透过麦克风听起来轰轰的："大家下午好，欢迎光临！你将要观看的是一场辩论。辩论中，只要有人在发表演讲，我是说不管任何人，其他人都必须安静地倾听。"她把一根手指放在嘴唇上，发出"嘘"的声音，足足持续了20秒。

然后，赖特女士用另一只手拿起一个笔记本："现在打开本子，画六栏，每个发言者一栏，我要你们在每栏里记下每位辩手提出的所有观点。辩论的规则是，对每一个论点都要做出回应，不为别的，仅仅是因为它被提出来了。"观众们争先恐后地按照老师的要求做起来。一些孩子用尺子比量着画出均匀完美的直线，其他人则徒手画。"辩论结束时，你们手里记下的要点就是判断胜负的依据：不是根据自己所持的立场，也不是根据辩手是谁，而是根据论据的质量。有问题吗？"

接下来我听到了辩题 —— "我们应该取缔所有动物园"，紧跟着是我的名字。我感到房间里所有人的注意力都转移到了我身上。零零星星的掌声中，我整理好索引卡，走到舞台中央。

从舞台前面看出去，那幅情景我之前从未见过。每一双眼睛都一眨一眨地看着我，嘴巴静静张开着。裁判是六年级的老师，此时他的笔尖落在空白的记事本上，准备记下我的观点。从来到澳大利亚，这是我第一次感到自己的声音有人倾听。

多年来我一直在避免争论。难道错了？难道我应该早一点儿奔向辩论？

...

现在，2005 年那决定性的一天已经过去十七年了，我仍然在为达成有效争论而努力。十七年来，我取得了几个里程碑式的成绩：我曾两次赢得世界辩论锦标赛冠军；执教过世界上最成功的两支辩论队 —— 澳大利亚学校辩论队和哈佛大学辩论联盟；我走遍世界各地 —— 从韩国到澳大利亚，再到美国和中国，在每个地方寻找着表达不同观点的更好方式。辩论之路没有终点。

这本书是对我迄今为止并不太长的辩论人生的反思，总结了两种形式的辩论。

一种是竞争性辩论，很正式，竞争双方在公正的裁决者面前就指定的主题进行辩论。此辩论形式最早可以追溯到古希腊罗马时期，起源于古希腊的修辞教育和早期的宗教活动，其发展演变与议会民主的发展交织在一起。如今，竞争性辩论在世界各地的高中和大学蓬勃发展，众多前总统和首相、最高法院法官、行业领袖、获奖记者、杰出艺术家和民间组织领袖都曾参加过各类辩论赛。辩论这项活动，学起来很容易，但掌握很难。因此，从儿童到总统候选人，都可以在辩论活动中受益。

另一种形式的辩论是我们日常生活中遇到的各种分歧。虽说没多少人参加辩论队，但大多数时候，每个人都会以某种形式进行争论。既然我们不仅对事物应该是怎样的存在争议，而且对事物本身是怎样的也存在分歧，那么仅就事物的认知就有可能引发纷争。在随后产生的争论中，我们试图说服他人，找到解决方案，检验我们所持观点，捍卫尊严。我们认定，个人、职业和政治利益不仅取决于我们赢得争论的能力，而且取决于我们以正确的方式获胜的能力，这是毋庸置疑的。

我的观点是，竞争性辩论可以教会我们如何在日常生活中更好地表达异议。能恰当表达异议意味着你能得偿所愿、可以减少将来有可能发生的冲突，你还可以与对手保持联系。本书将就上述方面展开阐述。然而，我想用更为温和的措辞来定义一下辩论的目标：就分歧展开争论产生的结果比根本没有分歧还要好。

为此，我在本书中呈现了一套工具包及其有效证明。

在此书的前半部分，我介绍了竞争性辩论的五个基本构成部分 —— 主题、论点、反驳、修辞、沉默，以及此五部分所涉及的技能和策略。我相信，这五个基本要素及相应的技能和策略足以揭示出我们日常争论的真实面目。一句话，它们构成的知识体系比形式逻辑更容易掌握、比谈判技能适用范围更广。

本书的后半部分将前半部分探讨的竞争性辩论知识应用于生活中的四个方面 —— 无理争辩、关系、教育、技术，并举例说明有效辩论如何改善我们的私人和公共生活。我想阐明的观点是，有几千年传统的竞争性辩论足以证明，社群应该在允许争论的基础上构建，而不是靠避免争论来运行。诚然，任何真正的证明，并不总能得出清晰明确的结论。辩论的历史充满了支配、操纵、花言巧语和排斥。然而，我想说，辩论也使一些更美好的事情成为可能：生活和社会因激动人心、充满爱意、有启示意义的分歧而更加丰富多彩。

我承认此时写一本关于有效辩论的书显得有些不合时宜。我们这个时代，很少有人会与政治对手开战，但分歧在我们心中激起的猜疑、蔑视和仇恨似乎与以往并无二致，依然深刻广远。由此产生的纷繁争论中，我们心怀恶意，自说自话。就在双方越来越有意展开一番辩论之时，维持交谈所需的价值观和技巧却陷入低谷。这就是我们所说的极化。极化并非由于意见相左，甚至与分歧太深或太频繁都不相关，而是由于我们不会表达异议，致使分歧令人痛苦，毫无益处。

喧嚣声中，一些人已经放弃了表达异议的愿望。2012 年，共和党总统候选人米特·罗姆尼在一次私人集会上表示，约 47% 的人将永远站在民主党一边，这些人是那些从不缴纳所得税的长期接受政府救济的人。四年后，民主党候选人希拉里·克林顿将其对手的支持者中的一半描述为"可悲可叹之人"。两位政治家事后都表达了歉意。认为有些人无法说服，无法与之进行理性辩论的说法是很犯忌讳的。尽管如此，这种观念还是成为选举政治的主流逻辑。

这种信任缺失的最严重后果可能发生在家里，体现在恋人、朋友和家人之间的沉默中。加利福尼亚大学的研究人员发现，2016 年美国总统大选几周后，持不同政见的人们参加的感恩节晚宴缩短了 30 ~ 50 分钟。"就全国范围看，感恩节晚餐交谈时间因家庭成员支持不同党派而缩短了 3400 万个小时。"

可悲的是，再没有比感恩节家人都聚在一起时更好的辩论时机了。我们处在一个享受着前所未有的个人自由、政治选举权以及全球化的时代，公共广场比以往任何时候都更加多样化，公众对话中争议不断。承认我们的时代缺乏分歧并非要贬低上述重要成就，也不意味着我们要把过去浪漫化。事实上，我们从未张开双臂迎接这种多元化，也从未更好地处理过我们的分歧。因此，我们需要开辟一条新的路径。

在这样一个动荡的时代，我们可能尤其渴望达成共识——摈弃差异，专注于共性。作为一个天生害羞的人，我常常能感受到这种本能的力量。但我也亲身体会到了这一渴望的苦果。

在悉尼度过的童年时光中，有好几年，日常生活中我尽量避免争论，就算有，也是围绕达成共识的目的而争论。这段经历让我坚信，不存在任何争议的惬意生活是单调乏味的。维持那样一种生活需要太多的妥协和自我背叛。它会慢慢侵蚀一个人最有价值的品质，其中包括真诚坦率、勇于挑战和敏感脆弱。

在世界各地的所见所闻使我确信，没有分歧的政治生活是贫乏的。一个国家最好的形态便是允许争论不断发展演变。这个观点比其他任何观点都更加尊重人类的多样性和人类未来的开放性。纵观历史，执拗地坚持同一性，易走向专制和原始的多数主义[1]。在一个自由民主国家，社会不仅应该允许争论，而且应该建立在充分争论的基础上。

...

初到澳大利亚的那些不开心的日子里，我知道我痛苦的根源是什么。在主日学校，我明白了，世界上之所以存在多种语言，是由于在一个叫巴别的城市发生过一次争吵。曾经，世界上所有的人讲同一种语言，他们傲慢地决定建

---

1. 主张在团体内部实行多数人说了算的原则。

造一座塔，高耸入云、直达天堂。此塔穿透天际之时，愤怒的上帝再不能坐视不管。他把语言打乱，人们从此再也无法相互理解。随后上帝把人们分散到世界各地。

我能换一个视角看待这个故事，是多年以后了。巴别塔的倒塌让世界陷入混乱，但新的文化和方言由此而出现——作家托尼·莫里森在她的诺贝尔演讲中曾有力地阐述了这一观点。我们被逐出巴别塔，在宽阔处定居下来，从此踏上艰辛的旅途，开始辛苦地翻译。

是的，巴别塔的倒塌使得人类从此陷入争论，但人类也得以开启更广阔的生命历程。

人们经常问我，是如何找到自己的声音的，他们问的不是和朋友一起时，而是在激烈的争辩中。多年来，我苦思冥想但找不到答案。这几天，我茅塞顿开，以下不正是最好的答案吗？对冲突的最佳回应并不总是争辩，但争辩可能是最具启发性的回应。争辩要求我们敞开自己，而武力的斗殴和忍耐自制都无法让我们做到将自己敞开。在与世界的冲突中，我们清晰地明白了我是谁、我的信仰是什么。

现在，我们习惯于将争辩视为社会的痼疾，或看作不满的起因。确实，它是痼疾，也是起因。然而，我最终希望的却是让读者相信，争论也可以是一种疗愈，一种重塑世界的工具。

2005年3月那个春日午后，我第一次走进辩论室，对此还一无所知。但我有一种感觉，自己有了一艘救生筏，只要我紧紧抓住不放，这艘救生筏不仅可以拯救我，还可以带我走向更光明的未来。站在台上，我凝视着观众，感觉到内心有一种东西在萌生：是雄心，焕发着勃勃生机和永不磨灭的雄心。

我深深地吸了一口气，脑海里想着演讲的前几句话，感到脚下的土地无比坚实。我想，一旦开始，便可能永远不会停止。因为，一旦发声，你永远不知道接下来会说什么。

目录

1

一语中的，
一鸣惊人

2007 年 1 月，一个星期一的早上，小学毕业两个月后，我走进了巴克公学。学校入口处绿色的大门，为我开启了一个崭新的世界。上学第一天，我和其他那些 12 岁的孩子都感觉到了小学和中学的巨大差别。之前，小学同学们穿着校服拖拖沓沓地走在操场上，聊得热火朝天，但这里的学生们，一个个穿着笔挺的白衬衫，简直跟招生简章上的那些孩子如出一辙。布什小学的操场杂草丛生，凌乱不堪，而这所只有男生的校园里微风拂面、各种植物修剪得整整齐齐，一切显得井然有序。我需要学习这种秩序，而且需要尽快学会。

　　然而，午餐时，我已经意识到这不是件容易的事。在一个讲究传统而且有两千多名学生的学校里，只讲一种秩序而不讲多样化显然不太可能。课堂上，大家遵守同一套规矩，学生尊称老师为先生或小姐，回答问题时要举手以示礼貌。而在教室之外的操场上，大家讲的却是丛林法则。在音乐楼充满阳光的中厅里，大家遵循一种方式；体育课前在发霉的更衣室里，就是另一回事了。校园里的一切仿佛万花筒里的景象一般千变万化、令人充满期待。

　　来澳大利亚三年半，我已学会在不同的语言规范间切换自如。在家就用家人间的亲密用语，在学校就换成欢快、空洞的学校用语。问题是，巴克公学有许多不成文的规则和守则，让人难以把握。什么时候适合开什么样的玩笑，谈论自己谈到什么程度合适，跟谁说合适，我不断在这些问题上栽跟头，也不断总结着答案。

入学头几周，我并没有沉默不语，相反，我找到了自己的舒适圈。我和三个口齿伶俐、性格随和的澳大利亚孩子打成一片，好巧不巧，他们的名字都是 J 打头，分别是吉姆、乔恩和杰克，且把他们称为我的"三 J 帮"吧。班上那些壮志雄心的孩子动不动就嘶嘶叫喊着挥拳相向，一说起话来则极尽能事地证明自己有多么优秀，而我的"三 J 帮"似乎对一切都能淡然处之。一到下午，我们会买一盒澳大利亚最日常的外带食物——热薯条——一起吃，有一搭没一搭地聊几句。

有件事我一直没跟他们说，我入读巴克公学是因为我想参加辩论队。我第一次参加竞争性辩论是小学五年级，自那以后，只是偶尔参加一下。但我明白，辩论文化在悉尼的初高中根深蒂固。每个学校都有一支辩论队，每周参加联赛。辩论在学校生活中的地位非常奇怪。跟国际象棋或知识竞赛一样，辩论为不擅长运动的孩子们提供了一个展示自我的舞台。但与这些室内活动有所不同，辩论享有很高的信誉，这得益于许多曾经的辩论队成员后来都大有作为。

在巴克，任何人都可以在周三下午参加辩论训练，但每个年级只有一支由四名学生组成的辩论队可以在周五晚上代表学校参加当地的联赛。想加入这支队伍，必须参加面试。面试定在 2 月的第一周，我想提前对其有所了解，于是聊天时提起这个话题："嗨，辩论面试……"但似乎没人对此感兴趣。没准儿辩论面试对我来说就是小菜一碟？谢天谢地，有体育和其他课外活动吸引了大家的注意力。

但事实证明我错了，定于星期四下午 4 点开始的第一轮面试有 30 多个孩子参加。英语楼顶层的白板房里凉爽至极，让人感觉仿佛置身冰箱里一般。学生们独自或三三两两地来参加面试，穿着适合外面温度的衣服，一进屋都冻得打起寒战。主持面试的是年级主任蒂尔曼小姐，她是历史老师，看上去是个坚韧克己的人。

蒂尔曼小姐解释说，面试不会让大家进行一场完整的辩论。相反，每个学生拿到一个主题和立场（正方或反方）后，有 30 分钟的时间写一篇发言稿，内容须包括所持立场的两个论点。小学时，即便是在老师的帮助下，并且可以上网查阅，我们也需要好几周的时间来准备辩案，但现在我们必须在严格的时间限制下独自准备。蒂尔曼小姐说："这样的面试形式不会让我和评委们对你们形成全面的了解，但能反映出你们的应变能力。"

在等候室里，我无意中发现，一些参加面试的学生显得胸有成竹。那些从三年级起就一直在巴克上学的学生，貌似不经意间让我们这些刚刚入读巴克公学的 12 岁孩子清楚了一件事：作为小学期间就参加青少年巡回赛的优秀辩手，他们期望在辩论这条路上继续奔跑。"我们在青少年巡回赛上表现优秀，希望可以继续辩论。"一名来面试的学生说完这句话环视了一下房间，希望得到大家的理解。

忽然，我听到蒂尔曼小姐叫我的名字。我想她可能会跟我说一下要求或说些鼓励的话，然而并没有。她只是递给我一个白色的信封，里面有一张小纸片，上面写着一句话："我们应该实行义务兵役制。正方。"

读完最后一个字，一切开始进入高速运转模式。信封打开之前，急切等待话题的大脑和急需释放的紧张情绪，让我感到能量满满。面试室就在准备室旁边，是个没有窗户的小房间。一进去，想到可能的结果，我顿时紧张起来。相比来说，在准备室里的时光简直太轻松自由了。辩题让我仿佛置身于新的环境，并赋予了我新的身份。我由一个尚不清楚自己的信仰和别人对我的期望的 12 岁孩子，摇身一变，成了身处某个重要审议室里某项动议的坚定拥护者。

当然，我对自己的主张并无实际的发言权。这种自相矛盾让我顿时体会到一种自由的感觉。我轻易甩出各种观点，丝毫不考虑一致性或自己的真实信仰（立场非我所选）；我深入探究引起争议的各种问题的所有黑暗面（主题也不是我自己所选）。辩论中，主题的另一个说法是"动议"，在30分钟的准备时间里，我确实感到自己一直在"动"。

蒂尔曼小姐的敲门声让我一下子回到现实。面试室里，面试小组的三位老师坐在一张长桌后面。其中一位是我在迎新会上见过的胖乎乎的生物老师，他尽量表现得亲切而友善。其他两位老师则面色苍白，一拨又一拨来面试的孩子令他们疲惫不堪。

我走到中间，把目光锁定在两位老师脸庞之间的空隙处，这并不是真正的眼神交流，只是为了显得我很投入而已。我开始演讲："每个人都有责任维护国家安全。当我们通过服兵役履行这一职责时，我们的社会会更团结，我们的军队会更有力，我们的生活会更幸福。"内心的紧张感和渴望得到关注的心情叠加在一起，使我的音调和音量随着所说出的每一个字越提越高。我意识到自己几乎是在大喊大叫了，接下来的一分钟里才把音量慢慢调整下来。

我的发言有两个论点：其一，每个公民都有服兵役的责任；其二，兵役制会使国家更加安全。事实上，我演讲的内容并非真正的辩论演讲，它更像是一个不着边际但又言辞恳切的请求。"请大家扪心自问，我们对自己同胞应该担负起什么责任。"我恳求道。场面极为尴尬。然而，我能感觉到，我提到的义务兵役制对国家安全的影响得到了评委们的认可。后来我又谈到建立政治领导人与军事行动之间更直接的利害关系，这一观点让一位疲惫不堪的评委似乎从恍惚中短暂地回过神来。和我同时段面试的学生表现都很好，但没有格外出色的。我觉得自己有入选的机会。

面试完第二天，课间休息时，食堂附近的公告板上贴出了一张通知，抬头是"七年级辩论队"。名单上最后一个是我的名字，下面写着周三下午4点和教练碰面，进行第一次训练。这则通知让我感觉仿佛拿到了一张去往某个新天地的门票。

...

　　七年级的教练，是一个名叫西蒙的清瘦的大学生。西蒙曾是巴克辩论队最成功的辩手，这点在他身上着实看不出来。站在房间前面，西蒙的脸上呈现出石榴籽的颜色，如深红色的葡萄酒，而且疙疙瘩瘩的。他声音沙哑，显得不太自信。

　　周三下午4点，离上次面试已有一周，我们十几个人聚集在之前面试的空调屋里。斯图尔特、麦克斯、内森和我被选进辩论队。我们彼此坐得很近，但没有什么交流，只是简单寒暄了几句。三人中，内森引起了我的注意。他是一个敏感的孩子，看到他，我脑海里自然而然浮现出自然主义学者的样子。我们都没有认识到，离联赛开始只有两周了，这简直令人不寒而栗。

　　训练开始后，我亲眼见证了一个人的转变。西蒙站在白板前侃侃而谈，就像变了个人。他的姿态透出满满的内在动力，说起话来字正腔圆。脸上依旧是石榴籽的颜色，但呈现出一种有活力的红润。他拔下马克笔的盖子，在白板上写下一个词，"主题"。

　　"回想一下你最近一次的争论，"西蒙说，"尽可能多地回忆关于这次交锋的细节——发生争论的时间、场合、具体争论的内容、各自持什么观点，甚至是那些无礼的谩骂。"

　　"现在回答以下问题：具体的分歧是什么？"

　　我想到了与布什学校的一位老朋友的一系列口角，现在我这位老朋友在城市另一边的一所中学就读。这些争吵历历在目，但我发现很难回答西蒙的问题。对某些争论，我根本想不起来起因。就像噩梦一样，不记得内容，但其影响却挥之不去。另一些争论则让我记忆犹新。这些分歧先是由一些微不足道的小事引起的，之后争吵的点越来越多，历来发生的其他争吵、争吵中的轻视怠慢、曾经的成见，所有这些都成了争论的内容。

"这是个问题，如果不知道争论的主题，你怎么能决定说什么或不说什么？哪些观点要深究，哪些可以放过？甚至想不想就此争论？"

西蒙提到了社会学家和语言学家的研究，他们认为，比起集中于同一主题，人们更善于随时改变主题。也就是说，人们常常说一些诸如"关于这一点"之类的话来让说话内容看似与主题相关，但实际上已经在巧妙地改变主题。由于大多数人都喜欢轻松愉快、随意自在的闲谈，我们很少花时间去有意识地思考正在谈论的内容。"所以我们倾向于自在随意地谈及众多话题，但离解决问题却越来越远。"西蒙说。

"辩论者的做法恰恰相反。每一轮都以一个主题开始。辩手们的第一件事就是把它写在横线本上，写在准备室的白板上。我们可以把上述行为看作一种准确陈述。准确陈述分歧，才能明确聚在一起进行辩论的目的。"

接下来的两个小时里，西蒙给我们传授了更多有关主题的知识，完全出乎我的想象，有些甚至显得极不合理。

西蒙认为主题是对双方产生分歧的要点的陈述。比如：

简是不可靠的朋友。
政府不应该为大银行提供紧急援助。

检验主题是否恰当的一个简单方法是把它写成否定形式。

简是不可靠的朋友。
简不是不可靠的朋友。

政府不应该为大银行提供紧急援助。
政府应该为大银行提供紧急援助。

辩题应使正反双方都认为该辩题公平地体现了双方立场。

辩论主题的决定性特征是其允许有两个立场。因此，像"经济"或"医疗保健"这样宽泛的主题不能成为辩论主题，因为这样的主题没有规定具体辩论什么。辩论主题也不能是纯粹的主观看法，比如"我很冷"，因为另一个人不能争辩说"不，你不冷"。

广义上讲，人们会就三个方面产生分歧，即事实、判断、规定，而每一种都形成了各自相应的辩论类型，即事实性分歧、规范性分歧和规定性分歧。

事实性分歧集中在对事情本身的看法上。形式表达为"X 是 Y"。其中，X 和 Y 都是凭经验感知到的事物特征。

拉各斯是一个特大城市。

巴黎 2014 年的犯罪率比 2016 年低。

规范性分歧涉及对世界的主观判断，即在我们看来，事情是怎样的以及应该是怎样的。其形式可以表达为"A 可以视为 B"或"我们有充分理由相信 A 是 B"。

撒谎是（应视为）不道德的。

（我们有理由相信）明天会更好。

规定性分歧涉及我们应该做什么。通常采取"C 应该做 D"的形式，其中 C 是行为人，D 是行为。

我们家应该办个健身会员卡。

政府不应该限制言论自由。

我发现这些知识很有趣，但随着培训课程接近尾声，我感到了失望的痛苦。没有什么秘密战略和撒手锏，只是学习了主题的分类；没有磨炼技能，而是做了一堆笔记。我在想，竞争性辩论是否像其他高竞技游戏（如国际象棋）一样，渐渐走向深奥，最终不再跟现实生活有任何瓜葛。

然而，第一天培训结束后的那天晚上，偶然间，我发现需要进一步审视这种担忧。

来澳大利亚生活的前两年，爸妈很少争吵，他们也很少和我争吵。观点不一致的情况比比皆是，但爸妈认为，我们没有时间浪费在争吵上，有太多事情摆在面前等待处理。尽管在过去的一年多时间里，我们慢慢敞开心扉开始争论，但仍然倾向于回避冲突。大多数时候，回避冲突效果还不错，但是，我们中一旦有人没控制住，接下来的争论就会纠缠不清，没完没了。

2007年春天，我们来悉尼已近四年时间，全家开始考虑入籍成为澳大利亚公民。从某些方面来说，爸妈之所以做出这个决定，归根到底是考虑到税收等现实问题。然而，对我爸爸来说，这个选择还具有一定的象征意义。在我们家，爸爸一直在强调保持文化根源的重要性，对他来说，"公民"这个词分量很重。

那天晚上，吃过晚饭，家里很安静，爸爸喊我下楼和韩国的亲戚通电话。当时我正忙着打游戏、发短信，所以拒绝了他的要求，待在书桌前没动。爸爸一挂断电话，便急火火地上楼来到我的房间。听到他急促的喘息声，我停下游戏。

"你竟然不听我的话？姑姑们熬夜打来电话，你连5分钟的时间都抽不出来？你从不和亲戚们聊天。"

最后这个指责在我看来是不真实的，因此也是不公平的。过去这一个月，我给他们发了好多信息。我承认，那晚我确实心不在焉，但这不能成为谴责我的理由。

所以我为自己辩护。"你在说什么？我经常和亲戚们聊天。"开始我用的是韩语，中途改用英语，这样做的初衷是为了我方便，但也带着其他目的。"你不是希望我多和朋友们交流吗？你不是一直想让我融入吗？"父亲和我长得很像，只是脸看起来比我更宽，也显得比我更自信，这时他脸上青一阵紫一阵，下巴开始颤抖。

我没继续说下去，而是提了个问题："等等，我们在争论什么？"当然，在主题上我们是统一的，都同意应该给亲戚打电话。但我和父亲产生了一个小小的事实分歧，那就是我和亲戚们通话的次数，但不知为何，这似乎变得无关紧要。

接下来的几分钟里，我们发现双方的争执源于一个判断。爸爸认为，我不屑于与韩国亲戚保持联系，没接电话便是这种漠视态度的表现。

一旦阐明分歧，我们的对话似乎就有了新的焦点，思路变得清晰起来。我和爸爸的争论一直持续到午夜时分，仍没有达成和解，我们说好第二天继续谈。但是，我们避免了争吵，因为我俩都对辩论的边界有清晰的了解。"真的要我说得那么清楚吗？"聊的过程中爸爸曾问道。我意识到，我的答案是"是的"。

辩论使我对家这个世界上小小的角落有了清晰的认知，晚上躺在床上时，我陷入思考，辩论还能照亮别的哪些领域呢？

...

与父母开始争论的同时，我在学校慢慢发现了各种竞争形式。巴克鼓励学生校内的相互竞争，但在大多数情况下，会把学生好与人争的精力引向外部，转向与其他学校的长期竞争中去。尽管学生们的集体荣誉感主要来自橄榄球队和板球队，但辩论比赛中，不管哪一队赢，大家都是在为自己的学校喝彩。初中时的各种集会上，数学竞赛获奖者和演奏双簧管的孩子们是大家心目中的偶像。

我认为这些活动会让人前途一片光明。刚移民到悉尼的那几年，我首要的目标是赢得别人的认可，而竞争性辩论的成功能带来美好的前景：被认可甚至受人钦佩。

即将开始的辩论季让我倍感压力，并开始担心我们的队伍准备得不够充分。只有一个人似乎不那么担心，那就是西蒙。第二次训练课上，他显得有些笨拙地站在白板旁，等着我们入座，声音和表情一样，沉着冷静、不急不慌。

"上周我们谈到了三类主题，分别是事实性的、规范性的和规定性的，还谈到了这三种主题相对应的分歧类型。你们可能也注意到了，这样的分类太简单，显得太井然有序了。

"现实生活中，我们同时会对很多事情产生分歧，在事实、判断和规定方面都会产生分歧，有时一句话里会包含上述三类分歧。所以我们要做的并不像确定争论内容那样简单。相反，我们的任务是把交错在一起的多条分歧一条一条捋清楚，为其中某些分歧制订解决方案。"

他走到白板前，写下了一个主题。

父母应该送孩子到当地的公立学校就读。

"现在，圈出可能产生争议的词，也就是可能引发双方产生分歧的词，并阐明论点。"

我把话题写在本子上，并圈出了"送"字。

答案似乎很明显，争议事关应该做什么，是属于规定性范畴的分歧。

父母应该*送*孩子*到当地*的公立学校就读。

所有人几乎都给出了相同的答案，但西蒙不以为然。"双方还会在哪些词上产生分歧呢？试想一下看这个句子时的正反方，他们会在某些词上有分歧，哪些？"

大家沉默了一分钟，才豁然开朗，开始喊出答案。双方可能对"当地的公立学校"有分歧。双方在学校情况方面（如教师的数量）掌握的事实性信息不同，双方对学校的宗旨有不同的判断（如更注重学业成绩还是更重视融入当地社区）。他们还可能对"孩子"的需求、个性和愿望以及"父母"的责任和义务产生分歧。

父母应该**送孩子**到**当地的公立学校**就读。

西蒙说，我们把这种练习称为主题分析，旨在揭示论证的层次。看起来是一个分歧，实际上可能是多个分歧。认识不到这种多重性会让讨论不在一个频道上，鸡同鸭讲。"如果双方讨论的不是同一话题，又怎么能奢望取得进展呢？"

主题分析作为一种揭示分歧层次的工具，意义有二。

首先，主题分析能让我们找到争论的核心，即最根本的分歧，其他各种分歧皆由此而来。例如，有关送孩子去什么学校入读的分歧，主要问题可能在于如何理解父母对子女以及对社区的义务。如果能在这一点上达成一致，就不至于让辩论陷入僵局。因此，看似规定范畴的辩论，实则是判断上的分歧。

其次，主题分析能帮助我们厘清主次，区分必须赢得的点和可以输掉的点。假设一位家长认为，学校配有完善的基础设施（事实），家长有义务改善公立学校体制（判断），他们应该把孩子送到公立学校读书（规定）。另一位家长可能完全同意或完全不同意。但更有可能的是，他们选择中立。我们可以描绘一下这个灰色区域的情况，见表1–1。

表 1-1　主题分析

仅仅是细节上的分歧	仅仅是推理上的分歧	仅仅是方法上的分歧
对事实持不同意见	对事实持一致意见	对事实持一致意见
在判断上持一致意见	在判断上持不同意见	在判断上持一致意见
同意规定	同意规定	反对规定
"学校缺少一些基本设施。但我们有义务改善这一状况，因此应该把孩子送去读书。"	"学校具备基本设施，我们没有义务改善学校状况，但无论如何，应该把孩子送去读书，因为这样对孩子有利。"	"学校具备基本设施，我们有义务改善学校状况。但我们可以寻找其他方法去改善，不必把孩子送去读书。"
仅就细节达成一致	**仅就判断达成一致**	**仅就结果达成一致**
对事实持一致意见	对事实持不同意见	对事实持不同意见
在判断上持不同意见	在判断上持一致意见	在判断上持不同意见
反对规定	反对规定	同意规定
"学校具备基本设施。我们没有义务对其进行改进，所以不应把孩子送去读书。"	"学校缺少一些基本设施。我们有义务对其进行改进，但仍然不应把孩子送去读书。"	"学校缺少一些基本设施。我们没有义务对其进行改进，但应该把孩子送去读书，因为这样对孩子有利。"

　　由于在大多数辩论中，我们的目的不是消除与对方的分歧，而是为了让分歧处于更能被双方接受的层面上，所以我们很少必须争个你死我活。对于竞赛辩手来说，他们的主要目标是向观众推销己方的规定，仅仅在方法上达成一致就等于是完全赞同了。对于家长来说，其主要考虑的是作为一个公民如何尽到自己的责任，如果有其他方法可以服务于社区，方法上的不同是可以接受的。主题分析为我们提供了新的折中办法，不求完全同意或完全反对，但求一定程度上的同意或反对。

整个下午，我们把在黑板上列出的一长串过去辩论过的主题讨论了一遍。我试着问了几个尖锐的问题，是关于反驳方面的，比如"那我们要怎么打败对手呢"？但西蒙只三言两语就又把我们带回到练习上。时光飞逝，转眼到了6点，西蒙和我们告别。"星期五大辩论见！"

...

周五最后一节化学课是在无菌实验室上的，终于快熬到结束了。演示台前，化学老师边往烧杯中的粉红液体中加着什么，边念叨着"滴定"。事实上，我对这种"魔法"连假装感兴趣都做不到，因为我心不在此。整个下午，手机一直在振动，全是辩论队发来的信息："孩子们，出发！"我们这个四人组比较奇怪，有高个，有矮个，有的声音响亮，有的声音轻柔，但我们开始形成团魂，大家都尽力积极融入团队。

下午3点15分，下课铃声一响，我就冲出教室，到当地的烤肉店和队员们会合。其实我们都不饿，但感觉还有不到两个小时就要比赛了，我们必须吃点东西。我看了看围坐在桌边的队员们，忽然意识到，我和队友之间明显的外在差异之下，其实存在着相似的内在情感。斯图尔特坐在椅子边上，粗声粗气、干脆利落地说出一条条颇具争议的观点；其他人向他提出疑问时，他倒显得很高兴。平日里麦克斯就常常沉着冷静、有理有据地提出疑问。内森性格随和，脸上总带着温和的微笑，但表达观点从不含糊。虽然还是把"三J帮"当作最亲近的朋友，但我感觉在这里找到了与我更志同道合的人。

在澳大利亚，辩论之夜由来已久。各类初中和高中联盟比赛安排不同，但大多每周一次，时间在下午5点到晚上9点。悉尼的辩论联盟每周五晚安排来自不同学校的两支队伍参加比赛，从七年级到十二年级的每一支队伍都会互相对决。

当我们四个人围坐在休息室里等待辩题发布时，几个年长的辩论队队员前来给我们提建议。有个魁梧的十一年级学生一把将我搂过去，跟我说要直击要害。他是个难得的跨界选手，既是橄榄球队员，也是辩论队队员。我们今晚的对手是附近一所名为布里吉丁的天主教女校的学生，此时几个人正在大约50米外的饮水机旁转来转去。这些女孩穿着悉尼私立中学典型的校服——格子裙和栗色的西装外套，看起来光鲜亮丽，我多希望穿的是我那件更干净的衬衫啊。

年级主任蒂尔曼小姐和布里吉丁中学的年级主任负责监督辩题发布。我们各自的啦啦队，如莎士比亚戏剧《罗密欧与朱丽叶》中两个世代不和的家族蒙塔古和凯普莱特一样势不两立，在他们的注视下，两支队伍走到了房间的中央。之后，我们互相对视了一会儿。离我最近的那个女孩的脸上，显出担忧但又坚毅的神情。

蒂尔曼小姐把信封递给我们，然后高举她的秒表。"比赛现在……开始！"我大声读出辩题后，我们四个人迅速冲向准备室。"发展中国家应将环境的可持续性置于经济发展之上。正方，布里吉丁。反方，巴克。"我和队友们飞快跑上楼梯，脚步声让其他人纷纷侧身让路，我又一次体验到了"动感"。

准备室是个布满灰尘的储藏间，一进去，刚才奔跑的动力突然消失了。我们只有 1 个小时的准备时间，但前 20 分钟一片混乱，毫无成效。白板上写满了各种想法，却连一个可用的论点都没提出来。每个人都抱怨说，对自己在做的事情丝毫理不出头绪。这情有可原。气候变化纪录片《难以忽视的真相》于几个月前发布；我仿佛看到前美国副总统戈尔对我们的所作所为深感失望的神情。这种感觉如影随形，挥之不去。

后来，在准备过程中一直奇怪地保持沉默的麦克斯忽然来了灵感。只见他大步走到白板前，将白板中央的一小部分擦拭干净。然后写下辩题：

发展中国家应将环境的可持续性置于经济发展之上。

"让我们做一下主题分析，"他说，"这场辩论到底是关于什么的？"

我们四人答案一致。主要的争议当然是关于规定——应把哪个置于哪个"之上"。然而，辩论双方也可以就"可持续性"和"发展"的描述意义和规范性价值产生分歧。正方还可以对"发展中国家"的情况及其权利和义务产生分歧。

发展中国家应将环境的**可持续性**置于经济发展之上。

捋清具体分歧之后，我们选择把重点放在发展中国家的权利和责任这一问题上。我方认为不应该期望发展中国家去承担解决气候问题的成本。北半球国家能够在可持续性和发展之间进行权衡，有时会为了保证可持续性牺牲发展，这是令人欣慰的，但在有选择的情况下，发展中国家有权选择后者。这样的辩论策略颇令人担忧，会让我们面临挑战；虽然我和队友们走出准备室时只写了一半演讲稿，但至少这一想法为我们的辩论开辟了一条道路，对此我感到无比欣慰。

辩论室灯光明亮，作为观众的家长们已经到场。爸爸妈妈特意盛装打扮，坐在第二排，一直向我挥手，直到我挥手回应。布里吉丁辩论队比我们到得更早一些。坐下来时，我注意到 1 个小时的准备之后，对手校服上的褶痕依然。

接下来我听到了主持人的声音。"欢迎来到七年级辩论赛的第一场辩论。请将手机静音，现在欢迎正方一辩开场。"

来自布里吉丁的一辩，是个扎着长马尾辫的严肃女孩。她站在教室中央，竭力不流露出紧张情绪，有一分多钟没说一个字。观众身体开始前倾，紧张地等待着。女孩终于用长而流畅的句子开始了自己的演讲。

"气候变化是我们人类面临的最大危险，气候变化威胁着我们生活方式的方方面面。确实，全球二氧化碳排放的很大一部分来自发展中国家，但是，这些国家也承受着环境灾难最严重的影响。"

要不是因为我是反方辩手，就已经被她说服了。她的发言展现了不同寻常的口才和激情。她表达了两个观点：其一，我们应该优先考虑可持续性而非营利性；其二，发展中国家事实上可以帮助遏制气候变化的最坏影响。这两点似乎无懈可击。然而，我感觉我方有机会：我们并不会在这两个观点上进行争论。

我方一辩内森走向教室中间时撞到了桌子。观众们在关心他有没有磕伤时，内森恢复了平衡。他调整好呼吸，准备就绪，平静地开始了演讲："我认为这里存在一个误解。我方知道气候变化是个问题，发展中国家也确实有碳排放。我方同意正方一辩所述大部分观点。但我方想问的是：过渡到一个更加绿色的世界所需要的巨大经济和人力成本应该由谁来承担？"内森问完这个问题后稍稍停顿了一下，在这短暂的沉默中，我感觉到观众仿佛获得了某种启示。

内森接下来的演讲并不完美。我们都不知道如何进行合理论证或深入辩驳，因为之前的辩论训练还仅仅停留在话题层面。但我强烈地感觉到这轮我们领先了。教室另一边，对手显得茫然不知所措。观众席的第二排，我的父母先是相互对视了一眼，然后看向西蒙。教练飞快地向我们会意一笑。

…

自那晚开始，我迷上了辩论。辩论胜利了，我们收获满满。接下来的全校大会上，大家用阵阵热烈的掌声表达着对我们的认可。然而，在那轮比赛之后的一周里，我更清楚地记得的是准备室里的顿悟，与观众的交流，以及追赶对手和被对手追赶时感到的强烈刺激。

辩论初期，我只知道自己对辩论的激情来源于多个复杂因素。后来，随着时间的推移，我和队友们在联赛中不断进步，我清晰地认识到了这项活动中我最珍视的东西是什么：辩论让彼此的分歧变得可以理解，由此，真实的世界得以在我们面前展开。在辩论联盟，我们这周讨论奥运会，下周讨论税法改革。我们把自己放进角色里，以对这些主题持有鲜明观点的形象出现在每场辩论中。虽然现实中我们从未离开过学校所在的郊区，但思想已带我们走遍了万水千山。

要进行一番类比的话，我唯一能想到的是除辩论外，我几乎同时期开始喜欢的一个电视节目——《观点》。该节目由网络主播芭芭拉·沃尔特斯于1997年创建，芭芭拉和固定的四五位女性共同担任主持，就当天发生的各种事件（"热门话题"）展开争论，并采访各种嘉宾。该节目旨在提供多元化的观点，其方法是由不同时代、不同个人背景和不同职业背景的人组成专题讨论小组。

在我听来，这些主持人个个能言善辩。当然，我们在历史课上读过葛底斯堡演说，听过纳尔逊·曼德拉的录音带，《观点》的女主持人们与他们不同，自成一派。她们在《观点》中的表现收获了意想不到的巨大成功：她们每天对从政治到名人八卦等真实世界中发生的事件争论不休，观众们天天迫不及待地追着节目看。

此外，《观点》四五位主持人的情况似乎与我作为辩手的情况相似。这些女士都是经验丰富的主播，当然，她们背后有一群幕后工作人员。她们全年都在纽约的同一个演播室里拍摄：美国广播公司23号电视演播室。虽然她们希望走遍世界，让《观点》照亮世界的每一个角落，但是她们只能依靠问题研究、谈话技巧和对热门话题的明智选择来完成节目的制作。

在这之后，我的初中时期，即2007—2009年，都是围绕日历上标出的各项辩论活动的日期来度过的。尽管父母和老师都要求我全面发展，并为我报名参加学校的乐队和低级别的运动队，但他们无法撼动我坚定的追求。没办法，我就是感觉只有在周三下午的辩论训练到周五晚上辩论比赛之间的 50 个小时里，过得最充实。

三年中，学校辩论队从未取得过压倒性胜利。在辩论中，"好"有多种定义，但"胜利"只有一个：击败对方。我们不是没有胜利过，但是运气往往在四分之一决赛的时候就会用光。尽管失望沮丧，但对我来说，永远不会放弃辩论。在辩论联盟中，每位辩手都对其他学校对手的情况一清二楚，并时刻关注着谁的排名上升了、谁下降了以及谁出局了。这种出局的耻辱绝对令人无法忍受，你会感到自己禁不住大场面。

离成功总有几步之遥，这让我们这些 15 岁孩子的自尊心大受打击。一方面，已掌握的辩论技巧足以让我们在大多数回合中获胜，但另一方面，我们还没有好到辩论时能够信心百倍地为自己的直觉提供有力证据。因此，我们花了大量时间思考自己到底想表达什么意思，并设计出各种攻其不备的方案。2009赛季接近尾声时，情况危急。当时在准备室，我们发现自己提出了一个颇具威胁性的问题：如果我们不仅能分析主题，还能操纵主题使之对我们有利呢？

8 月举行的这轮比赛，我校主要对手是诺克斯文法学院。比赛之所以引人注目，是因为这场比赛吸引了一位著名的嘉宾 —— 胡德先生前来观战，他是巴克大学辩论项目的负责人，是一位英语老师。他温和睿智，知识广博，在辩论方面经验丰富。教练带领我们在一轮一轮的比赛中积累经验，而胡德先生关注的是趋势、基本原则和漫长的辩论生涯。

除了在巴克的工作，胡德先生还担任联盟的议案委员会成员，该委员会由资深教师和行政人员组成，负责编写每个赛季的辩论主题。2009 年早些时候，胡德先生曾解释辩论主题是如何制定的，当时我就已深深被他折服。

胡德先生告诉我，对于什么是好的辩题，不同流派看法不同。然而，大多数人都同意，一个好的辩题包括以下几个基本要素：辩题必须是公平的（不偏袒任何一方）、深刻的（能够支撑三至四个论点）、易懂的（不需要专业知识），以及有趣的（足够新颖，具有挑战性）。胡德先生说："这听起来很容易，但执行起来困难重重。

"想象一下，你想组织一场关于经济问题中工作过度的辩论。主题应该是什么？通常来说，我们首先想到的是'我们认为人们工作太辛苦'，但这种表述太宽泛，而且定义不清。我们可以将其调整为'我们认为弘扬过度工作的文化弊大于利'，但转而又意识到，调整后的题目并没有将政策层面纳入辩题。我们必须努力避免辩论内容宽泛庞杂，例如'我们认为资本主义已经崩溃'这样的题目就应该避免。辩论主题最终的确定是深思熟虑、反复修改和灵感突发的综合结果 —— '我们应该实行一周四天工作制'。"

胡德先生说："辩题的确定可能需要花费一整天的时间，因为后续的许多事情取决于辩题是否合理。众所周知，有些辩手和教练曾以辩题被'操纵'为由拒绝接受比赛结果。因此，辩题必须禁得住推敲。"

这个解释让我感同身受。日常生活中，我们肆意地挑起争论，不考虑分歧的主题，更不考虑其能否激发公平而富有成效的对话。但在竞争性辩论中，辩题拟定专家们需要倾注无数个小时，以确保为辩论提供一个坚实的基础。

那个周五的晚上，从辩题发布开始我们就麻烦不断。在诺克斯校内一栋大楼的玻璃中庭，我跟对手面对面站着。男孩叫富兰克林，戴着硕大的手表，留着跟他父亲一样的发型。我们正在等待辩题发布。这种一对一的交锋就像拳击比赛中的对峙，要找准机会将对手一击毙命。那天晚上，不知怎么了，对峙中我先眨了眼，转头避免和富兰克林对视。装有辩题的信封交到我手上时，我总感觉哪里不对劲。辩题是：我们应该使消遣性毒品合法化。正方，巴克。反方，诺克斯。辩题和立场让我感觉胃都开始翻腾起来。

这个动议出现的时机太糟糕。九年级的健康课上，我们刚刚学完违禁药物这一单元；后来在全校大会上，一位已出狱的罪犯曾受邀来做励志演讲，告诉（说告诫更合适）我们一定要走正道；我们的期末考试有将毒品的名称与肢体残缺的图片相匹配的题目。准备室是个说话会产生回音的空旷空间，我和队友们坐在里面，感到万分沮丧。

大约过了半个小时，我们四人一致认为，不可能赢得比赛。州卫生局的公益广告像音乐带一样在脑海中不断回响，使得任何自由主义的想法都难以得到认可。40分钟过去了，突然我灵感乍现。"如果我们不是把所有的消遣性毒品合法化，而是使其中一些危险性很小的毒品合法化，会怎么样？"队友们对这一观点有所怀疑，但我提醒他们，没有更好的选择。因此，我们决定将消遣性毒品定义为处方药，不包括任何具有严重副作用的药品，如麦角酸二乙基酰胺[1]和摇头丸。

辩论室里，一辩斯图尔特无比坚定地阐述了我方立场。"我们所下的定义清晰地划定了自由和公众健康之间的界限。这与专家对这一问题的想法是一致的。"当斯图尔特介绍我们给出的消遣性毒品的定义时，反方辩手们扭动着身体发出抗议。听众们起先似乎对对手的反应感到困惑，但慢慢理解了我们的策略后，也转而指责起我们来。诺克斯队队员的父母嘴里也发出"啧啧"声表达着不满。坐在前排的胡德先生摘下无框眼镜，整了整羊毛衫，眼神越过我们，盯着我们身后的砖墙。

唯一一个看似没有领会到我们的阴险狡诈的是裁判。从斯图尔特一开始发言，这个长着一张娃娃脸，大大的眼睛透出天真神情的大学生，就毫不犹豫地记下了我方的主张。对手指责说："巴克一方对这场辩论的定义太拙劣，应该取消其参赛资格！"显然对方装腔作势的态度让评委很反感，他皱着眉头听完后，向我们投来同情的目光。三辩麦克斯总结我方观点时，我已经看到了一

1.LSD，一种麻醉药。

个惹人妒忌的事实：我们要赢了。

我们确实赢了。赛后我们征求胡德先生对比赛的看法。我惶恐不安，但靠近了看，这个人似乎并没生气，他看上去很疲惫，好像有某种引力往下拽着他的肩膀和脸颊一般。他坚定而平静地告诉我们，我们在辩论中耍了花招，偷换了概念："也就是说，为了在本轮比赛中获得优势，你们错误地定义或曲解了辩论主题，这不公平。"

胡德先生解释说，"松鼠"[1]和辩论主题制定者是死敌。当"松鼠"可能很有趣，比如说，在关于美国政府是否应该干预伊拉克战争的辩论中，有支队伍将"干预"定义为措辞强烈的谴责。胡德先生还说，"松鼠"终会遭到惩罚。"那支队伍最后把自己都绕晕了，评委们一定会惩罚他们。"

然而，辩论中，"松鼠"偶尔也会得逞，就像我们在这次辩论中一样。因此，辩论主题制定者们花了很多心思来防止辩题被"松鼠"篡改。他们措辞严谨以消除歧义，并附以额外的说明。然而，百密一疏。"跟所有人一样，我们依赖的是大家的诚信。"胡德先生叹了口气说道。

胡德先生收拾好旧皮包，跟我们道晚安。这时，我在笔记本上写下两句话："松鼠"就在我们中间。"松鼠"害怕了。

...

我当时不知道的是，只要我们想找，公共场所中"松鼠"无处不在。对于巴克的学生来说，九年级和十年级[2]之间的过渡意义重大。学校初中部全是

---

1. 英文中的 squirrel（松鼠）源自希腊语的"skiouros"，意思是"影子的尾巴"（shade tail），指在辩论中混淆概念而讨巧的人。

2. 相当于中国的初三和高一。

男生，高中部男女混校。因此，升入十年级对我们来说是一种"跨越"。我是2010年1月升入十年级的。对一群15岁、处于青春期的男孩来说，这种"跨越"带来的变化有点令人恐惧。每个人都开始疯狂涂抹体香剂。

进入高中的第一天，大家在尴尬的沉默中度过了又热又潮的早上。除了少数几个外向型和炫耀型人格的孩子，大家自动男生和男生扎堆，女孩和女孩聚在一起，眼神闪烁着，避免相互对视。上法语课学单词"男孩"和"女孩"时，老师贝尔顿夫人无法抑制兴奋，她指指教室左边，说出单词"男孩"，再指指右边，说"女孩"。

下午，到了一天中最热的时候，尴尬似乎被打破了。在通往食堂的蜿蜒队伍中，在靠近体育场的绿色长椅上，孩子们开始交谈起来。他们互相讲笑话，聊生活中的点点滴滴。一点一滴似纽带一样把大家连接在一起。校园很快喧闹了起来。到周五下午，已经有六人确定了男女朋友关系。

女孩子们的加入改变了学校文化。在初中，大家喜欢那些寡言少语、粗声粗气的典型澳大利亚男孩，到了高中则是那些善解人意、能说会道的孩子备受欢迎，他们特别擅长"心与心"的交流。操场，这个男孩子们曾经野蛮竞争的战场，现在成了大家敞开心扉的地方。我看着我的"三J帮"和那些运动型男孩犹犹豫豫地调整着自己，不禁惊叹："这潮流的转变啊！"

校园文化发生的变化，加上我们思想趋于成熟，大家开始谈论起政治话题。虽说升入十年级了，但我们仍然是很容易受外界影响的。有一次，班上几个同学发起一项活动，我们为红毛猩猩祈祷了一夜。然而，学年快结束时，大家开始对政治、文化和宗教问题形成越来越强烈的看法。敢于直言的孩子们自信地谈论着"不公正"和"不公平"，令人羡慕。

2010年，在澳大利亚掀起了一场广泛的文化辩论："政治正确是否已走得太远。""政治正确"这个词带有贬义，指旨在控制攻击性言论的措施。由于这些措施涉及从严肃的审查制度到社会约束的方方面面，关注"政治正确"的人们永远不缺乏激发自己心中怒火熊熊燃烧的素材。争论充斥着电视辩论和报纸专栏，弥漫在一家人出行的路途上和晚餐桌上，也终于渗透到校园的操场上。

对我来说，把对"政治正确"的抽象讨论以一种具体形式展现出来的是我的朋友吉姆。吉姆直率、精明，军训时曾担任班长，初中时就很受欢迎。因此就算他就种族和性别开着伤人的笑话，也没人敢真诚地表达出受伤的感觉。比起美国情景喜剧中那些精雕细琢的笑料，比起英国广播公司那些自作聪明的特别节目，我更青睐吉姆的幽默感，是如此简洁精练而又充满讽刺和批判。然而，我发现，要开得起玩笑，就必须在内心做出妥协。

现在，吉姆发现自己被孤立了。朋友们都责备他说话太伤人："你不能这么说。"面对指责，吉姆挺直腰板给出了千篇一律的回应："伙计，你这是政治正确。"

朋友间就此无休无止地争论着。我不禁在想，为什么我们要围绕这样一个沉重而又众说纷纭的词争论不休呢？"政治正确"就像一个咒语，只要一提及，便纷争不断，便使人怒气冲冲。之后，我忽然想明白了，"政治正确"这个词本来就没有被设定为中性词。用这个词的正是那些最担心"政治正确文化"的人，因为这个词带有一个前设，即这种文化是真实存在的，而且是糟糕至极的。这些人依靠这个词组来获得不公平的优势。简而言之，就是在辩论中当"松鼠"。

这种策略在我看来是恶毒的，但吉姆用"政治正确"这个词时，我没有看到任何恶意。相反，我察觉到，这其实是一种缺乏自信的表现。其逻辑是：如果你不相信能改变他人的想法，或者你不相信他们能保持真诚，你就会在讨论中对各项因素做出对自己有利的规定。虽然批评吉姆的声音尖锐刺耳，甚至带有虚张声势的意味，但这样一种防御姿态有其正当理由。

到最后，在辩论中要不正当手段的努力几乎总是会弄巧成拙。过不了多久，另一方便会重新阐释这个词使其对自己有利。捍卫政治正确的人把这个概念重新定义为"仁慈",由此,便将反对政治正确的人们置于反仁慈的荒谬立场上。2002年,工党政治家马克·莱瑟姆创造了一个新词——"新政治正确",并将其解释为"这个国家的保守派集团对在政治辩论中保持礼貌的虚伪要求"。总而言之,"政治正确"一词本身就包含两极分化的意义并会使公众两极化。

后来,4月的一个下午,十年级第一学期期末,我们对"政治正确"的争论取得了重大进展。吃午饭时,吉姆正在大谈政治正确帮派的最新劣迹,我们的朋友艾莉,一个以直率著称的褐色皮肤的女孩打断了他。我不禁深吸了一口气。然而,艾莉并没有谴责吉姆,也没有尖酸刻薄地反驳。她只是提出了几个问题。"你说的政治正确是什么意思?告诉我,我们争论的到底是什么?"吉姆看上去吃了一惊,他结结巴巴地回答道:"就是让那些讲没有恶意的笑话的人自惭形秽。"

接下来的10分钟,艾莉和吉姆找到了争论的核心。例如,他们一致认为"大多禁止言论的法令是不可取的",也都同意"大家越来越愿意建立一个包容性强的学校"。他们的分歧主要涉及笑话,即说话者的意图或听者的体会是否会影响到我们对笑话的看法。找到双方都承认的分歧所在,同时避免操纵术语使其对己方有利,这些虽不能消除潜在的冲突,但在此基础上的争论会更加清晰,更能持续进行下去。

听着艾莉和吉姆的争论,我在想,"松鼠"带来的最大弊端是否源于避免眼前分歧的冲动呢?其目的是通过让对方没有立足之地而提前锁定结果。采取这种方法可以取得短期胜利,但也排除了真正交流的可能。

"二战"期间,英国议会曾就下议院新会议厅的设计展开辩论。温斯顿·丘吉尔倾向于将其设计成一个长方形的小房间,认为这样有利于培养对抗情绪。而议会第一位女议员南希·阿斯特则主张设计成圆形会议室,认为这样更符合我们这个越来越理性的时代。"我常常在想,如果部长们和前部长们不必再像被拴住的狗一样坐在一起互相对视，那么争议就不会那么激烈了。"双方一致同意的是，辩论的环境很重要。用丘吉尔的话说，"我们塑造了建筑，之后建筑又塑造了我们"。

我们的日常争论与实体建筑关系不大，而与谈话的主题息息相关。然而，阿斯特提出的更加合理的建筑设计令人尊敬，这样的设计并没有试图掩盖分歧，而是致力于更好地表达分歧。"主题"一词可以追溯到古希腊语的"topos"，即地方。把它想象成一个共享、开放、有待共同去发现的地方，还是一个狭窄、充满敌意和陷阱的战场，选择权在我们自己手里。

学期的最后一天，胡德先生把我叫到他的办公室，递给我一张纸。纸崭新，拿在手里感觉清凉凉的，让我不禁想起了辩论主题发布时收到的信封。他说："这是一份邀请函，邀请你参加州辩论队的面试，就是每年都参加全国锦标赛的那支辩论队。你该去试试。"

2

把话说明白，
把事讲清楚

悉尼女子中学的一楼充斥着一股霉味儿，我们聚集在一间昏暗的教室里，除我以外的其他五个人都在耷拉着脑袋做沉思状。我只认出其中一个：黛布拉。黛布拉比我大几岁，虽然仅有 17 岁，但由于她在当地巡回赛中表现得过于"凶猛"，因而赫赫有名。其他队的教练想出了一些策略，以减轻黛布拉的影响，但于事无补，她太能战了。2010 年 5 月，一个秋高气爽的早晨，黛布拉坐在窗边的椅子上，阳光照在她毛茸茸的头发上，她打了个哈欠，露出明晃晃的牙套来。

新南威尔士州辩论队的选拔过程遵循的办法非常简单。100 名参加选拔赛的人，大部分会遭淘汰，最终留下 12 人组成州辩论预选队。12 人一起训练几个月，国内顶尖的教练们激烈讨论后，人员又减半。剩下的六个人由四名辩论队员和两名替补队员组成，会代表澳大利亚人口最多的新南威尔士州参加将于春季举行的全国辩论锦标赛。

等候室里，没人问我为什么要把自己置于这样艰难的境地。这让我感觉很幸运，因为如果有人问起，我还真不知道该怎么回答。过去的 5 年里，辩论对我来说是我赖以生存的工具，它给了我表达自己的平台，并让我懂得如何在混乱的世界中找寻生命的意义。我深深爱上了辩论。而现在，在这个狭小而冰冷的房间里，看着一张张不苟言笑的脸，我无法控制地产生了一种从未有过的欲望。

移民到澳大利亚之前，我没有什么雄心壮志，也从未为了什么抱负而不顾一切过。我成绩还算不错，马马虎虎，参加了一些课外活动，优不优秀倒不重要，重在参与。2003年初，我在首尔上三年级。我没考虑过当班长，而是选择当班委来参与班级管理。同年，我们搬到悉尼，之所以决定移民，是因为我的父母在学生时代都是超级明星，他们担心自己的雄心抱负在我这里难以为继。

然而，来到澳大利亚，有些东西变了，或者说我变了。小学四年级时，我10岁，开始刻苦学语法规则、背乘法表、学习当地的地理知识，因为我知道想要融入新环境，必须学习这些。我熬夜做功课，甚至周末也不休息。后来，五年级的时候，我有门功课破天荒地得了全班第一名。可就在那一刻，我听到脑海里有个声音挑剔地问："为什么不是年级第一？""为什么不是学校第一？"

现在，我十年级了，懂得把自己的抱负藏在自嘲的笑话中或者用障眼法来遮掩了。那天早上，我集中精力准备面试时，突然在想，自己会不会摘下面具呢？

面试本来定在上午10点，但过了20分钟还没开始。大家在紧张的等待中开始焦虑不安。一个叫戴森的男孩，穿着马甲，瘦瘦小小的，开始焦躁地指责面试延迟会造成的不便。而西耶娜，一个穿着飘逸的波希米亚裙的高个女孩，则在房间后面的小角落里恍恍惚惚地原地转圈。只有黛布拉和我静静地坐着，我想她应该不是因为害怕才一动不动的。

戴森等得不耐烦，指责声越来越高。这时，他身后的门打开，一个全身黑衣的大学生带着一阵冷风走了进来。女生介绍说，自己是助理教练。她看上去比我们大不了多少，也就20岁出头，但自带强大气场。"今天上午辩论的发言顺序如下，"她说，"正方一辩：徐辅贤。反方一辩：黛布拉·弗里曼。正方二辩……"

说完辩位阵容后，她公布了辩题："死刑永远是不正当的。"

...

在高中的议会制辩论中，准备时间一般是 1 个小时。这 60 分钟里的主要任务是设计辩案，想出支持己方立场的四到五个论点。这些论点由一辩和二辩进行陈述，三辩的重点是反驳。准备工作往往会按照程序表（见表 2-1）进行。

表 2-1　程序表 　　　　　　　　　　　　　　　　　　　单位：分钟

时间	行动	团队方案
0 ~ 5	头脑风暴	团队的每个成员写下自己对该主题的想法。
6 ~ 15	上传	每个成员向小组介绍自己的想法。
16 ~ 40	充实辩案	小组从所有人提出的想法中选择四到五个最有力的论点并针对每个论点充实证据。
41 ~ 55	撰写演讲稿	成员撰写各自的演讲稿。
56 ~ 60	小组讨论	小组在辩论前讨论战术要点。

准备室里遵循热力学第二定律：一个孤立系统总是从熵小的状态向熵大的状态发展。在有时间限制的情况下，团队合作的优点并不突出。此外，每个辩手都要严格遵守整个团队的方案，这又增加了一层压力。由于技术设备和相

关材料不允许带进准备室，我们只能依赖最本能的方法——第一性原理[1]、相互间的启发，以及记忆中模模糊糊的事实。其结果是产生了一个热箱环境，大家脾气越来越暴躁，一点就着。

悉尼女子中学的这间特殊的准备室宽敞且通风良好，本来是间教师休息室。我们在这里面临的问题与上述熵增状态完全不同。此时，戴森、我和性格温和的橄榄球运动员本围坐在房间中央的一张大桌子前，冷冷地你看看我、我看看你，满怀忧虑。不管谁提出一个想法，立马会有五个反对意见在等着。"我认为我们应该……也许最好的观点是……"话总是还没说完便戛然而止。准备工作依靠的是团队的合作，但面试时看的是个人表现。两者之间的矛盾是任何心血来潮的善意都无法改变的。

本和我进行交流时，戴森在他的笔记本上匆匆记着笔记。小组讨论在第15分钟的时候结束，之后我们三个人分散开来，撰写各自的演讲稿。这对于我来说并不难。事实上，我内心的想法和分配给我们的持方是一致的，而且我对这个问题也有所了解，这在辩论中可谓罕见。我知道我想说的是什么。

上午11点30分，1个小时的准备时间结束，我们三人默默地收起笔记，上楼去往主辩论室。在二楼走廊就听到了人们纷杂的交谈声。我把重心放在脚踝内侧，以控制发抖的双腿，这是父母教给我的妙招。走进辩论室，顿时淹没在纷杂的喧闹声中。教室很大，铺着绿色的地毯，十几个面试官里，有教练，也有前辩论队队员，年龄都在二三十岁，分坐在两排。我们走进房间时，面试官盯着我们，叹了口气。

我走向前排的一个座位，但一个身材魁梧，穿着皮夹克，留着红胡子的面试官打手势让我直接走到教室的中央。这时，观众们开始敲打面前的桌子，

---

1. 即 first principles，被认为是用来分解复杂问题和产生原始解决方案的最有效策略。

一阵阵此起彼伏的敲打声持续了很久，震得房间仿佛都在颤动。我顿时感到浑身阵阵发热。某人吃了一半的面包散发着脂肪和茴香籽的味道，闻起来让人直反胃。

我朝观众望去，希望找到令人愉悦的一小片地方安置我的眼神：不是那对穿着情侣装牛仔夹克的时尚年轻夫妇，也不是那个安安静静、目光锐利的女人，我认出她是前世界辩论赛冠军。我的目光最终落在了坐在第一排的两个人之间褪色的地毯上。深吸一口气，我开始了演讲。

"死刑是由国家实施的谋杀。刑事司法制度中存在的恣意专断、愚笨无能以及对穷人的敌意，借由死刑会造成无可挽回的损失。"

发言人打破沉默、开始发言的时刻，意味深远。对发言人来说，这是与平静表面下涌动的抗拒与着迷两股暗流的交锋，令人无比兴奋。虽然这种体验需要洞察力，需要能觉察到听众眉宇间的细微变化以及笔在纸上的起伏回旋，但更多是依靠直觉，即对"我有没有获得认同？"的本能感觉。

"我的第一个论点是，死刑是残酷、罕有的。囚犯们，包括那些被误判的无辜者在内，在长达十多年里天天担心自己哪天会被执行死刑。他们经历的是人类所能想象的最可怕的事情：缓慢、逐步地执行死亡过程，这已经是死刑最人道的执行方式。"

我感觉得到，一些观众开始接受我的论点。起初那些只是敷衍点头的观众，现在开始沉思起来，最初左右权衡时神秘莫测的眼神，这会儿因产生共鸣而变得柔和起来。这使我备受鼓励，声音越来越大，透出越发坚定的气势。我与听众目光对视，试图通过凝视把我的坚定传达给他们。由于沉溺于华丽的辞藻，结果阐述第一个论点花了太长时间，在谈误判风险这一论点时显得有些仓促，说完结论时，离规定的结束时间仅剩 20 秒："这种不人道的做法在一个公正的社会中是不容存在的。只要死刑继续存在，就是对我们每个人的轻视贬低。请通过这项动议。"

观众鼓掌时，我瞥了一眼长椅上的反方辩手。黛布拉将头发盘成了一个松散的发髻。在她两侧坐着两个紧张得像一对大理石柱子一样的队友，身体僵硬，面色苍白。黛布拉从包里拿出一副丝框眼镜戴上，双眼顿时变得炯炯有神起来。还没等我回到座位，黛布拉已经站到了我刚才发言的地方。从一开始，她的声音就比我的更尖锐，也更清晰。

"对方辩友刚才讲的并不能作为论点。那些都是没有真凭实据的断言，对方没有给出任何理由说服我们相信他的观点。他只是用富有感染力的言辞阐述了他自认为正确的内容。事实上，这在辩论中毫无作用。"

"女士们，先生们，请看一眼你们的笔记。就算你们赞同对方的观点，特别是那些真正赞同对方观点的观众，请思考一下，对方有没有为自己的结论提供令人信服的例证？"

我的脸颊顿时涨得通红。一开始，我并不理解她为什么这样说，之后便被激怒了：她在说什么？她以为她是谁？但是之后，我听到内心那个更为柔和的声音提出了一个令我更为不安的问题：有没有可能她是对的呢？我伸手去拿发言稿，但注意到观众一直在看着黛布拉和我，我愣住了，试图表现得镇定自若、面无表情。接着，黛布拉总结了对我的剖析，分门别类列出了我的错误。

"没有理由又缺乏证据的主张（'死刑就是令人憎恶'）是断言；没有任何依据的主张（'依照逻辑推论，认定死刑可以阻止犯罪'）是推测；而仅凭有据可查就提出的主张（'佐治亚州糟糕的司法程序表明死刑是完全不可靠的'）是以偏概全。"

这些术语我都明白。我们在中学辩论时最先学习的就是这些概念，是辩论基本原理第一单元的内容。从那以后，联赛中、日常生活中我提出过多达数百条的论点。难道我真的忽略了什么？

黛布拉在讲到"断言"和"以偏概全"时恶狠狠的语气，让这些学术术语听上去像在骂人一样。我感觉自己像是被她的牙套夹住了似的动弹不得，被她的牙齿弄得遍体鳞伤，皮肤被她牙套上的金属划出片片伤痕。这就是被叱责时的感受吧？

...

后来，我和父母去当地的越南餐馆吃晚饭。餐馆很小，散发着肉汤味和油油的味道，我们一家人紧挨着坐在吱吱作响的餐桌前。还有不到 1 个小时，州辩论队的面试结果就出来了。餐馆里吵吵嚷嚷、阴暗潮湿，散发着强烈的气味。我很庆幸，所有这些让人心烦意乱的东西一点儿没影响我的思绪。

我们的餐桌紧挨厨房，闹哄哄中我竭力向父母解释我是如何把面试搞砸的。"听起来你是占理的，"妈妈耸耸肩说道，"面试官一定会洞悉真相的。"

爸爸边点头，边把一只煮熟的大虾剥开："是的，面试官的判断才是最重要的。"父母的声音里透着无懈可击的真诚，但却忽然让我感到有些沮丧和愤怒。

一说起"事实"，爸爸妈妈便会满口箴言。从小到大，父母的信念是"事实战胜一切"，这一格言与他们的基督教信仰相契合，也能体现他们对信口胡言的反感、厌恶。在他们看来，掩盖事实的企图不仅危险，而且注定会失败。太阳一定会在清晨升起，事实也一定会大白天下。

我们家最喜欢的电影之一是 1992 年上映的《闻香识女人》，艾尔·帕西诺在里面饰演一位年迈、走投无路的退伍中校。中校名叫弗兰克·斯莱德，是个脾气暴躁的盲人，经常烂醉如泥。感恩节的周末，由于要外出，家人聘请了查理·西姆斯来照顾中校。查理·西姆斯是个靠奖学金就读昂贵的贝尔德中学的穷学生。

影片将两个男人之间的友谊缓缓展开。中校教查理做人，而查理最终说服中校再给自己的生命一次机会。在纽约，他们去豪华的橡树屋餐厅吃饭，跳探戈，开快车。但是，查理心中始终蒙着一块乌云。他因拒绝告发搞恶作剧的同学而陷入困境，纪律委员会考虑将其开除。

学校的听证会上，查理被逼得走投无路。另一名证人为保全自己撒了谎，但查理拒绝这样做，这让愤怒的校长提议立刻开除他。就在这时，中校出现了。他发表了长达5分钟的激情演讲，谈勇气，谈领导力，谈阳刚之气。演讲结构不够严谨，逻辑连贯性也不够好，但他用感染力弥补了这些不足。"我不是法官或陪审团，但我可以告诉你：他不会为了自己的未来出卖任何人！朋友们，这就是正直。"中校和查理大获全胜，在全体学生的热烈掌声中离开。

这部电影很贴合我父母对事实的看法，事实就像艾尔·帕西诺的声音那样，生硬、简练、不加修饰，唯其如此，所以纯粹。即使在影片中新英格兰的预科学校那样的环境中，这样的声音也是不容忽视的。在与谎言的竞争中，真相总会占上风。这部影片带给孩提时的我极大的安慰，但最近又看了几遍之后，我不禁问自己，在美国东北部的法庭上，那些像影片中的斯莱德中校一样酗酒的退伍军人到底会不会成功呢？

此刻，2010年年中，世界似乎正在经历一场变革。几年来，美国一直就"奥巴马出生地质疑主义"纷争不断。这个带着贬义的俚语是由媒体、好争论之人和社交媒体用户搞起来的，他们毫无事实依据地宣称巴拉克·奥巴马总统出生在肯尼亚。阴谋论早有先例，但这次的影响甚是广泛。主流媒体会定期报道。根据3月的一项民意调查，多达四分之一的受访者认为奥巴马出生在美国境外，因此没有资格担任总统。

我高中就读的学校与华盛顿特区分别位于地球的两端，有一天在操场上，一位同学自称在脸书上看到了一些关于奥巴马出生地质疑者的文章。我们对他提起的这个话题一笑置之，但我发现，他把这些理论描述为"有趣"，既不承认，也不否定，这让我感到很不安。

在接受美国广播公司新闻采访时，这位美国总统似乎和其他人一样困惑不解。他承认"新媒体时代存在某种途径，可以大量炮制虚假信息"。但他坚持认为，美国人民有智慧看穿这些胡说八道。"我不会被飘荡着的那些流言困扰，"但随后他厉声说，"我要说的是，我不能时时刻刻把出生证明贴在额头上。事实就是事实。"这应该是总统对这个问题最有诚意的回答了。每句话都真实可信，没什么可争议的。

此时，飘远的思绪回到小饭店，吃着热气腾腾的河粉，我回忆起与黛布拉的那场辩论。辩论中，我掌握着我认为是事实的东西，但仍然缺乏有说服力的论点，这似乎很符合我们这个时代的情形。在事实受到质疑而且轻易便能被遮蔽时，我们不能依赖本身固有的征服力。我在想，在这样一个时代，我们是否应把注意力从单纯的了解事实真相转移到把真相传达给别人的技巧、手段和最朴素的方法上。

甜点上来了，消息也来了。搅动木薯淀粉珍珠时，我感到口袋里的手机嗡嗡作响。加载电子邮件用了几秒钟的时间。妈妈呷了一口茶，假装满不在乎。爸爸向我靠过来，就差把手机夺过去了。邮件里显示："我们很高兴地通知您，您已入选新南威尔士州辩论队。"

· · ·

辩论队的第一次见面会定于 5 月的最后一个周六。会面的前一周，我努力显得不露声色，因为我入选的消息在学校引起了不小的轰动。事实上，朋友和老师对所谓的州辩论队了解甚微，他们只是相当隐晦地表达一下赞叹而已，"州队啊！感觉很不错吧？"这让我很不爽，因为入选州队并不代表我实际能力的提升。我依然是那个在一周前的面试里被打得屁滚尿流的 15 岁少年。然而，家长、老师和同龄人的期望却与日俱增，与我的实力拉开了越来越大的距离。周五晚上，一想到期望和现实之间的鸿沟，我躺在床上好几个小时都无法入眠。

周六上午 9 点，天气干燥，灰蒙蒙的。我们十二人聚集在悉尼女子中学门口。这幅情景如果被外人看到，他们一定会觉得很奇怪。其实我自己也不清楚聚在一起要干吗。我们当中有刚参加完比赛赶来的足球队长，有和蔼友善、醉心于古典音乐和音乐剧的乐迷，有似乎了解每个人情况的社交达人，还有黛布拉和我。教练们打开门："州辩论预备队。欢迎大家！"这貌似对我的困惑给出了答案。

我们被带到二楼的一间教室，就是上周进行面试的地方。教室很大，开着灯，我们十二个人坐在绿色的塑料椅上。一开始气氛很尴尬。我以前只知道辩论是一项团体活动，是团队与团队、学校与学校之间的对决。然而，无意中听到周围人的闲聊，我才知道，要想在这个更高层次的平台上取得成功，个人魅力必不可少。辩论队里每个人都鼎鼎大名，都是身经百战的老辩手。教练们称我们为全明星阵容，但我脑海中出现的形象是一个星群：一颗颗闪亮的星星由外向内，松散地聚集在一起。

几分钟后，面试我的那个仪表堂堂的红胡子男人大步走到黑板前，自我介绍说，他叫布鲁斯，是悉尼大学法律系学生，也是州辩论队的两名主教练之一。随后布鲁斯指了指另一名主教练马克。布鲁斯今天穿了件超大的法兰绒衬衫。马克年龄比布鲁斯大，看起来比布鲁斯苗条一些。我对布鲁斯印象最深的一点是，他决不能容忍我们说起话来显得特别轻松随意的样子，而这正是澳大利亚人的典型特征。布鲁斯声音洪亮，极富表现力，我们能感觉到他的活力十足。

"我们先从一些反馈开始。你们很多人要么没有学过，要么就是忘记了应该怎样提出恰当的论题。既然你们都是辩手，我想说这个问题就相当严重了。论题不是一张清单，不是一句口号，不是一场鼓舞人心的谈话，也不是一次真诚的情感表达。所有这些不能清晰地支撑你的观点的，都不能叫论题。那么论题是什么？论题是针对万物是怎样的和应该是怎样的所给出的论断，必须包含一个主要论点和相应的一系列理由和证据，否则就不能称其为论题。"

布鲁斯转向黑板，写下提出论题的基本步骤：

第一，提出一个论题，要先从结论入手，即听众可以接受的事实、判断或规定。

鲍勃为人不友善。
结论

第二，在这个结论中，加上"因为"一词。这就是该论题需要论证的主要论点。

鲍勃为人不友善。
结论

因为他不体谅他人的感受。
主要论点

第三，再给主要论点加上"因为"。这就是理由，即能证明主要论点的想法。

鲍勃不体贴人
主要论点

因为他待人残忍，甚至对朋友也是如此。
理由

第四，提出支撑理由的证据，证据可以是现实世界的一条信息或一个事实。

上周五吃晚饭的时候，他针对谢丽尔的表现发表的评论很伤人。

证据

论题可以不断完善。辩手总是可以想出更多、更好的理由和证据，并用更恰当的语言表达出来。因此，可以提出更多、更好的论题来构成辩案。然而，问题是，缺少上述要素的论题是不完整的。

"这样就可以了吗？"布鲁斯问道，"用一个主要论点和相应的一系列理由和证据来论证一个结论？"我刚要点头，他大声说道："不！"

"我们漏掉了什么？我们还没有表明主要论点足以证明结论。现在，我们已经表明鲍勃不体谅他人的感受，但这就足以证明鲍勃为人不友善了吗？也可能他只是不拘小节呢？"

布鲁斯转向黑板，写下了最后一步：

第五，用一个理由将主要论点和结论关联起来。

鲍勃不体谅别人的感受就意味着他为人不友善，因为不管他是否有意如此，结果是他让别人感到非常痛苦。

关联

这最后一步说明了布鲁斯所说的论题的"两个举证责任"，即论题在说服听众之前必须证明两点。这两个举证责任几乎适用于日常生活中的每场争论，我们将其称为"真实性"和"重要性"。

真实性：主要论点在事实上是正确的或可信的。

重要性：主要论点能支撑结论。

针对上述论题，即鲍勃为人不友善，因为他不体谅别人的感受，这两个举证责任是：

真实性：事实上，鲍勃不体谅他人的感受。
重要性：如果鲍勃不考虑他人感受，我们可以得出他为人不友善的结论。

论题需要同时具备真实性和重要性这两条腿，才能稳稳立住。如果辩手不能证明主要论点的真实性，那么论题就变得毫无实际意义。如果辩手不能证明主要论点的重要性，那么听众就有权耸耸肩以示"那又怎样呢"。

在这两个举证责任中，更容易被忽略的是重要性。因为辩手急于罗列更多的理由和证据，所以没有时间来解释其重要性。这是个问题，因为一个真实却不重要的论题很难说服听众采取行动或改变主意。

辩论中完成上述两个举证责任的辩手不一定能成功改变听众的想法，但只要其中一个没有完成，必定失败。这与希腊史诗中的卡桑德拉[1]何其相似：正确却无法令人信服。

这些听起来有点抽象，但当布鲁斯在黑板上写下更多例子时，我回想起了在学校的一场争论。几个月前，乔安娜，我朋友圈中最具社会意识的人，曾试图说服我们所有人都吃素。对于任何肉类或奶制品，她都可以编出最悲惨的虐待故事，并辅以统计数据和视听证据。"你吃的什么？"午饭时她通常会问。我太了解她了，于是含糊其词地说了句"哦，三明治"来搪塞，但乔安娜对肉

1.Cassandra，希腊神话人物，指不为人所信的预言家。

类熟食有着异常敏锐的嗅觉，很快我们便被淹没在残忍的火鸡交易故事里。

她的干预奏效了。我发现自己在这些争论中无话可说，最终决定尝试成为素食主义者。妈妈用别出心裁的豆腐制品迎合了我几天，然后改用熟鸡蛋作为蛋白质替代品。我勉强吃了两盒土鸡蛋后结束了试验。

布鲁斯关于两种举证责任的理论给了我一个新的视角来看待素食试验。乔安娜认为，我应该停止吃肉，因为工业化养殖给动物带来了巨大的痛苦。她给出了理由和证据，让我相信这个论题是真实的；而我也接受了这些理由和证据。然而，她并没有完全说服我。为什么我要因为动物们遭受的痛苦而成为素食主义者？我可以当一个辨别能力更强，吃肉次数少一些的肉食者啊。也就是说，我确信乔安娜的论题的真实性，但我不确定其重要性。

我们在悉尼女子中学的教室里一直待到快 11 点，布鲁斯才结束了培训。"论题是辩论的基本组成部分。从某种深层意义上讲，它是辩论的目的所在，辩手的任务就是不断建立和推翻论题。"布鲁斯祝我们在接下来的八周里好运，然后把我们送出来。还有不到 1 个小时就到正午，太阳已经破云而出了。

...

我加入州辩论队一个月了，好运没来，羞辱感却与日俱增。在关于自由贸易的辩论中，一位仁慈的十二年级学生不得不一字一顿地对我说出关于"相对优势"的论题。在关于媒体垄断的辩论中，对手提出："徐辅贤的观点比较混乱，其想表达的意思到底是什么呢？"随后自行给出了至少三种阐释，然后将它们一一推翻。这样的回忆，就像在自动点唱机里一般循环往复，实在令人沮丧。

我在进步，但事实证明，在经验方面，我与其他辩手之间的差距难以逾越。他们比我大一两岁，如果一个辩手平均一周做四次辩论，那么一学年内有望完成 140 ～ 180 次辩论。目前，在理解辩论的基本原理方面，我和其他人没什么分别，但我无法复制辩论经历，这需要一遍遍地埋头苦练。

一开始，分组多多少少有点随机性；但现在，教练们开始对最终的四人阵容有了初步想法。我发现自己与最强辩手辩论的次数很少，更多是与那些已经错过好几次练习课的人组队训练。我感觉已经穷途末路、希望渺茫。

有一天，我竟意想不到地找到了办法。

我一直认为历史课枯燥无味，因为我们研究的社会都是很久远以前的了；另外，说实话，所有花瓶在我看来都没什么两样。然而，我记得那是 6 月的最后一个周五，一个冬日的下午，一堂关于古希腊男孩教育的课给我留下了不可磨灭的印象。

自由民的儿子们将其称为 "progymnasmata"，这是希腊语，意思是 "预备练习"：包括从 "生动描述"[1] 到正式的赞词[2]，一套共 14 种修辞练习。这些书面练习的目的是训练学生长篇演讲的能力。在当时的希腊，这是 "受过教育的人" 或 "博学之人" 应掌握的一项重要技能。

历史老师是英国人，名叫格雷戈里，才华横溢但尖酸刻薄。他把赞词的结构发给我们。材料来源于名为 "修辞学之林" 的网站。

按照这种结构，赞词需要：

描述一个人的出身（种族、国家、祖先、父母）；

描述他的教养（学识和艺术造诣）；

描述他的事迹，即在思想、身心或财富上取得的卓越成果；

1.ek phrasis，希腊语，意思是造型描述。

2.encomium.

与他人作比较，以使赞美更上一层楼；

最后的结语要么激励听众效仿，要么是祈祷。

全班同学都无聊地发着牢骚。但有时在这些古代历史课上会挖掘出一星半点充满异国情调的学问，这里面首推 progymnasmata（预备练习）。能把这个辅音众多的词说对就已经显得挺有学问的了。然而，即使是最好学的学生也不得不承认，这些练习都是些公式化的套话堆砌，乏味得很，与其说是给人以启发，不如说是些过时的选择题练习。

然而，格雷戈里却丝毫不受影响。他双手叉腰，露出狡诈的笑容，随即告诉我们预备练习原本就很乏味："这些本就不是为特别场合下非凡的人们准备的超凡秘诀。你把它想象成音阶练习，不断重复才有成效。"

古希腊人对此有自己的类比。说到预备练习，一些修辞学家就会提到公元 6 世纪古希腊最负盛名的摔跤手 —— 克罗托那的米罗。这位摔跤手每天举起一头正在生长的小牛，最终成功举起了一头成年的公牛。古希腊时期的一本教科书上这样规劝道：

那些想画画的人，除非自己动手，否则就算观摩阿佩尔斯、普罗托根尼和安提菲勒斯[1]的作品再多遍都没有用。同样，除非每天在写作中锻炼自己，否则著名作家的文字、他们的思想以及他们清新简洁的语言，对那些立志从事修辞学的人来说也都是毫无作用的。

这句话的主题思想是什么？获取公民资格不是件容易的事。向他人发表

1.三人均为公元前 4 世纪希腊画师。

演讲的平台需要自己努力获得。同样，评判他人的资格也要靠自己争取。要获得这样的资格，与其说需要灵感和天分，不如说需要毅力和恒心。

格雷戈里先生解释说，这样天长日久的辛苦能磨炼出一种艺术技巧。文艺复兴时期，即古希腊罗马时期一千年后，意大利出版商奥尔德斯·曼努蒂乌斯给了"预备练习"第二次生命。他出版的古希腊修辞学教科书传遍整个欧洲。据一些学者称，在这本书的影响下，弥尔顿和莎士比亚写出了一些最富创造力的作品。

随着格雷戈里先生慢慢讲述这段历史，我在"预备练习"上看到了一丝希望。我开始掂量，用日复一日的艰苦训练来换取熟练的技巧，能否让我在州辩论队中占据优势。如果缺乏经验是我的短板，我能用努力来弥补逝去的时间吗？

在这样一个狭窄的房间里，一点点杂音都能产生回响。我坐在教室后面，小心翼翼地从笔记本上撕下一张纸，然后，开始构思属于自己的修辞练习方法。我将辩论论题简化为最基本的形式，得出了一个以四个"W"为中心的结构：什么（What），为什么（Why），何时（When），谁在意（Who cares）？

论点是什么？

为什么具有真实性？

以前什么时候发生过？

谁在意？

结构很简单，但一个好论题的基本要素都具备了。例如，对于"我们应该废除陪审团审判"这一辩题，作为正方我可能会这样写：

什么？我们应该废除陪审团审判，因为陪审团审判导致误判的数量多到令人发指。

为何？陪审团不了解法定证据。他们深受媒体的影响，也代表了社会的固有偏见。

何时？美国律师们以压倒性多数证实了"CSI效应"。这个术语用来描述陪审团在理解法庭证据过程中电视节目所起的扭曲作用。

谁在意？误判是对受害者、被告和全社会的不公，而且削弱了人们对刑事司法制度的信心。

这四个"W"的结构也适用于日常生活中的争论。日常争论中，虽然我们无法提前准备要点，但这四个要素还是很容易掌握的。例如，如果一个五口之家的长女反对父母养狗，她可以通过回答以下四个问题来捍卫自己的立场：

什么？我们不应该养狗，因为我们永远不会遛它。

为何？每个人都太忙，每个周三不到晚上8点家里没人。

何时？我们上次从商店买回的金鱼就是因为没人照顾死掉的。

谁在意？不按时遛，狗会不开心，家人也会为了这项额外的家务而争吵不休。

尽管角落里的燃气暖炉和往常一样不怎么管用，但我却感觉到房间里的温度在不断升高。在这股热浪的笼罩下，我下决心要在四周内写出一百个论题。足足一百个啊，多么可笑，没有神奇的力量加持，怎么可能实现目标！

···

将决心付诸实践的头几天，我偷偷在家里反复练习四个"W"，甚至连父母都瞒着。然而，我很快就意识到了任务的艰巨性，要完成目标意味着我得没日没夜地干。于是，在早上去学校的火车上我在写论题，课间休息时在图书馆里我还是在写论题。针对"我们应该征收 100% 遗产税"的动议，我写出正方的两个论题。针对"我们应该强制接种传染病疫苗"，我为正、反方各写出一个论题。时间不知不觉中就这样过去了。

同学们满腹狐疑地斜眼看我。我的"三 J 帮"以为我在用功念书了，对我嗤之以鼻。一旦得知真相，他们立马变得困惑不解，关心地问我："你没事吧？"甚至辩手们都问我是否过于认真了："你说过州队选拔是随机的，无常的，你根本不在乎。忘了吗？"

我喜欢"预备练习"，因为后来，我很少有机会像那样提出论题。很少有成年人会问青少年比较严肃的问题并期待听到回答。学校里一些较好的科目，如英语和历史，要求学生写小论文，其他大多数科目只需要临阵磨枪和死记硬背。教室旁的操场上，这片丛林坚持的与其说是理性的权威，不如说是权力和名誉的法则。

现在，不仅处在青少年时期的孩子们缺乏论题意识，就连成人世界也是如此。在生活中唯一将我们视为成人的商业领域，很少有人发问，当然更没人给出理由。电视上，大公司用那些泳装和腹肌的画面向我们推销碳酸饮料和人寿保险。几个年龄比我大的朋友正在实习，他们描述每天的工作就是听指令、查邮件。

政治生活亦是如此。2010 年年中，澳大利亚进行联邦竞选，情况非常糟糕。总理茱莉亚·吉拉德和自由党领袖托尼·阿博特之间展开竞争，双方带有强烈的个人敌意，根本谈不上真正意义上的辩论。两人各拿着一份简短的谈话要点，其中包括他们的口号——"为澳大利亚而战"和"向前迈进"，这有点像焦点小组和委员会的工作。

权威人士企图找出造成这种情况的原因。首先是目光短浅、野心十足的政客们，其次便是赋予民意调查人和政党官僚太大权力、使其凌驾于民选官员之上的政治文化。随着媒体人物不断涌现，他们的虚伪开始显露出来。如果24小时不间断的新闻报道充斥着的都是访问和极端评论，那么报纸和广播怎么会有版面或时间报道真正的辩论和争论呢？

对民众来说，这种鸡生蛋、蛋生鸡的无聊游戏似乎掩盖了一个更为紧迫的问题：我们丑态尽出。不知何故，我们已经创造出一个毫无理性之邦，人们靠无理断言、含沙射影和各种口号为生。

竞争性辩论为我们提供了改变这一切的机会，但也向我们提出了苛刻的要求。断言让人不经任何思考就把脑海中不成熟的想法发泄出来，而真正的论题则要求我们审视旧信念，并在此基础上形成新的观念。努力回答四个"W"问题，同时完成两个举证责任时，我开始在混乱不堪、毫无头绪中形成一些条理。很多时候，看着笔记上完成的论题，我会想，"这才是我相信的"。

对我而言，最好的回报是什么呢？这种方法起作用了。

我开始在州辩论队中表现得更强。通过大量练习，我脑子里存有一系列想法，并且有信心在任何给定的时间内想出更多观点。辩论中，自我提升的回报是得到巨大的瞬时满足。艺术家们数年辛勤创作是为了追求崇高的理想，而我们辩手每周追求的是感官上的震颤。这种快感来源于辩论中令对手目瞪口呆而沉默，令教练点头肯定，令观众爆发出长达好几秒钟的不间断掌声。

这种回报其实也有害。辩论这种竞技需要表达和思维两种能力，对常人来说，这样的要求太高了。因此，我们发现自己很容易将作为辩手的成功与我们作为人的价值等同起来。

周六早上的训练课上，我注意到其他队员对我更加友好了，开始让我加入他们的交谈和计划。我需要不断向上、再向上，这其实让我有些畏缩；但更强大的那个我想继续努力攀爬，不管前路多么漫长而险峻。

...

　　7 月底一个宁静的冬日夜晚，最终的州队选拔定于 6 点开始。在第一次州预备队面试的那个不通风的房间里，我们六个人松散地围成一圈站着，心不在焉地说着话。尽管试图用讲笑话和佯装自信来掩饰，但尖锐刺耳而又毫无节奏的声音暴露出我们的紧张。站在最边上的黛布拉，用脚毫无节奏地敲打着地板。

　　5 点左右，布鲁斯来了。他头发散乱，双臂紧紧交叉，似乎难以做出抉择。"我想告诉你们的是，你们能走到今天实属不易，"他说，"你们每个人都有代表本州参加全国锦标赛的实力。然而，我们需要的人数有限。"

　　说完，布鲁斯把手伸进他那深色牛仔裤的左侧口袋，掏出一张对折的纸。"我们开始吧。"布鲁斯对我们发言顺序的安排是，我是正方一辩，黛布拉二辩，米迦（一个胆小的十二年级学生）三辩。当我们三个人慢慢围在一起时，布鲁斯宣布了辩题 —— "生态性有意破坏在道德上讲是合理的"。

　　这几个词奇怪地组合在一起让我有点发怵。我对"生态性有意破坏"这个概念一无所知，我也不知道站在我身边一动不动、慢慢在做深呼吸的米迦是否有所了解。我环顾房间，寻找黛布拉，发现她已经离开了。我抓起包拽着米迦跑向准备室，去迎接命运的洗礼。

　　准备室像个储物间，大小和布置都很像，此时，黛布拉已经在桌子一头坐下。米迦和我东跌西撞地坐下来，她像一个打仗的将军一样俯身向前问道："你们知道生态性有意破坏是什么，对吧？"我咽了下口水，看着米迦，他脸上变得毫无血色。黛布拉不屑地翻了个白眼。"生态性有意破坏的意思是用故意破坏，财产损坏甚至蓄意毁坏等手段延迟或取缔对环境有害的项目。"

　　黛布拉用了 10 分钟为我们答疑解惑："例如，往树木里钉长钉子，以损坏电锯和其他毁林设备。""这些有意破坏的行为本意上不会伤人，但也不能排除伤人的可能性。"黛布拉的解释让我们对概念逐渐清晰起来,随后米迦和我分享了辩论中可以采取的论题和战术。我们每个人尽量掩饰着内心的竞争意识,以队友的身份共同分析解决问题。

40分钟过去了,我们分散开撰写各自的演讲稿。分配给我的两个论题是:一是,生态性有意破坏对环境有利;二是,除了生态性有意破坏,没有其他可行的替代方案。对每个论题,我先提出两种举证责任,然后迅速写下了一些理由和例子作为支撑。在第一个论题中,我用六个理由概述了生态性有意破坏事实上有可能取缔对环境有害的项目,用三个理由解释了为什么环境保护比财产保护更为紧迫。我进展得很顺利。持续几周的训练让我镇定自若。

当我开始准备第二个论题时,只剩下8分钟的时间了,我看了看准备室里的另外两个人。米迦像螃蟹一样趴在笔记本上奋笔疾书。在离我最远的角落里,黛布拉却放下笔,注视着窗外的空停车场。我小声问道:"你不写论题吗?"黛布拉慢慢转过身来,我应该是打扰到她了,她紧皱着眉头心不在焉地说:"看看再说吧。"说完,回过头去继续注视着窗外的空停车场。

二楼辩论室里,包括布鲁斯在内的四个人挤出微笑看着我们,笑容里透着紧张和担忧。这个房间我非常熟悉,但在这天晚上却显得有些陌生。路灯发出的光本就泛黄,在冬日夜晚的映衬下,显得格外微弱,在墙上映照出奇奇怪怪的影子。这次我知道不用找座位坐下了,径直往教室中间走去。我冻得瑟瑟发抖,边走边数数,调整呼吸让自己镇定下来。

我感到整个房间的人都在看着我,但这次我的眼神没有逃避。相反,我的表情异常坚定,想了想笔记的前几句话,开始了演讲:

"面对贪得无厌的公司和妥协让步的政府所造成的环境破坏,公民面临艰难的抉择:屈服还是反击。我们正方并非蓄意破坏者。当然,我们也不主张把这种行为合法化。在这场辩论中,我们所要求的只是对这些绝望的抵抗行为给出道德层面的合理解释。"

随后，针对我的两个论题，我长篇大论地给出了诸多理由和证据。评委们快速做着笔记。而我身后的反方辩手们呼吸变得急促起来，彼此小声商量："这点怎么反驳啊？"我的计划是让听众对我所陈述的论题的广度和复杂度感到惊讶和敬畏，看来奏效了。于是，我加快语速说道："政治上没有可行替代方案的第五个原因是企业捐款影响环境政策的制定。第六个原因是……"

8分钟的时间一晃而过，感觉既短暂又无穷无尽，终于到了结论陈述："必须在设备的破坏和栖息地的消亡之间做出选择，那么请选择我们的地球。"说这句话时我已经声音嘶哑。评委们掌声雷动，我激动地回到座位上，气喘吁吁。尽管已经精疲力竭，但还是感到一阵肾上腺素的刺激，心里想：我竭尽所能了。

接下来发言的是莎瑞雅，她人很风趣，性格外向，采取了和我一样的打法。她摆出一副对抗的姿态，挺胸抬头，双手交叉，发言很快就结束了。她的发言充满正义的分析："实施生态性破坏项目的工人的生命被置于危险之中，对方辩手竟可以如此漠不关心，真令人难以置信。暂且不说工人可能发生的生命危险，对方有没有考虑项目的中断给他们造成的经济上的影响呢？"

此时，坐在我左边的米迦身边满是小纸片和便利贴，每一张上都是他用红笔和绿笔写下的反驳观点。然而，我右边的黛布拉，心思似乎完全不在辩论上。她冷冰冰的蓝眼睛一直盯着评委，偶尔拿起笔在笔记本上写写画画。我试着跟黛布拉提示反驳的观点，但她一次又一次断然拒绝，继续陷入自己的遐想中。"我在观察。"她说。

接着，轮到她发言了。黛布拉从椅子上站起来，迈着缓慢而从容的大步走到教室中间。站在那里，黛布拉用轻柔的声音说出了开场白："辩论到现在，我们已经听到了很多观点。这场辩论令人恼火，但并非坏事。让我们来细细考察其中的一些观点。"

黛布拉似乎已经注意到了评委们认同哪些观点，而又对哪些观点存疑，并由此开始了自己的阐述。鉴于莎瑞雅和我的发言过于抽象，她先深挖细节："请大家忘掉对方辩手说的'暴力''灾难'，或者我方提到的'干涉'或'抵抗'这些词。想一想，夜深人静之时，在树上钉入长钉，炸毁建筑工地，是为了防止地球环境遭到更严重的破坏。"对我们给出了客观公正的证据的各种论点，她则进一步强调，"看，这就是为什么这些很重要。如果我们现有的法律允许大规模破坏环境，我们就有责任对其进行抵制。"

事实上，黛布拉和我在辩论中的打法类似，我们使用了很多相同的论证方法。然而，不同的是，我是用这些方法说服听众，迫使他们认同我的观点，而黛布拉则用同样的方法来引导和满足观众本能的好奇心。当她自问"W"时，她考虑的是那些可能在想"为什么"或"谁在乎"的听众。她所期望的是让听众从她的观点和想法中产生共鸣，同频才能共振。

与我的表现相比，高下立见。我从没停下来思考过听众希望从我这里听到什么，一次也没有，我只是试图征服他们。跟无耻政客和权威人士一样，我讲我所讲只是为了消除观众的怀疑，而不是解答他们的疑惑；只是想让观众产生敬畏而不是试图说服；只是想赢得钦佩而不是想获取认同。我在"冲"他们说而不是"对"他们说。

听着黛布拉的发言，我想起发生在"二战"末期的一个故事。1944年，提出原子结构的玻尔模型的丹麦物理学家尼尔斯·玻尔确信世界濒临巨大的危险。他在多次访问新墨西哥州的洛斯阿拉莫斯（曼哈顿计划的沙漠基地）后得出结论，防止灾难性军备竞赛的唯一途径是美国向苏联通报其在核弹方面的进展。这一年，玻尔多方游说，终于得以拜见温斯顿·丘吉尔和富兰克林·罗斯福。

但会面很糟糕。一位助手曾说过，玻尔"泰然自若但有些含糊的表达"及其"低言细语，口齿不清"让丘吉尔兴趣全无，直接提前结束了会面。丘吉尔后来曾说："你把他介绍给我时，我就不喜欢这个人，头发乱蓬蓬地堆在脑袋上。"罗斯福在会面之前就曾对自己能否理解这位科学家表示过担忧，但相比丘吉尔，他表现得更为礼貌一些。但总统的一位顾问后来曾表示"担心总统是不是真的听明白了玻尔所说的话"。

玻尔"堂吉诃德式"的使命从一开始也许就注定失败。同盟国对苏联的不信任逐渐加深，而且，他们对他国出生的科学家也是持怀疑态度的。

哲学家卡尔·波普尔描述与玻尔的争论时这样写道："没人能与他正常交流。谈话中都是他一个人在不停地说，别人刚说一两个词，立马便会被他打断。"读到这些，我不禁在想，如果玻尔不是那样一个人，情形会怎样呢？如果玻尔能留出时间答疑解惑，世界格局会不会因此而改变？

思绪回到二楼的教室，此时，黛布拉已经结束发言，回到我旁边坐下。她身上温热的香水味，再加上淡淡的汗味，立刻在我周围弥漫开来。坐在教室后面的四位评委的脸上并没有显出满意或赞许的神情，他们脸上露出的是发现终于有人倾听以后倍感欣慰的表情。

...

最后的结果是，我没有入选州队，但成了替补队员。我参加了 2010 年 8 月的全国锦标赛，穿上了众人梦寐以求的队服：海军蓝夹克，胸前口袋上绽放着一朵红色特洛皮（我们的州花）。

从那以后，我的辩论之路一帆风顺。一年后的 2011 年，我代表新南威尔士州参加了在珀斯举行的全国锦标赛，并赢得冠军，随后入选只有五名成员的澳大利亚国家辩论队。2012 年我们前往苏格兰的邓迪和南非的开普敦参加世界学校辩论锦标赛，但在决赛中遗憾落败。

十六七岁如梦如幻的这两年，我明白了一件事，不论是什么级别的竞赛，辩论归根结底是论题之争。我很欣慰自己懂得了这一点。曾经，我认为最完美的论题就像一部巨著，是一个人的天赋杰作，但现在我把它看作多种因素错综复杂地交织在一起产生的成果：队友的贡献、听众的期望以及亲人们的价值观。

只有这样的论题才敢于宣称其具有真实性。论题的各个要素综合在一起就像一条拼布被子，它似乎体现出一种对事实的看法：与其说事实是单块巨石，不如说是人们共同面对的现实，这种现实不是来源于哪个人的演讲，而是源于彼此的交流互动。

2012年8月的最后一个星期五，还有几周就到我18岁生日了，在塔斯马尼亚岛上举办的全国锦标赛上，我被选为澳大利亚国家辩论队队长。布鲁斯签约出任主教练。爸爸和妈妈当时在观众席上听到了我被选为队长的消息，他们承诺1月前往土耳其的安塔利亚，在我最后一次参加世界学校辩论锦标赛时观战。那天晚上躺在床上，算算来到澳大利亚已经九年了，我不由得在想，辩论会把我带往何方呢？

3

不得罪人，
不耽误事

"胡说八道，胡说八道，胡说八道。"房间后面传来几声咆哮。

我和布鲁斯认识三年了，初次见面是 2010 年的秋天，我第一次参加州队海选的时候。从那时起到现在，读懂他的神色对我来说已易如反掌。布鲁斯天生一副橄榄球运动员的体格，身高一米八三，常常倾斜着身体，像是准备着随时与人对抗似的，言语幽默而犀利。他来自农村，脸皮挺厚，但从其眼角的褶皱和唇边的轮廓能看出他坦率的个性，说起话来，言语间透露出来的是赞许、关心和同情。

2013 年 1 月 26 日，一个周六的黄昏，正值土耳其伊斯坦布尔喜怒无常的冬季，布鲁斯满脸怒气，紫红色斑点爬上他的脸颊，一直蔓延到稀疏的发际线周围。我还从来没有见过他这个样子。

"嗯，那有点——"

忽然！

外面传来某种哨声，起初像遥远处拉响了警报，不过几秒钟，便汇成了轰鸣的音乐。一会儿工夫，音乐穿透我们二楼租住公寓薄薄的墙壁，像某种浓稠的液体般充满了狭小的室内空间。下午 6 点 36 分是穆斯林昏礼时间，即日落时分做祈祷的时刻。布鲁斯叹了口气，一屁股坐回椅子上，发出的声音和样子都像是座不得不延迟喷发的火山。

我们团队共八个人，包括澳大利亚队的五名辩手、布鲁斯还有两名助理教练，大家已经在土耳其待了一个星期。抵达土耳其的当晚，从公寓屋顶望出去，城市的轮廓线犹如海市蜃楼，闪烁着微光，让人感到些许的不可思议。离我们飞往附近城市安塔利亚参加世界学校辩论锦标赛仅剩几个小时了，阴云密布的天空映衬着黑暗而繁华的夜晚。

过去的一周里，我们过着极其有序的生活：每天几轮时长 3 个小时的辩论会（1 个小时准备、1 个小时辩论、1 个小时总结），其间穿插练习、讲座和探讨。组织过两次一日游，一次是去参观两万块彩绘瓷砖装饰的蓝色清真寺，另一次是去位于加利波利的墓地，所见不禁令人想起澳大利亚和盟军在第一次世界大战中惨败的情景。除此之外，我们埋头准备，为了获得那份日后的满足而不懈坚持着。

尽管如此，我们仍然进展缓慢。来土耳其之前，几位辩手作为团队仅在霍巴特全国锦标赛上共度过一段时间，那已经是五个月前的事情了。在很多方面，我们五个人——我、尼克、泰龙、佐伊和詹姆斯——彼此间仍然感觉很陌生。

训练中我们虽展现出一定的能力，但却不足以战胜对手。作为队长，我努力将团队凝聚在一起，但慢慢却开始担心团队的整体表现水平会低于各个成员的能力相加之和。压力从未减轻过。尼克、泰龙和我即将进入大学，对我们来说，今年将是最后一次参加世界学校辩论锦标赛。布鲁斯也一样，他已经请求辞去国家队教练的职务，本次比赛结束后便会卸职。

屋内，宣礼声渐渐平息，不等语音散尽，布鲁斯已经按捺不住，声音里透着些许忧郁，言语间平添了一种不同以往的紧迫感："你们在放弃辩论。说真的，这些回合里你们根本没在辩论。为什么不反驳？"

我们的两位助理教练，一位是克里斯，来自墨尔本，人很文雅，说话温和。另一位克里斯汀，来自布里斯班，是个尖酸刻薄、满身学究气的女人。他们的工作是在日常的练习赛中"摧毁"我们。布鲁斯指了指两人说："你们还真是任人宰割。"两人向我们投来同情的目光。

布鲁斯的批评正中要害。在最近一轮关于将公募基金投入艺术产业的利弊的辩论中，我和队友被对方震慑住了，竟然没有直接反驳，而是将对方观点视为既定事实，在此基础上去寻找相应论点。我们说的是："是的，但是……"教练在一周内多次指出了我们的这种错误倾向，现在看来，他似乎下决心要解决这个问题了。

"我们这样：每当反方提出一个新观点时，你就在心里想'胡说八道'，然后强迫自己找出这样想的理由。"

接下来的几分钟教练开始演示：

"他们说这项政策会增加核战争的可能性，你就说……"

"他们说这项立法侵犯了集会自由，你就说……"

"他们说反对是不合理的，你就说……"

这些叠句颇具音乐感，像是在相互应答。

"这样吧，我们下一轮换种方式，不要只在脑海中重复这个词，把它大声说出来。"

我们轮番演练。每个人说出的这个词听起来都不太一样，但显然我的表达最糟糕。开始听上去软绵绵的，后来矫枉过正，最后折中的效果也不令人满意："胡……说八道。"教练依然低头看着笔记本电脑，但我感觉得到他沉甸甸的关注。我知道这项训练就是针对我而来的。

...

从小到大我都害怕冲突。

在首尔上小学时，学校那座野兽派风格的主楼后面，是一片未铺砌的暗橙色土地。在远离大人视线的地方，大孩子们用拳头一决高下。混战往往会持续几分钟。两个孩子抱成一团，鼓着气，较着劲儿，扭打着冲向发出动物般嘶喊的看热闹的人群。不过几分钟，激战结束。关键时刻，让人落于下风的绝非力量不足，最先被击垮的是意志。

读一年级时看到的这一幕让我体会到，与暴力距离过近会引起我的胃肠反应。胃酸先是让我的肠道不舒服，然后涌上喉咙。虽然站在人群中围观打架没什么危险，但我骨子里感到旁观者和参与者之间那根界线细若毫丝。所以我选择待在学校的另一端，花园和停车场那一侧，在那里我雪白的校服不会被弄脏。

但父母另有考虑。由于担心儿子没有做好准备面对这个残酷的世界，他们让我学习跆拳道，这是几乎所有韩国人都会采取的解决儿童羞怯问题的方法。跆拳道训练馆位于游泳池下方一个潮湿的地下室里。虽然不喜欢氯的气味，也无法适应乙烯基粘胶垫，但我渐渐喜欢上了这项运动。它一开始跟芭蕾类似，强调伸展和品势练习。

不到三年，我来到首尔的国技院考黑带段位。这里是跆拳道运动的全球总部。在别人跟我的描述中，这个地方简直就是跆拳道运动的麦加圣城。但我来了才发现，它不过是个建于 20 世纪 70 年代的大型健身房。在圆形竞技场的地下一层场馆里，讲台上坐着十二位考官，我们一百名选手向他们展示跆拳道品势，出错的被人叫着参赛号码出局。

考试的最后一项是格斗。为此我准备了数周。但在这一刻，练习与实战之间的差距大到无法想象。我紧盯着眼前小鹿般灵活的男孩。我们慢慢靠近，鞠躬致意。他先出拳，"砰"的一声猛击在我胸口。我后退一步，转移重心，随后一脚踢在他肋骨下方几厘米处。

身着浆过的白色道服，我感到骨头之间五脏六腑都在厌恶这一切。此后不久，已经拿下黑带段位的我彻底告别了这项运动。

接下来的十年里，我把厌恶暴力的直觉发展成了一套成熟的行为准则——一种行走于人世间的理论体系。日常生活中，我尽力远离、忽视、避免争吵，把不回答和开玩笑上升成了一种艺术形式。兢兢业业回避争吵的回报是讨人喜欢。当朋友们在琐碎的争吵中浪费生命时，我在享受着好人缘带来的安逸舒适。

将憎恶冲突当作生活的秘诀，由来已久。它伪装成礼节、顺从、随和、礼貌，畅行于世。古埃及的纸莎草抄卷中曾有所记录："沉默能使你优于他人。他人的诽谤令评判者厌恶时，你却在法官心中留下好名声"；企业培训师、前著名辩论家戴尔·卡耐基的鸿篇巨制《人性的弱点：如何赢得朋友并影响他人》中也曾说道："普天之下，只有一种方法能使人于辩论中受益，那便是避免辩论。"

在我看来，这些建议所蕴含的智慧即便在 21 世纪也是不言而喻的。如果说公共生活的一个特征是缺乏理性的争论，那么另一个特征便是政治对手之间日益增长的仇恨和敌意（这两种现象都与一个词相吻合，那便是"非理性"）。

让我们回到国内 2010 年那场臭名昭著的选举，这次选举被某记者形容为"澳大利亚政治的新低谷"，那是一段充满敌意、无情的党派之争时期。其间的一个标志是，2012 年，总理茱莉亚·吉拉德在议会发表了长达 15 分钟的激烈演讲，谴责反对党领袖是一名厌女者，证据之一是在一次集会上，他身后有个牌子，上面写着"滚吧女巫"。

这场演讲很快便如病毒般在全世界范围内传播开来，但在澳大利亚，党派之间对其反应更为复杂，出现了两极分化的现象。反对派领导人呼吁政府

"停止打性别牌"，几家主流报刊也引用了这句话。讨论的热潮渐渐退去后，人们根据对演讲的不同反应，互称对方为厌女者、厌男者。

在我看来，在这个充满激烈的政治和文化纷争的时代，冲突不仅是一种谨慎的人生选择，更是一种美德。我个人对政治分歧的厌恶并非基于冷漠、无知或恐惧。相反，它更像意大利哲学家诺伯托·博比奥曾经提出的术语"mitezza"，也就是"温顺"，即"因对其徒劳无益的既定目标感到厌恶，从而拒绝破坏性生活"。我甚至为这一道德立场找到了神学上的依据。《圣经》说，隐忍既非愚蠢，亦非软弱，它是智慧。

所以我过着充满矛盾的生活。尽管在辩论赛中我一级级登顶，但日常生活中我却坚定地认为举止必须令人愉悦。来看我辩论的朋友们都目瞪口呆地看着与平时判若两人的我。父母跟我开玩笑，说我是《化身博士》里的双面人[1]。但我想我已经把一切都想清楚了。

争论是白痴和狂热分子的消遣。我很高兴自己是沉默、隐忍的中间派，远离纷争。

...

桌子周围弥漫着紧张的氛围。大多数训练时段，布鲁斯提出各种指示，我们把它们记下来。就像在精英厨房做菜一样，我们要的是明确的指令，而不是解释。但这次训练与以往不同。布鲁斯一直以来都教给我们要尊重对手，说对手"胡说八道"，显然与我们所学背道而驰。这有点像原力黑暗面[2]。

1.Dr. Jekyll and Mr. Hyde，或 Jekyll and Hyde，出自英国作家斯蒂文森（Stevenson）的著名小说《化身博士》（*The Strange Case of Dr.Jekyll and Mr.Hyde*），意为有两种不同面目（或善恶双重人格）的人。

2.原力，The Force，最先在《星球大战》经典三部曲（*Star Wars Episode IV ~ VI*）中提出。原力黑暗面（The Dark Side）代表恐惧、愤怒、憎恨、恶意等消极元素。

布鲁斯环顾四周，扶了扶眼镜，捋了捋胡子，放下吃了一半的西米特（一种有嚼劲儿的芝麻面包）接着说："我要求你们这样做不是为了领先对手。现在的情况是，你没有真正倾听对方的论点就默认赞同，都没有给予对手基本的礼貌听他们讲完，就顺从对方的观点。"

我低头看了一眼记事本。对手论点的那一栏稀稀拉拉地记下了几个单词和短句，像星空中散落的星星一般。我明白，对对方观点采取默认的态度并非理想的策略。现在，我渐渐清楚，这最终等于是以对方的观点太强大为借口的一种自我欺骗，而事实上，是他们的地位和声望使我们不知所措。

"其实，在这些问题上，你并不同意他们的观点，对吗？"布鲁斯说，声音在慢慢提高，"其实，你并不同意对方的观点，但你一言不发。这是懦弱，就等于在说'嗯，蛮有趣'，然后隐瞒自己的真实想法。"

"直接反驳不仅仅是为自己而做，它是你作为辩手的基本义务。对方提出论点后，你理应做出恰当的回应，只有这样，他们才有机会改进。你还理应向观众展示故事的另一面。"

布鲁斯说得越深入，我越从他的建议中看出一种乐观主义。反驳不仅是为我们自己也是为对手投出的一张信任票，其中包含着一个判断，即对方值得我们坦诚相待，而且对方会优雅地接受这种坦诚相待。说对手"胡说八道"，意味着我们相信自己有能力从分歧中找到一些积极的东西。

相比之下，厌恶冲突似乎是建立在一套更为阴暗的假设之上的，就算不造成分裂和彻底的破坏，分歧也必然是徒劳无益的。此种观点的产生只能是来源于对人的一种更为消极的判断：我们无法相信彼此能正确行事。

我不确定这两种观点中哪一种是正确的，但随着布鲁斯结束了最后一次培训课程，我觉得我至少能提出一个正确的问题：观点相左时，反驳能否不仅仅是一种破坏性力量？

...

冬天，如项链般点缀着安塔利亚海岸的那些超大度假村的灯光不像平常那般明艳。最后一次晚餐后不久，公共设施周围的灯光暗了下来，泳池边的酒吧已经关闭，前面放着一块牌子，上面写着"淡季"。周日晚上，我们抵达锦标赛举办地德尔芬帝国酒店，一家豪华、庞大的度假酒店，当时大多数队伍已经入住。

世界学校辩论锦标赛可以称得上高中辩论的奥运会。它始于 1998 年，当时是加拿大、英国、中国香港、新西兰、澳大利亚和美国之间的六方邀请赛，此后，成为一项为期两周的赛事，每年有包括来自蒙古国和巴巴多斯在内的 60 多个国家和地区的辩论队参赛。两年前的 2011 年，我第一次参加世界学校辩论锦标赛，开幕式是在苏格兰邓迪举行的。当时房间里出现的各色民族服装和各种口音让我大开眼界。悉尼是个多元化的城市，但还没有多元到能看到罗马尼亚人和马来人一起学跳苏格兰民间舞。

这种全球性让我们得以一窥世界各地的人们是如何辩论的。对于一群 16 ~ 18 岁的年轻人来说，他们中的许多人都是第一次出国旅行，国家队之间明显的风格差异令人眼花缭乱：新加坡队是技术型辩手，论题精细复杂、完美无瑕；东欧人善于引用马克思和著名理论家的观点；加拿大人则会在你面前微笑着捅你一刀。

然而，新奇带来的震撼很快就消失了，取而代之的是对隐藏在表面差异之下的相似之处的欣赏。几乎所有参赛者言必谈及理由、证据和主旨，用到的修辞技巧也大差不差。这群书生气十足的天之骄子似乎正在摸索一种用于说服的全球通用语，这种语言的根就是支撑起良好观点的词汇和句法。

自举办以来，世界学校辩论锦标赛一直被少数几个富裕的英语国家雄霸。这些国家里面，澳大利亚队以 8 次总冠军居于榜首，排名第二的是苏格兰队和新西兰队，各赢得 4 次锦标赛。赛事进行到现在，竞争更加激烈，韩国、斯洛文尼亚和阿拉伯联合酋长国等国频繁晋级决赛。澳大利亚上一次夺冠是 2006 年。

比赛流程很简单：每支队伍参加 8 轮预赛，胜出的 16 支进入一系列淘汰赛，从决战八强开始（世界学校辩论锦标赛上，一支队伍如能理想地挺进冠亚军决赛，需要比 12 轮）。每场辩论中，让对方输掉比赛的唯一法宝就是提出的驳论能成功说服观众，每一轮平均提出 4 个驳论点，要赢得冠军，我们要做的是成功提出 48 个驳论点。

登记入住后，我和队友把这个暖气充足、有着巴洛克式室内陈设的两层顶楼套间改造成了战场。布鲁斯把沙发和其他精致的东西推到一边，让出空间，安置了一张大桌子和几把硬靠背椅。一张床上让我们铺满了新闻摘要和专题简报。分配好笔记本电脑充电器的电源插座，把电视调到英国广播公司之后，我们随即开始了工作。

赛前的讨论往往能揭示大家内心真正的焦虑所在。如果离上场比赛仅有两三个小时了，你会利用这段时间做什么？一些队友在练习写论点，还有一些人则猜测可能遇到的辩题。而我，唯一要做的就是练习驳论。

驳论，即驳倒对方论题的艺术，理论上来说，是直截了当的。正如布鲁斯几年前向我解释的那样，一个论题需要两方面的证明：一是证明它的主要论点是真实的；二是证明论点能够支撑结论。

所有反驳都建立在此基础之上，无论问题大小：

我们应该买辆新车
结论

因为旧的已经过时了。

主要论点

不真实：事实上，旧车并没有过时。

不重要：即使那辆旧车过时了，我们也不应该买新车。

有几种方法可以证明一个论题没有满足上述两项要求。

对真实性的反驳是指出对方论题包含的信息不充分。信息可能在事实上是不正确的（"不，现在人们买的掀背车并没有减少"）或缺乏证据（"你没有给出任何理由让我相信人们的品位正在改变"）。也可能有相互矛盾的信息使这一论点尚无定论（"是的，这是《汽车日报》的说法，但《汽车爱好者》提出了不同观点"）。

对重要性的反驳有两种形式。一种形式是指出反方论题重要性不足，因为它没有提供充足的理由来支持其结论。对手可能在逻辑上存在漏洞，或对论题的相关性做出了错误的判断（"谁说我们必须开一辆时髦的车？"）。

第二种形式则是指出存在其他因素，使反方论题不成立，即它确实可以支持其结论，但也有充分的理由否定该结论，可能存在更好的选择（"是的，我们应该开一辆时髦的汽车，但我们可以通过改装旧汽车来做到这一点"），或其他与对方论题相抵触的因素（"是的，我们应该开时髦的汽车，但我们也应该量入为出"）。

当然，说说容易，在实践中做到却很难。

在佛经中，萨遮迦，一个与佛陀争论的好辩之人，发现自己身处困境。佛陀警告萨遮迦，如果一个问题问了三次，他仍不能给出答案，"他的头会裂成七块"。在我看来，这正是对准备进行反驳时感觉的最好描述，在巨大的压力下去寻找可能的答案。

...

那天晚上，队友们上床睡觉后，我绕着酒店走了一圈，然后在废弃的游泳池旁的一张塑料椅上坐下来。其他辩论队练习的声音从周边楼房打开的窗户里传到耳边。一个浑厚饱满的女声尤为清晰。她抛出一个接一个的论点。我刚开始理解一个观点，她马上转向了另一个，最后我什么也没记住。我感到阵阵窒息。这正是我所恐惧的：反驳机会稍纵即逝，而我会因为抓不住机会而羞愧难当。

比赛第一天，是个周一，我们7点去吃早餐。在一楼装有枝形吊灯的多功能厅里，一切如常，没有什么特别：数百名穿着不合身西装的青少年在酒店的自助餐台前来来去去。一进餐厅，我的耳朵便适应了各种声音。我的周围，长桌旁，温热的保温锅旁，大家大声喊着、解释着、抱怨着，到处争辩声不断。

说起辩论赛，有个问题一直让我百思不得其解：在激烈竞争之前、期间和之后，人们怎么能保持如此旺盛的精力来争论？我推测，有些人是想复盘一下比赛，有些人喜欢抓住机会多多练习。而对另一群人来说，这几乎不是问题，争论是他们的本性。任何时候，独自走进一个满是辩手的房间，一定会有被人搭讪的风险。

早餐桌前，秘鲁选手和智利选手在用西班牙语争论着什么。饭吃到一半，我看到一个人影向我走来。他身材高大，棱角分明，穿着黑色西装，透过余光，我仿佛看到了一个窄三角。我看了看右边的空座位，转而低头看着我面前那盘炒蛋。"这儿有人吗？"他坐下时，我瞥了一眼他的头发，中分的发型，头发翘起，像乌鸦俯冲时的翅膀。他先介绍自己："加布里埃尔，来自菲律宾。"然后用深杏仁色的眼睛盯着我说，"你知道利他主义很荒诞，对吧？"我清楚，尽早缴械投降便能阻止这种互动，但加布里埃尔那尖厉的声音里透出的那股聪明劲儿刺伤了我的自尊心。"有一个非常简单的解释。我们祖先中那些更愿意合作的人比那些不愿意合作的人更有可能活下来。所以，所谓想为这个世界做好事，全是胡说八道。"想立刻打断他的强烈欲望使我不由自主颤抖起来。

世界学校辩论锦标赛辩论形式的一个显著特点是信息点。除了辩手8分钟演讲的第一分钟和最后一分钟，其他时间对手可以站起来喊"信息点"，而辩手可以选择回应，也可以选择拒绝回应这个信息点。辩手在发言过程中必须至少回应一次对手的信息点，辩手选择回应，那么对手就会阐明信息点，通常是一个伪装成问题的反驳（"如果利他主义是进化的产物，为什么我们不像对待其他冲动那样无视这一本能呢？"）。信息点的设置源于英国议会程序中口头提问的传统。有些辩论者提出信息点时会采用这样一种手势，即将右手举向空中，同时将左手放在头上，就像要按住往后掉的帽子一样。这样做是因为过去议员站着时，必须扶着假发以防其掉落。

人们为设置信息点这一环节给出了各种理由，包括让发言人为自己说出的话负责、训练对手随机应变的能力，等等。然而，我一直认为，允许打断辩手的发言主要是为了增加辩论的可观赏性。一方面，一个强大的信息点可能会使发言者偏离正题，让提出者看起来占据主导地位，令人望而生畏。另一方面，对一个好的信息点的有力回应则会使发言人看起来不可战胜，会激起观众表示赞赏的阵阵呼声。

在某些社会，人们认为说话者强大，倾听者弱小，而打断别人则意味着足够强大。在大家庭、社会团体以及工作场所中，谁打断谁，暴露出的是藏得很深的等级结构。它还反映出丑陋的偏见，例如性别歧视。女性常常被打断，而如果她们胆敢打断别人，则会遭受惩罚。不管是日常还是更高层次的情境中，时机恰当的打断可能会改变谈话的走向。

2012年10月16日举行的第二次美国总统辩论中，巴拉克·奥巴马和米特·罗姆尼，人们记忆中彬彬有礼的两位候选人，平均每分钟打断对方1.4次（90分钟内共相互打断126次）。奥巴马一度面无表情，好像在说"又来了"。两个人都想要证明些什么。作为挑战者，罗姆尼必须证明他可以在举止上与美国总统匹敌。奥巴马处境不利，他在第一轮辩论中的糟糕表现被批评为枯燥乏味。两人似乎商定采用同样的方法来解决各自面临的问题：打断对方。

媒体头条似乎很看好他们的办法："奥巴马在与罗姆尼的第二轮激烈辩论中反击得手""两位对手赤手空拳再次交锋"。但一位政治学家（就是他的团队统计了辩论中打断的次数）则看到一种暗藏的危险："短期内，奥巴马总统可能通过更咄咄逼人的表现受益，但如此频繁地干扰对方，破坏了政治辩论中的礼仪。"

我们回到那天的早餐桌上，我在脑海中对加布里埃尔的论题做出尖刻的反驳，但本能地想要打断他时，我停了下来。我们的交流后来又有一个人加入，是坐在桌子对面的倍感无聊的一位秘鲁辩手。这并非一场公开的辩论，那我为什么要把它当作公开的辩论来对待呢？在我看来，日常生活中，打断别人谈话是极其令人讨厌的。

一开始，你可能会错过别人的回应。一个论点是如何提出的根本不可能揭示它将如何结束。有些人说话东扯西扯、没有主题；另外一些人则提出与事实不相干的论点，偏离主题。

此外，打断别人讲话的发言人总是忙于攻击结论而不是论题。对大多数问题来说，多数结论至少会找到一个看起来对其有利的论点，但这并不等于说对方能够完全掌握这一论点。

打断会让对手有机会转向。他们转而采用新的论点来支持自己的结论（"好吧，那我们暂且把进化放在一边。我们帮助别人是因为将来我们也会需要他们的帮助。"）或者改变最初讨论的目标（"或者，至少我们永远无法判断一个行为是否出于利他主义的动机"）。

最后要注意的是，打断可能会导致对手得出他们没有被公平地倾听的结论。这会让他们要么无视接下来的对话，要么提出抗议（"我根本插不上话，你防御过激了吧？"）。太多的打断反而会使改变对手观点的可能性降为零。

那么，为什么还要打断呢？答案之一是对另一个人行使某种权力。然而，打断别人时我们真的会感到自己很强大吗？对此我非常怀疑。因为操控的本能之下隐藏着某种脆弱。我担心加布里埃尔说完后，有听众可能被说服，或会让我张口结舌，因此我才打断他。这种防御态势让我看到了打断者行为的本质：他们放弃获胜的机会，但至少可以保证看上去没输。

十年前，也就是 2003 年，我第一次开始辩论时，对这项活动最为欣赏的就是它承诺发言者不被打断。因为不被打断，我有时间思考措辞。然而，禁止打断发言者有另一个至关紧要的效果：它让我们必须通过倾听来反击。由于无法立即表达我们的反对意见，我们不得不做除此之外最有效的事情：仔细倾听，同时准备最有力的反驳。因此，我们学会了在每一轮辩论中使用"论点流水单"，这一术语意味着以提纲的形式记下对手的论题。

此外，七年级时，教练西蒙教过我们，在回应对方的论点之前，不仅要记下，还要进一步加强对方的论点。如果对手遗漏了一个例子或一条重要的推理路径，我们必须提出来说："其实，对方本可以这样说……"这在我们听起来像在踢乌龙球，然而，西蒙坚持认为，对反方提出的最有力的论点做出回应，会最大限度地提高我们说服观众，甚至说服对手的机会。它迫使我们将游戏提高到更高的层次并认真对待对手。优秀的演说家对对手的错误幸灾乐祸，而伟大的辩论家则忙于修正这些错误。

信息点有损基于倾听的辩论特质。大喊一声"胡说八道"，曾经是漫长的深思熟虑后采取的最后一步，却因信息点环节的设立而变成了下意识的反应。这样一种行为的优势是利于辩手参与并承担责任，但牺牲的是真诚的说服，代价巨大。

...

    早餐室，加布里埃尔关于利他主义的演变基础的演讲接近尾声。最后一段涉及蚁群研究，听来令人尤其痛苦。桌上有些人一开始假装感兴趣，但现在由于厌倦而显得面色苍白。"这基本证明了我的观点。利他主义归根结底是自私。证明完毕。"

    我真正想说的是，事实绝非他说的那样，而且他的论点充满了漏洞和伪科学的谬论。但我只问了他一个问题："暂且把进化放在一边，你如何看待那些为拯救数十亿人的生命而做出非凡努力的大型慈善组织？"

    加布里埃尔调整了一下领带，吞下一大口果汁。我看到他的思维从蚁丘快速闪回到今天。"嗯……"他停顿了一下，"嗯，我想说的是，那些向慈善机构捐款，但同时开公司剥削工人的亿万富翁都是伪君子。"接下来的辩论充满了夸大其词和粗制滥造。然而，我还是能看到某些论点的说服力。当加布里埃尔问："有异议吗？"我发现自己一时竟不知该说什么。

    不管是竞争性辩论还是日常辩论，倾听对方的观点并不能保证在竞争中取得成功。相反，它让我们面临着被更好的论点击败或说服的风险。然而，我们愿意倾听，目的是能够最终令对方信服，并从双方的交锋中得到比胜利更有益的教育。

    想到这里，一段久违的记忆浮现在脑海。那是我小学五年级时，2005 年的冬天，我们班去澳大利亚首都堪培拉短途旅行。在那里，我们采访了一位穿着整洁羊毛夹克的老妇人，她的工作是抄写和编辑议事录，一种对议会议事逐字逐句地正式记录。

    尽管年纪不大，但我们都在新闻中看到过政客们论辩的视频。这些片段也就二十几秒，我们感觉里面的人物表现两极分化。优秀的演讲者看上去不可战胜，似乎拥有我们无法企及的智慧。其他的则无聊乏味，平淡无奇。

但这位公务员的整个职业生涯就是将这些论点完完整整地记录下来，她可以毫不夸张地称自己是全国最好的倾听者。我们班有人问她在漫长的职业生涯中学到了什么。她伸出两个手指：

第一，大多数论点都比你想象的要好。
第二，没有任何论点是完美无瑕的。

...

早餐后，我和队友们登上了一辆没有任何标志的巴士，前往一座位于陡峭山顶的学校。校园风景如画，从高处俯瞰地中海海岸，眼前的景色美到令我不由得屏住了呼吸。但刚踏进校园，我就紧张得喘不过气来了。

第一轮比赛从上午10点持续到中午，我们轻松战胜了德国队。德国队对辩题的研究很充分，但他们缺乏经验。我和队友们放松了警惕，演讲差强人意，反驳也不积极。事后，布鲁斯对我们大发雷霆。"你们太温和了，"他说，"这不是练习。他们提出的任何一个论点，你们都不能等闲视之。下一轮绝对不能这样了，兴奋起来！"

我知道他的意思：我们的下一个对手墨西哥队被誉为辩论联盟中最咄咄逼人、最强大的队伍。"稍一妥协就完蛋。"排队吃午饭的一个丹麦男孩低声说。我试着把注意力集中在厚厚的肉末肉卷上，但还是忍不住向餐厅的后方望去。墨西哥队穿着深色西装，打着鲜红的领带，只喝水，吃得很少。

第二轮比赛开始之前，我在走廊里踱来踱去，大声放着埃米纳姆的《迷失自我》。这之前我从未听过埃米纳姆的音乐，也从没有在公共场所随着音乐的节奏走来走去。我通常的赛前例行活动是坐在一个安静的角落里深呼吸。然而，今天下午，我想攻击，我认为那是人类与生俱来的能力。我决定豁出去了。

第二轮比赛于下午 3 点在礼堂开始。礼堂是一个巨大空旷的木质镶板大厅，可容纳 200 人。进入会场时，我注意到窗户是密封的。室内温暖的空气里弥漫着人们呼吸的味道。当两队走进礼堂时，一群学生感觉可有机会制造一些声音了，爆发出震耳欲聋的掌声。

裁判组由三人组成。裁判长是一位 20 岁出头、活力四射的荷兰女孩，由她宣布比赛开始。她读出辩题"应该防止媒体打扰公众人物的生活"，并邀请我队第一位发言人尼克为正方立论陈词。观众们因之前拼命鼓掌依然激动不已，他们解开制服上的扣子，坐下来准备聆听争论。

尼克开始发言，声音清晰响亮、男孩气十足。"隐私权有助于人们过上有意义的生活。我们应该在法律上承认这一权利，政治家及其家人应该受到保护，免受无所顾忌的媒体公司无情手段的伤害。"尼克还没讲完，我们的对手便开始高声交谈起来。他们争吵着，做着惹人恼怒的手势。可以提出信息点期间，他们三个人站起来，每 10 秒钟提出一个信息点。我看得出尼克在努力保持声音稳定。坐在桌前，我感到之前试图想象的所有愤怒都比不上真实的情形更令人愤怒。

第一位反方发言人宝拉是一位身材矮小、魅力四射的女生，不等宣布她的名字就登上了讲台。她站在那里，冷静地整理了一会儿材料。20 秒过去了，30 秒过去了。就在观众开始坐立不安时，宝拉抬起眼睛开始发言。

"民主的生死存亡取决于公民是否有能力选出好的代表。政治家根据个人信仰、经验和人际关系做出决策。"宝拉声音洪亮而严肃，越来越高。"信息获取不是奢侈，而是我们的权利。个人信息事关政治，我们有获取信息的权利。"她的声音像团火，元音拖得很长，辅音干脆利落。

我拿起记号笔，记下宝拉的论点："媒体应该介入，因为个人信息的披露有助于公民选择好的代表。"

该论题的两个举证责任是：

真实性：事实上，了解个人信息有助于公民选择好的代表。

重要性：如果个人信息有助于公民选择好的代表，那么媒体就应该介入。

这给我创造了三个反驳点。我可以说，这个论题是不真实的、不重要的，或者有其他因素比它更重要：

不真实：不，了解个人信息不能帮助公民选择好的代表。这些信息大多是流言蜚语和道听途说。

不重要：了解个人信息可以帮助公民选择好的代表，但并不意味着媒体应该介入。在候选人家中安装监控也会获得信息，但我们绝不会允许这样做。

更重要的因素：即使媒体有充分的理由干涉政客的生活，这样做也会对他们的家人和亲人造成间接伤害。

宝拉把头发扎成粗辫子，发言时辫子一下一下打在脖子上。随着这种节奏，她话音越来越高，来到结论处："没有自由和果敢的媒体，民主将无法幸存。我请大家赞成这项动议。"观众大声喊着表示赞成。

在叽叽喳喳的人群面前，我惊讶地听到台上自己那冷酷而傲慢的声音："反方告诉你的关于媒体的一切都是谎言。相对于每一次事关公众人物的犀利调查，就有数百起关于外遇、减肥和儿童行为不端的调查研究。而这些问题根本引不起公众的任何讨论。你应该给墨西哥队投反对票，因为他们在兜售谬论。"

我的目标是反驳宝拉说的每一句话。匆忙进行反驳时，我惊异地发现自己一路走向了毁灭——预设不成立，衔接不连贯，类比不恰当。很快，我便步入危险的境地，话不过脑子就说了出来，但我却停不下来。我越发自信，随后开始了人身攻击，次数和性质完全超出了可接受的界限："这哪是一场争论，简直是一连串的胡说八道""是残酷想象的产物""一个不可救药的愚蠢观点"。反方发出被激怒的声音，但我却愈战愈勇。

当我坐下时，礼堂里的气氛明显变冷。宝拉和她的队友们怒气冲冲。他们的教练是一位勇猛、脾气暴躁的人，曾在世界偏远地区组织过辩论巡回赛，赫赫有名。他看上去像是要冲到台上来一般。观众们笔直地坐着，因交锋的激烈而兴奋不已。我紧握手臂，掩饰肾上腺素激增引起的震颤。

辩论结束后，我们列队离开礼堂。跟我握手之前，宝拉犹豫了，我们的两只手只短暂而冷淡地碰了一下。一个由三名评判员组成的裁判组需要30 ~ 40分钟做出最后的评判。这令人揪心的炼狱般的时间里，只有一刻我们可以放松一下：询问教练对比赛结果如何预测。

外面的阳台上，风吹着格栅，布鲁斯的表情看上去高深莫测。他戴着墨镜凝视远方，右手拢了拢头发。"您看……"我脱口而出，他朝我们转过身来，但始终没与我们对视，"还不错，伙计们，但我想你们可能输了。"

随后，他说很欣赏我们的热情，但在我们急于驳斥对手的过程中，忽略了至为重要的一点：反驳对方的论点不等同于证明自己的立场。

"你在辩论中的责任并不是要表明对方的观点是无稽之谈，或证明对方辩手可恶至极。你要做的是说服观众通过对媒体自由的全面限制。这点我认为你们没有做到。说再多的'不'也不能引领你走向'是'。"

布鲁斯解释说，优秀的辩手会以一个积极的主张结束反驳。他们从反驳自己反对的观点转变为倡议自己所支持的观点或动议，从而回答如下问题：如果不这样，应该怎样？

"如果媒体公司没有被激励着去促进公众利益，那么激励他们行事的是什么？如果信息权不应该是优先考虑的原则，那什么应该被优先考虑？"他将反驳的最后一步描述为提供反诉，"在破坏之后，你必须提供一个更优的答案"。

···

亚里士多德在《修辞学》中提出，愤怒总包含着一丝快乐。愤怒始于认识到一个人（或一个人关心的对象）被误解。这让人痛苦，但也引发了对过错方进行"惹人注目的报复"的欲望。只是想想这种报复都令人心情舒畅，复仇的快感是愤怒不可或缺的组成部分："因此，关于愤怒，人们常说：'它比蜂巢更甜，滴下的香甜沁人心田。'"

从阳台望向我们的对手，我意识到这种报复的愉悦是多么轻而易举地就能操纵争论。我带着正当的意图参加辩论，但后来目标却转向伤害和羞辱对方。愤怒激发愤怒，奇怪的是，接下来的演讲却表现出对冲突的厌恶。当我们选择嘲笑对手的失误或攻击他们的性格时，我们就赦免了自己一项更为艰巨的任务，即就眼前的实质性分歧进行辩论的任务。结果是，当双方回到最初的论点时，他们必须从头开始。

对亚里士多德来说，愤怒的对立面是平静，那些能使我们平静下来的事情能帮助我们摆脱愤怒，比如欢笑，比如感到成功、兴旺或满足。而且，亚里士多德把"合理的期盼"也加入了上述名单。在我看来，反诉就体现了这种期盼。人们期盼在充满老套的、不完美的答案的废墟中，寻找一点儿新意。

···

最后的裁定由荷兰裁判宣布，2比1，我们赢了。我和队友都清楚不要露出惊讶的神情，而对方更知道不要当场提出抗议，所以我们看上去都毫无表情。与此同时，对这个意外的结果，观众们开始窃窃私语起来。持异议的印度裁判双臂紧紧抱在胸前，看起来伤心至极。

接下来的一周，我遇到宝拉两次。一次是在周四晚上的"文化博览会"上，每个团队都设立了一个展位，介绍自己的国家。跟其他辩论队一样，我们零食吃了不少，对文化的宣传不多。巧克力夏威夷果吃完了，我们开始教大家澳大利亚人的骂人话。

那个晚上大家难得地开心。预赛四分之三的赛程走完时，我们一场未输，确保了在决赛中的一席之地。在印尼队展位那里，我看到了宝拉，她就站在我身侧。除了怀里多了一堆小宽檐帽，她看起来和辩论时一模一样。我朝她点了点头，咕哝着说了声"你好"，便转头看墙。

那天晚上晚些时候，我对反诉展开了进一步思考。发言人从反对转向支持，从关注对方的错误变为提出己方的建议时，这种转变对辩论的作用大小暂且不提，它在日常生活中绝对至关重要。反对意见可以为更好地回答事实类、判断类和规定类问题奠定基础。然而，真正让辩论场上的答案变为生活中的现实则牵扯到非常烦琐的工作，需要人们打起精神，不再沉溺于作为批评者的平静安逸，而是冒着出错和被厌弃的风险，找到并坚持自己的立场。

我再一次见到宝拉是在周五晚上的好运派对上，作为比赛惯例，在派对上我们能知道哪 16 支辩论队"时来运转"，成功晋级决赛。蕾哈娜早期的歌曲响起，灯光闪烁着喜力酒瓶的颜色。一些辩论队穿着正式的制服来参加派对，一直等到 9 点才听到宣布晋级队伍。另外一些辩论队则穿着黑色夜店装和鸡尾酒裙，准备跳舞到凌晨。最奇怪的是，每个人看起来都很自然。

由于在最后一轮预选赛中输给了加拿大，我们以第五高的分数进入最后一轮的角逐——用辩论术语来说，我们"成功突围"。成绩相当不错，但我们被排除在了顶级辩论强队之列。"别介意，"教练说，"明天又是新的一天。"

离开派对的路上我遇到了宝拉。长长的路灯发出的橙色灯光照着她，宝拉看上去像是站在了万物的中心一般醒目。我本想悄悄路过，但鞋子在人行道上发出的声音暴露了我。我们的目光相遇，但宝拉的眼神一直躲躲闪闪。

"嗨。"我们打了个招呼，然后结结巴巴地聊了起来。

...

辩论赛是毫无隐秘性的场合，每一次成功、每一个失误都在公众的视野中，新闻以野火般的速度传播，声誉以小时为单位发生着变化。在今年的世界学校辩论锦标赛中，有一个话题频繁出现在与会者的闲聊中：来自南非、人口仅一百多万的斯威士兰队。斯威士兰国家辩论队第二年参加世界学校辩论锦标赛，就在预赛中以第二名的成绩一鸣惊人，继而在淘汰赛中击败强队苏格兰、以色列和希腊队。

开始，大家说起斯威士兰队获胜来，用的都是些假惺惺的赞美之词，比如大胆勇敢、积极能干、有冠军相。随着队伍在比赛中越走越远，围绕着他们的闲聊开始变得歇斯底里，制造神话的机制开始无所不用其极。一位爱沙尼亚女辩手在电梯里告诉我："他们是天才，在我们眼前改变了比赛的格局。""那就是他们的教练，那个在酒店酒吧附近闲逛的人类学家。所有的策略都是他设计的。"一位希腊裁判在酒店泳池旁跟我说。

斯威士兰队则坚持说，他们只是通过在线辩论视频进行了艰苦训练，但这种说法令人怀疑，大家认为不可置信。2月4日，星期一，斯威士兰队在半决赛中击败新加坡队，辩题是关于政府向家庭主妇支付工资，据说当时房间里的喘息仿佛要把整栋大楼的空气吸干。

相比之下，我们队在淘汰赛中的表现没有令人惊异之处。虽然澳大利亚已经好几年没得过冠军了，但我们仍然被寄予厚望。有关我们获胜的消息偶尔会激起抱怨。斯威士兰击败新加坡的那个周一，我们获得裁判小组全票通过，战胜爱尔兰晋级总决赛。我们发现，若把斯威士兰队比作大卫，那我们则被大家想象成了被大卫杀死的巨人哥利亚。半决赛结束后，在回酒店的巴士上，布鲁斯告诉我们系好安全带："明天，你们将与本次比赛产生的最鼓舞人心的神话之队进行辩论。"

总决赛的晚上天气清爽，没有月亮。斯威士兰队和我们队在夜幕下穿过停车场，来到德尔芬帝国酒店的主宴会厅。斯威士兰队的三个男孩穿着随意，衬衫的袖子都卷了起来，步履轻快。而身着可体运动夹克的我们，却轻松不起来。当我们走进房间，面对近 400 人的欢呼声和热浪时，每个人的腿仿佛被冻住了一般。

晚上 7 点，我们上台就座，9 名评委中的一人宣布比赛开始，赛场随即安静下来。评委团由一些经验丰富的辩论教师、教练以及前世界冠军辩手组成。他们穿着各式各样的民族服装，仿佛联合国安理会在做出判决。我在观众席上搜索，找到了布鲁斯，父母坐在他旁边，眼神因时差和情绪激动而显得有些恍惚。我把目光投向舞台对面的斯威士兰队。在头顶强光的照耀下，他们的额头因出汗而闪闪发光，但眼睛里透出的是镇定自若。我拔下笔帽，稳住呼吸。

辩论会主席是锦标赛组织团队中一位声音甜美的年长女性，她向大家宣布了辩题："总决赛议题是，土耳其在欧盟之外会更好。正方：澳大利亚；反方：斯威士兰。"

在我旁边，我队的第一位演讲者尼克在一遍遍地默读自己的开场白。我用力将大腿合拢以防它们发抖，担心我的大腿一抖会使我们坐着的整个长凳都抖动起来。尼克站起来，走向讲台。他演讲的第一句话就赢得了满堂彩："每个童话故事都会有这样一个时刻：一方意识到自己是恶棍。澳大利亚队已经接受了这个现实。但正如伏地魔对哈利·波特所说的那样：加入欧盟对土耳其来说再糟糕不过了。"

接着，尼克就欧盟成员资格对土耳其的政治依赖、经济发展等方面的危害提出了密集而错综复杂的论点。按照惯例，世界学校辩论锦标赛的总决赛是"有准备"的比赛，也就是说辩论队可以提前研究和撰写辩案。理论上来说，这会减少压力，但事实上，它会产生相反的效果，因为你会要求自己尽善尽美。

斯威士兰队的第一位辩手瓦班图是位镇定自若的男中音，他对尼克的论点展开了一连串的反驳，对我们辩案中的每一个重要论点都毫不费力地提出了两个、三个甚至四个异议。观众们兴奋地窃窃私语，目光在演讲者和我们之间来回切换。瓦班图所说的几乎每一句话我都存有异议，手臂不停地写下了他推理中的四、五、六个漏洞。看到布鲁斯在观众中，双臂交叉，点着头，我改变了策略。

很快到我上场。站在台上，当房间所有人的注意力聚集在我身上时，我感觉观众像是在灯光迷雾中的剪影。这种感觉是多么熟悉：孤立无助地站在别人面前准备介绍自己。从高处凝视人群，分不清朋友还是敌人。

作为第二发言人，我的作用是最大限度地破坏反方不成熟的辩案。在一般的辩论中，我会从猛烈的抨击开始，目的是把人们从对前一位发言者的关注中拽出来。然而，这一轮中我选择了不同的方法。"到目前为止，两支辩论队一直专注于加入欧盟或踢开欧盟的灾难性后果。双方都贡献了自己的末日预言。"我停顿了一下，清了清嗓子，"我想做的是描绘出土耳其在欧盟之外的积极前景：一个更加自由、繁荣和团结的国家。"

然后，我试图将每一项反驳都与反诉结合起来："因此，我方观点是土耳其不会在欧盟内部发挥真正的影响力。相反，我们认为，提高其全球地位的最佳途径是维持强有力的自主外交政策。"从批评到提出积极的观点，这种转变减少了反驳的兴奋感，但为团队确立了更大的目标。而我得到的是将会话向前推进的满足感。"所以不要为反对欧盟投票，不要为反对变革投票，更不要投票反对斯威士兰队，"我总结道，"请为土耳其更美好的前景投票。"说完我坐了下来。

斯威士兰队队长一身黑，只有一双吊裤带是白色的。他一边低声咕哝，一边疾步走上台。法内勒看起来是个很普通瘦小的孩子，但当他像演员一样敏捷地把话筒举得紧贴嘴唇时，我看到了我们可能要遇到麻烦的第一个迹象。"让我们敞开心扉接受对方辩友的挑战。我们对加入欧盟后的土耳其怀有什么样的美好愿景呢？那就是，一个为更多国民服务的更强大的国家。"法内勒说话时声音洪亮，速度极快，但时不时地他会慢下来，把话筒放在离嘴仅有几毫米的地方，低声说出一些关键的见解。我上一次看到这种操作还是在 20 世纪末的一场吹牛老爹的演唱会上。

我注意到法内勒的反驳中有些非凡之处。针对我的反诉，他不仅提出了异议，还提出了新的反诉："接下来，让我们谈谈自主外交政策。自主不仅指在有限的选项中选择的自由，也意味着你所拥有的选择范围。加入欧盟扩大了这一选择范围。"一连串的反诉把我们从最初的论点拖入了一个陌生的领域。我们没有仅仅进行攻守，而是在不断发展中诞生了新的想法，并随之改变了分歧的边界范围。辩论八点一刻结束。9 名裁判依次走出比赛场地，随后观众也走了出去，我和队友们久久地拥抱在一起。布鲁斯上台告诉我们，他为我们感到骄傲。前排，爸爸妈妈幸福地沉浸在人们的祝福声中。

评委们在另一个房间进行审议时，我发现在享用自助餐的人们意见分歧很大。朋友们告诉我们这一轮两队实力相当，也有陌生人自告奋勇地说，很遗憾，他们认为我们输了。由此可见，至少两队势均力敌，我们没有让对手感到尴尬。此时此刻，我感到一种异样的满足。

. . .

在议会民主制的历史上，作为反对党（或少数党）的一员意味着拥有大量消遣度假的时间。在 18 世纪的英国，甚至没有反对党成员必须参加议会的要求，所以大多数反对党成员会逃到自己的夏季庄园去重整旗鼓，策划再度执政。党派之间关系冷漠，饱受明争暗斗、纪律涣散的困扰。

开始改变这种颓废风气的人是埃德蒙·伯克。这位爱尔兰政治家和学者为其所在保守辉格党的一个派系组织了一项"作为反对派获得拥护的长期计划"。实施过程中，一直激励着伯克的是对"政党应该是怎样的"的构想。他认为政党应该是"一个团结一致的团体，通过共同努力，基于共同秉持的原则，维护国家利益"。

政治反对派的这一观点在 18 世纪难以让人接受。正如一位政治对手写给伯克派成员的信中所说，"你只能通过继续让毫无用处的反对党存在来为国家服务。我认为，除非上台，否则反对党根本不可能服务于国家"。

然而，在接下来的一个世纪里，风气向着利于伯克的方向转变。诸如"替代政府"和"国王陛下的忠实反对党"等术语开始进入词典，反对党获得了官方特权，得以组建影子内阁、影响议会正式议程。

忠诚的反对党对政治的作用，正如竞争性辩论和日常辩论中反诉的作用一样。二者皆是将冲突和分歧建立在对共同发展的渴望之上。愤怒倾向于摧毁（对手或我们与对手的关系），而对立寻求的是一种竞争形式，它可以运行得很好，也可能很糟，但永远不能被超越。

手铃响起，裁判将我们召回了德尔芬帝国酒店。观众们排成一队回到礼堂，两支队伍各自坐在舞台一端，房间里鸦雀无声。我看到坐在前排的布鲁斯和我的父母因期待而显得极不自然的表情。

先是宣布个人成绩：我被评为最佳辩手，第二名是法内勒。我朝他点了点头，他也朝我点头示意，但我俩都紧张得无法享受这一刻。也许是太紧张了，甚至都没有看清对方的样子。

然后，一位穿着大格子裙的苏格兰妇人手拿奖杯走上台来。那只薄薄的银杯似乎改变了房间里的气氛。观众们坐直身子，充满期待。我们紧紧抱在一起，感觉紧张得快爆炸了。首席裁判，一名身材魁梧的新加坡公务员，举起麦克风：

"2013 年世界学校辩论锦标赛的冠军是……澳大利亚。"

...

离开的那天早上，我吃过早饭后在酒店大厅遇到了斯威士兰辩论队的队长。法内勒穿着老旧的运动衫和运动裤，显得更加放松。他问我要去哪里上大学，我说 8 月将进入哈佛大学。听到这儿，法内勒突然大笑起来，引得酒店大厅两头的人都转过头来看向我们。他告诉我，他也申请了哈佛大学，正在等待回音。"谁知道呢，"他笑着说，"没准儿我们会在美国成为队友。"

4

降低存在感、提高领导力

下午一开始便不顺。一场雷雨使得原定于三点半开始的校园典礼无法按预先安排进行，并且，美国前总统和第一夫人原本会参加的VIP派对也取消了。活动5点才开始。校长是数学家兼牧师，以拉丁语祈祷开启了典礼。

接下来，一位身高一米七多，40多岁略显矜持的男子走上讲台，开始用英语演讲。人们认出他是美国前总统之子。他讲的故事悲伤、曲折但最终希望犹在。

在现代欧洲文字复兴之际，一位名为"雄辩"的缪斯女神从千年的沉睡中醒来，发现世界早已不同以往。她试图理清头绪，却精疲力竭。而且她发现，她最喜欢的语言现在已经消亡，人们无法理解她。

她沉睡了太久。罗马共和国消亡期间，演讲的目的早已不是说服公民对独裁者顶礼膜拜。那时，女神已经注意到自己身体衰败的迹象，她感到颤抖、疲惫不堪、麻痹无力。女神坚持了几个世纪，最终在黑暗时代沉沉睡去。

如今漫步新世界，雄辩女神来到了她曾经最活跃的三个地方——法庭、广场和剧院——但所到之处皆空空荡荡。更糟糕的是，到处充斥着诡辩家和江湖骗子。让缪斯女神黯然逃离的是更为丑陋的一幅景象：她最喜欢的演说家西塞罗的头变成石头，被置于讲坛上作为装饰。

她在法庭上看到的情景越发令人不安。爬上通往法院的台阶，她看到自己名为"说服"的孩子被法律条文的锁链牢牢拴住。雄辩女神还看到结结巴巴说着拉丁语的自己，被重物压得粉身碎骨。

雄辩女神在议政大会上的运气要好一些。她进入欧洲各地刚刚兴起的议会里，费尽心力学会了议员们使用的语言，帮助政治家们达成心愿。但她再也不是真正的自己了。

1806 年 6 月 12 日，约翰·昆西·亚当斯就任哈佛大学首任修辞和演讲学博伊尔斯顿教授，就职典礼上，他讲了上面的故事。

自 1636 年成立以来，修辞学，即说服性演讲艺术一直是哈佛大学特色课程。这门课以讲座形式教授，要求学生每月发表命题演讲，此种方式来源于学校培养清教徒牧师的初衷。但是，博伊尔斯顿教授职位的设置意义重大，它确保了修辞学教学将经久不衰。

亚当斯并非这一职位的最佳人选。首先，他是政治家而非学者；其次，他对自己的演讲技巧满腹质疑，这让他非常痛苦。他在日记中曾苛刻地批评自己"缓慢、犹豫，常常思绪混乱，经常用错误的词结束一句话"。

亚当斯为这一职位带来的是一种政治意图。他的父亲曾表示希望"雄辩"成为美国政治生活的一个特征，这一理想可以从大卫·休谟[1]追溯到古希腊人。约翰·昆西·亚当斯把向下一代美国领导人传授修辞技巧视为己任。他认为，大学正是"雄辩"女神的希望所在。她曾受到欧洲暴君的压迫，在议会中饱受煎熬。但可能会有一个适合女神的新家：美利坚合众国。亚当斯宣称："在纯共和政体下，每个公民都对国家事务抱有浓厚兴趣……雄辩之声不会被淹没。"

1.David Hume，18 世纪苏格兰不可知论哲学家、经济学家、历史学家，被视为苏格兰启蒙运动以及西方哲学历史中最重要的人物之一。

第一位博伊尔斯顿教授在 40 岁生日时开始授课，三年后离职，重返政府。他的最后一次演讲响彻教堂，多年后来到剑桥市（哈佛大学本部所在地）的作家拉尔夫·沃尔多·爱默生曾写道，"演讲声在剑桥上空久久回响"。亚当斯卸职的那一年，其演讲结集成书出版，这一古希腊罗马作家和欧陆作家占主导地位的文学形式，由美国人添上了浓墨重彩的一笔。

1825 年，约翰·昆西·亚当斯就任美国总统，任职一届，余生一直在美国国会任职。他曾因慷慨激昂地倡导反对奴隶制而声名鹊起，也曾因在最高法院代表阿米斯塔德号上将沦为奴隶的非洲人进行了长达 8 个小时的辩论而声名远扬。后来其名声赋予他一个昵称——古希腊演说家伊苏克拉底也曾得此绰号——"雄辩老人"。

2013 年 8 月，在悉尼飞往波士顿长达 24 个小时的旅途中，我读到了"雄辩老人"的故事。这次飞行中的一切，行程之长、行程安排之紧、空气、食物，没一样不让人感觉死气沉沉，令人窒息。但在一本关于美国历史的书中偶然看到这几页时，我感觉好像有人打碎了窗户一般，呼吸顿时通畅起来。

故事中有关我此行目的地的部分尤为吸引人。对一个向往"辉煌伟业"的 18 岁年轻人来说，亚当斯有关美国社会的理念为我带来层层希望。那是一个年轻的共和国，注定重振民主传统，其开放程度足以让一个人有机会为这个国家的未来做些什么，青史留名。

与其说亚当斯是这一愿景的代言人，不如说是其化身。亚当斯的传记描绘了一个不被任何人看好的小人物，如何通过勤奋工作、不断学习，一步步成长为能像雄狮般咆哮的强者。当然，故事中有虚构的元素（身为美国总统的儿子，怎么也不符合人们心目中自命不凡的年轻人的形象）。但这也正是美国式传奇的一部分：这个国家坚定地认为自己处于世界的中心，但同时也知道自己是一个身处外圈的挑战者。

那么，亚当斯的故事中关于雄辩的部分呢？不重要，纯粹是调味汁而已。

...

　　我第一次接触修辞的概念是在六年级。那年冬天，在被灌木丛包围的学校那间红砖教室里，我和同学们盘腿坐在地板上。吉尔克里斯特老师详细阐述了修辞的概念。她一头紫发，精力充沛，是第一位我特别喜爱的老师。"修辞学涉及说服性演讲的所有要素：词、言语、手势、结构。如果说论证与说话的内容有关，那么修辞是指说话的方式。"

　　"看着我。我站姿怎么样？"吉尔克里斯特老师轻轻松松摆出一系列奇怪的姿势，一会儿舒展自如，一会儿又弯腰驼背。"现在，我的声音听起来怎么样？"我们眼前这位中年教师忽然化身为政治家，用雷鸣般的高声发表着演讲。而后，她又似一朵枯萎的紫罗兰般，声音几乎细不可闻。大家都惊呆了，有些人怔怔地看得目不转睛。

　　然而，当吉尔克里斯特老师结束了滑稽模仿，转而介绍修辞学的古老起源时，大多数同学的注意力便开始下降了。我理解他们为什么缺乏热情：生活中，有任何时候我们使用"逻格斯"[1]这个词而不被打上怪人或炫耀的标签吗？

　　然而，吉尔克里斯特老师的每一句话都让我产生了强烈的兴趣。一个人的说话方式会改变人们对他的认知，这一点毋庸置疑。那是在 2006 年，我已经掌握了英语，但口音、发音和习语使用上的微妙差异让我一听便是个"老外"。我从不认为我的想法不如同龄人的有趣或有价值，但我清楚老天对天赋的分配是多么微妙无常。

　　我承认，毫无疑问，一个人的修辞能力并非来自天赋，而是通过教育获

---

1. 来自希腊语 logos，意为词语、说话、讨论、辩理。

得的。从来到澳大利亚那一天起，通过艰苦的学习，我终于掌握了英语。我把单词和短语记在笔记本上，默读句子，听磁带上的演讲，练姿势、练手势。如若把修辞技巧视为天赋才能，那我并不具备这份奢侈的天赋。

吉尔克里斯特老师那节课后面的内容，有一个细节格外引人注意。那些被称为诡辩家的古希腊修辞学教师都不是雅典人，而是来自遥远国度的学者和演说家。换句话，他们是移民。

后来上中学时我发现，辩论中有一项活动，也是把修辞作为技巧来训练的。

巴克中学的教练们并不期望学生们会表现出令人赞叹的演讲风格，但他们对马虎、草率绝不容忍。教练训练我们进行一系列练习，以消除过于紧张时的"抽搐"或令人分散注意力的说话习惯（比如"嗯"）和姿势习惯（如坐立不安、交叉双臂等）：

计数：在另一个人面前就任何主题发表一分钟的演讲。让他们数一数出现"抽搐"的次数，重复练习，直到不再出现。

重新开始：就任何主题做一分钟的演讲。在哪里出现"抽搐"，就重新开始说那个句子。重复练习，直到过关。

惩罚：在一个人面前就任何主题发表一分钟的演讲。每次出现"抽搐"，允许对方实施惩罚（如向你扔个纸团之类的）。重复练习，直到不再受到惩罚。

尽管课堂上有关修辞的讨论往往很"夸张"和"抽象"，辩论时却是绝不容许信口开河的。我们关注语言和演说能力，因为它们能帮助我们获胜。

换句话说，枯燥的演讲训练是会带来回报的，那便是雄辩，或者说是吸引人们倾听的能力。当时我想象不到的是，追求良好的修辞能力不仅能带我环游世界，还能让我被哈佛大学录取——迄今为止的短暂人生中，我靠说话技能，走进了一个个我没有太多归属感的地方。其中，入读哈佛大学是我人生中一个重要的里程碑。

2013 年 8 月 26 日上午，提着两个超大袋子进入哈佛校园时，我回想起从吉尔克里斯特夫人的教室走到眼前的漫漫长路。夏末的景色如此动人，连学校的军乐队都无法与其媲美。妈妈穿一身牛仔服，站在离我几英尺的地方，小心地避免碰到箱子和家具，说她才应该是搬进来的那个人。"要是我入读哈佛准会收获更多。"她说，皱着眉头假装抗议。

我分到的宿舍斯特劳斯楼是一栋殖民复兴风格的四层建筑，坐落在主庭院的一个角落里。我拖着包走上陡峭的主楼梯，向十几个青春洋溢、汗流浃背的新邻居打招呼。C-31 房间是一个木板结构的舒适套房，我的三个室友和他们的家人手里拿着扫帚和艾伦扳手正在忙着收拾。在需要破冰的场合，我的本能是躲避，但迫于同室同寝的事实，我挤出笑容开朗地打了个招呼。很快，我就和室友们挤在一起组装我们的共用家具了。

三个室友中，最吸引我的是约拿。他特征鲜明——锐利的蓝眼睛、红色的头发、运动员般强壮的体格，姿态和动作给人一种天生的亲切感。他从包里拿出的第一本书，内容是揭露巨额捐款对政治的影响。约拿的父母来自马萨诸塞州北安普敦，是一对外向且可爱的夫妇，很快便与我妈妈融洽地交谈起来。

博德咖啡馆是一家兼具墨西哥和美国风格的餐厅，墙壁刷成粉红色，欢快的音乐声不绝于耳。我们几家人在这里共进午餐。其间，由于厌倦了礼节性的交谈，我决定跟约拿聊聊他的政治观点，寻寻开心。"我认为美国自由派过于关注竞选捐款了。人们各有各的方式支持自己的政治理想。捐钱有什么错？"我曾在一轮辩论中拿到这个我自己都不太相信的主张，但我想我现在可以为这一立场辩护一下。另外两个室友在忙着交谈，但约拿立刻放下吃了几口的墨西哥馅饼："你真是这样想的吗？"

在接下来的 5 分钟里，约拿音调没变，声音也没提高，但我还是听出了某种变化。他异常严肃，声音低沉，语气急促。他急于阐述自己的观点，并非想与我争辩。只见他双手伸出，做着各种手势，讲了好几个故事，谈着"公正"和"公平"，不含一丝嘲讽的意味。"就是这样，这就是我们热衷于探讨这些问题的原因。"约拿说完，因激动脸涨得通红。

我问他是否参加过辩论："你会很厉害，你知道吗？"他愣了一下，然后开玩笑地说："不喜欢，不是我的菜。"我想他可能把我当成英国人了。[1]

走出餐厅，我叫了辆出租车送妈妈去机场。看着妈妈泪流满面，我突然意识到：今年一整年我都见不到她了，我们的下一次见面将是在暑假，以后我们的相处时间会按周算，而不是月或年。这一点之前我竟然没想到，难道他们也没想到吗？我忽然感觉，选择来地球另一边的大学读书，为此付出的代价是实实在在的，容不得半点自欺欺人啊。上出租车之前，妈妈从包里拿出一件石雕，是她从土耳其安塔利亚的一位当地艺术家那里买来的。"保佑你平安。"她说。

妈妈走后，我穿梭于一个又一个新生入学见面会，来这所大学的学生个个有侃侃而谈的本事。1600多名新生中没有谁看起来聪明绝顶，但几乎所有人都能用语言展现自己的聪明才智。每个人都觉得有必要把自己说给别人听。

在这样的情境中，争论必不可少。它是一种很自然的方式，让人们得以在观众面前表现自己、证明观点并相互审视。晚餐时大家对流行文化观点各异，晚上最后一次汇报会上，政治观点也存在分歧。我没有参加争论，但还是忍不住对这些辩论者产生了一份亲近感。

一天下来，到晚上 11 点，我已筋疲力尽。室友们都上床睡觉了，我躺在沙发上给家里发短信。然后，关客厅的灯时，我听到了敲门声。"谁？"我不

1.Not my cup of tea，英国人喜欢喝茶，因此英语中有许多与茶有关的习语。这里用来表示不喜欢做某事。

知道是不是那位早些时候曾表示喜欢长谈的楼下舍友 —— 这么晚了，想想有点可怕。

敲门声再次响起："是我，法内勒。"

九个月前我们第一次见面时，法内勒还是一个骨瘦如柴的孩子，现在看起来强壮了，人也显得更松弛了。"徐辅贤，徐辅贤，哥们儿。"法内勒侧身走进客厅，雄浑、活泼的声音里透着笑意。

我没有问他是怎么找到我的。我们也没扯闲篇。

聊了聊入住第一天的经历后，我告诉他几个月来我一直在想一个问题："世界学校辩论锦标赛上斯威士兰队到底是怎样做到挺进决赛的呢？"

他笑了："你是奇怪非洲人是如何进入决赛的？"我有点不好意思地表示抗议。法内勒解释说，他们几小时、几小时地观看辩论视频，拍下自己演讲的视频，分析每一个决策、每一项提议、脸上的每一次抽搐以及每一个手势。"全靠努力，哥们儿。没什么妙招儿。"我告诉法内勒我认同他的看法。

后来，法内勒说他也有件事要问我："徐辅贤，我觉得我们应该努力去赢得世界冠军。"

我还没来得及回答，他便开始了一连串的论证，一半早已在心里演练过，一半完全即兴。他的声音越来越大，情感也越来越强烈。我很奇怪他竟然有如此胆大妄为的野心，实现这野心不仅会占用他的时间，也要搭上我的时间。但我不能否认的是，他太会蛊惑人了："你就是为辩论而生的！"

听了法内勒的话，我开始相信，辩论让我被哈佛录取，辩论也会助我成功完成在哈佛的学业。

...

各种课程正式开始，校园也有了些变化。

在哈佛大学，本科生在二年级第二学期之前无须选择专业——这样设置是为了学生们去多多尝试。我来是为了学习哲学，作为一名辩手，我认为自己非常适合这门学科。因此，在学期第二周的周二，我赶忙参加了哲学系的开放日活动。

哲学系大楼二楼的图书馆名为爱默生大厅，里面富丽堂皇但布满灰尘。我来晚了，大厅前方，老师们正在介绍自己的学科，越听越抽象难懂："我们的目标并不是得出正确的答案，而是仔细审视给出的所有答案的理由。""提出好问题比给出答案更重要。""甚至应该问一下，'什么是问题？'"房间里到处是大家在深思中默默的低语声。

后来，我无意中与一位逻辑学家交谈起来。穿着羊毛背心的老人声音有些尖细，跟我说他摆放的那些饼干是莱布尼茨[1]饼干。"跟那位哲学家的名字一样，"他满怀期待地说，希望我知道他说的是谁。我喝了一口水，解释说我在高中时参加过一些辩论，并问他这种训练对学习哲学是否有益。他扶了扶眼镜，回答说："可能没什么用。""在这一点上，我们确实站在苏格拉底，而不是高尔吉亚[2]一边。"

下午晚些时候，我去搜索了他提到的人物。

高尔吉亚，生于公元前483年，是一位巡游修辞学家或诡辩家，他曾发表公开演讲——"特洛伊战争不应归咎于海伦"——并教年轻人演讲术。60多岁时，他来到雅典，为家乡西西里岛上的雷昂底恩城[3]寻求军事保护，随后便在这个大城市里定居下来。一些评论家对高尔吉亚嗤之以鼻，但这个人对人们的影响是不可否认的。他吸引了大批听众，让他们如醉如痴。

1.Leibniz，德国哲学家、数学家，历史上少见的通才，被誉为17世纪的亚里士多德。
2.Gorgias，古希腊哲学家和修辞学家。
3.Leontini，伦蒂尼的旧称，被誉为希腊修辞学的发源地。

一天晚上，高尔吉亚在一个晚宴上滔滔不绝时被一位客人逼入了绝境。这位衣冠凌乱的客人名叫苏格拉底。哲学家直接向高尔吉亚提了一个问题："我们该怎么称呼你，你所称的艺术又是什么？"高尔吉亚回答说："苏格拉底，修辞是我的艺术。"

　　起初，诡辩家信心十足。他说，修辞具有说服大众的力量，"你有修辞的能力，就能让医生成为你的奴隶，让教练臣服于你脚下。"等他说完，苏格拉底开始盘问。

　　这位哲学家先说了一句高尔吉亚不得不认可的话："修辞……造就关于正义和非正义的看法，但并不能指导人们怎样做才是正义，怎样做又是非正义。"换言之，说服的艺术与真理无关，只是不择手段地去赢得听众。针对这番责问，高尔吉亚应战道："苏格拉底，修辞应该像其他竞争艺术一样，并非针对所有人。修辞学家就像拳击手一样，不应滥用自己的力量。"

　　说完，大概是觉得对方太无聊，高尔吉亚试图暂停讨论，但人群欢呼着催他们继续。于是哲学家继续发起反驳：

　　苏格拉底：事实上，你的意思是，谈到健康问题，修辞学家甚至比医生更有说服的能力？

　　高尔吉亚：是的，对大众而言，是这样的。

　　苏格拉底：你的意思是，对无知之人来说，对那些知道自己不比修辞学家拥有更强说服力的人来说。

　　高尔吉亚：非常正确。

　　苏格拉底：但如果他比医生更有说服力，那他就比任何人都更有影响力？

　　高尔吉亚：当然。

　　苏格拉底：尽管他不是医生，对吗？

　　高尔吉亚：对。

这正是苏格拉底需要的妥协，哲学家很快得出了结论：修辞与其说是一门艺术，不如说是一种能带来愉悦和满足的阿谀奉承。

"我不能把它称为艺术，"他说，"它只是一种经验，因为经验无法解释，而且我们无法对经验应用的本质做出解释。我不把任何非理性的东西称为艺术。"苏格拉底说，修辞更像是烹饪术而不是哲学。在接下来的辩论中，高尔吉亚几乎哑口无言。

尽管这场特殊的辩论结果如此，其后，修辞学仍然蓬勃发展了几百年。西塞罗[1]和昆提利安[2]等古罗马人极大地丰富了希腊传统，而中国人和印度人则发展了自己的理论和经典。在中世纪欧洲的大学里，修辞学是最初的七门科目之一，其他六门是算术、几何、天文学、音乐、语法和逻辑。

然而，两千多年过去了，我无法回避的结论是，还是苏格拉底赢了。如今，诡辩家这个词是一种侮辱，修辞学的意思是"花言巧语"——这个词表达了对空洞、愚蠢和自负言论的摒弃。正因为人们曾经对修辞艺术做出过一番思考，所以他们认为它是古希腊罗马时期的遗留，只有政治和文化特权阶层才会沉溺其中。蛊惑民心的政客们和电视主播们侃侃而谈，字幕上显示着"实话实说""不喜勿喷"，简直是对"修辞"的嘲讽。

即使是在哈佛大学，约翰·昆西·亚当斯发表演讲200年后，修辞也似乎在全面贬值。大家选的都是经济学、计算机科学、统计学和生命科学这些最受欢迎的课程，每人都忙着写作业，哪有时间搞什么餐厅漫谈。即使在文科系，大家说起"修辞"这个词，也透着些许羞涩。《演讲入门》曾经是每个学生的必修课，但现在已改设为选修课，最多可由80人选课。最近的两位博伊尔斯

1.Cicero，公元前106—前43年，古罗马著名政治家、哲学家、演说家和法学家。

2.Quintilian，公元35—100年左右，古罗马时期著名律师、教育家和皇室委任的第一个修辞学教授，公元1世纪罗马最有成就的教育家。

顿教授都是诗人。

修辞学在长达几个世纪的日渐衰微过程中，受到了各种趋势的综合影响。首先，现代科学的兴起让大家形成了一种观点，认为修辞学不精确、非理性。在 17 世纪的英国，哲学家弗朗西斯·培根呼吁建立一种适于交流科学发现的语言表达形式。虽然给"富有想象力的风格"以空间，但他提倡简洁，主张摒弃"比喻矫饰，满目修辞、空洞无物"的文风。这一理念影响深远。

后来，随着印刷术和大众出版时代的到来，交流从口头转向书面形式。19 世纪 70 年代，哈佛大学新任校长查尔斯·艾略特力图将公共课程改为选修形式，让每个学生都可以根据自己的"兴趣和禀赋"来选择课程。斟酌哪些课程应该列为少数必修科目时，230 多年来，演讲首次被改为选修课，而一年级的写作课被列为必修课。到了世纪之交，美国多数大学都效仿了这一做法，取消了"四年一贯制的修辞学习，代之以一年级开始、持续一学年的写作必修课"。

此外，随着文化向着更广泛的社会阶层敞开，传统的正统语言观逐渐过时。20 世纪 20 年代，新成立的英国广播公司成立了一个由绅士名人组成的咨询委员会，为单词的正确发音提供建议。该委员会在"二战"后解散，英国广播公司开始使用各种地方口音。近年来，新加坡开始重视之前不受欢迎的本地话，比如新加坡英语，这表明同时也造成了人们对修辞术的兴趣逐渐下降。

最后，对修辞学兴趣的下降还与反精英情绪的上升有关。当今世界，我们的政治领导人对语言明目张胆地滥用，满口谎言和狡辩之词，人们对"政治话语"的蔑视是对上述现象的正常反应。这也印证了一种怀疑，权势人物在违背我们的利益之时，说的比唱的还好听。在这种情况下，听到时任伦敦市长鲍里斯·约翰逊谈论丘吉尔在演讲中"使用指代手法的三行平行结构"，不得不说太令人反胃了。

2013 年 9 月初，大学第一学期刚开始没几周，似乎所有上述提到的趋势共同作用，导致了眼前的情形。简言之，大家提出了一个很普遍的问题：什么样的修辞在目前来说是可取的（也是可能的）？

...

每周一晚上，法内勒会来敲我宿舍的门，我俩一起走到拉蒙特楼，准时参加晚上 7 点的辩论训练。拉蒙特楼是个图书馆，通宵开放，但通风条件极差。哈佛大学的议会制辩论队，即哈佛大学辩论联盟（HCDU）在世界上是首屈一指的。然而，不比牛津大学和剑桥大学的辩论联盟，HCDU 没有自己的大楼或办公室。因此，该组织的五十多名成员不得不在校园里四处游荡，寻找辩论场所。

大学和高中的辩论，差别很微妙但非常重要。大学辩论队的人数从三人减少到两人，增加了每个发言者的压力，也加强了他们之间的合作关系。参与者也与高中时不同。在许多高中，辩论是早熟孩子的唯一避难所，而在大学则有数百个社团和各种活动。因此，留下来的都是真正的拥趸，就像烤盘里剩下的糖一样，他们热烈、坚定，受苦也情愿。

法内勒和我加入联盟时，都怀着不小的优越感。每年约有 30 名新生加入联盟，在接下来的几个月里，20 人会意识到自己没有竞争成功的希望后放弃。我们打算成为站到最后的人。

之所以能傲慢至此，是因为我俩惺惺相惜。训练常常从下午一直持续到晚上，讨论中其他人说着枯燥、精确的学术语言，而我和法内勒孜孜以求的是好主意和炫技的单行短笑话。法内勒比我大一岁，才 19 岁，但他拥有一种我不具备的自信。他用洪亮的声音对政治和社会道德发表意见，听完笑话会笑得在地上打滚。我们产生分歧时，我经常发现自己很矛盾：一方面希望他接受我的观点；另一方面又希望他坚持立场。

在最初的几周里，我们对辩论联盟只有一点不满意：周一的培训课没有给我们真正发言的机会。教练丹尼尔，一个脑筋清晰、清瘦结实的大三学生，严肃认真地背诵了他有关金融危机和战争法的讲义。即便实际操练也是漫长而难熬的。9 月的第三个星期一晚上，空气凛冽，似乎预示着寒冷的冬天即将到来。在我们的第四次训练课上，丹尼尔让我们拿出笔记本。"今晚，我们练习写'论点流水单'，也就是记录对手的论题。"他打开自己的案例手册——一个巨大的灰色文件夹，里面放满了过去的案例和各种各样的论题，然后开始阅读善待动物协会的相关人员发表的一段支持素食主义的文章：

每年，数百亿只动物被捕杀，成为人们的盘中餐。大多数动物生活在持续的恐惧和折磨之中。如今，几乎所有在美国饲养的食用动物与家人分离，成千上万的动物被塞进肮脏的仓库，在极度污秽的环境里度过一生。它们在不使用止痛药的情况下被肢解，被剥夺对它来说自然而重要的一切。杀戮场上，许多动物意识清醒，挣扎着拼命逃跑。

你会记下什么？问题是这是一篇描述性文章。每一个论点都能大体支撑作者的结论，但我们并不需要对每个论点做出回应。例如，争论仓库是否脏乱，在某种程度上就没有抓住重点。

我在高中时学过，更好的方法是把主要论点单独列出来。记下对方的结论（"我们应该是素食主义者"），加上"因为"，然后想想发言人会如何完成句子。这样一来，文章中隐藏的两个关键论点就很清楚了：

我们应该是素食主义者，因为……

动物被饲养在非常糟糕的环境下。

动物被残杀的方式让人无法接受。

这种高级的听力理解在现实中很难做到。丹尼尔快速抛出十几个论点，我们这些新生拼命记。有些人奋笔疾书，签字笔把纸都划破了。还有些则精工细作，即便慢慢记不下来了，也要保持沉着冷静范儿。这 1 个小时就像在进行秘书考试，没人合格。"熟能生巧。"丹尼尔出门时说道。

回宿舍的路上，我和法内勒穿过昏暗多风的校园，发泄着沮丧的情绪。联盟所重视的严格训练似乎与我们自己对辩论的看法 —— 开朗健谈、激情澎湃、冲动兴奋 —— 不太一致。分开的时候，想想过去的一个月仅仅是练习，我们稍感安慰。"训练是训练，辩论是辩论。"法内勒果断地说。美国议会制赛季的第一场联赛定于本周末在曼哈顿哥伦比亚大学举行。联赛为期一年，在全国各个大学举行，每周一次。

...

9 月 20 日，星期五，大约中午时分，我和法内勒在百老汇大街右转，停下来欣赏眼前的景象。几步之外，宏伟的红砖建筑前是一个充满活力的大广场。坐了 5 个小时的公共汽车，我们头发凌乱，衣服透出一股酸酸的味道。但现在，阵阵微风中，我们感到精神焕发。

站在通往主图书馆的楼梯上，法内勒选择合适的高度拍摄了爱奥尼亚圆柱和青绿色的屋顶。然后他搂着我的肩膀，说该进去了。

"大会议厅"内气氛紧张，弥漫着咖啡的味道。"大会议厅"是个被美化了的词，实际上是指任何竞争对手等待下一轮比赛开始的大房间。来自美国各地的一百多名大学生在温暖的会堂里闲逛、闲聊，交换着各自的想法。法内勒和我待在房间的后门，既不敢参与，也不敢离开。

第一轮中，我们的对手是来自宾夕法尼亚州斯沃斯莫尔文理学院的两名战战兢兢的新生。男生身材矮小，戴着副大眼镜，女生恶狠狠地低声咕哝着什么。两人走在前面，我们跟在后面，走向隔壁楼的一个房间。在这个小会议室的主桌旁坐下，我忽然莫名紧张起来，这种感觉多年没在辩论时体会过了。然而，当斯沃斯莫尔的第一位辩手扶了扶眼镜、开始阅读一篇关于禁止使用军用无人机的案例时，我感觉自己的身体适应了一种熟悉的节奏。

在与斯沃斯莫尔的交锋中我们获胜。到下午晚些时候，在"带薪育儿假""自由贸易之弊端"等辩题的辩论中，我们一路过关斩将。一般来说，聪明的做法是在最初几轮辩论中，从容不迫、隐藏锋芒、等待时机，但我和法内勒却朝着相反的方向一路狂奔。我们卖弄所掌握的一切辩论技巧——从运用"四个 W 法则"到构思最具说服力的论点，还有，即便只有两三个听众，也要像面对一大群听众一样演讲。

那天晚上，11 点多了，我们一边吃着美元切片[1]，一边喝着热苏打[2]，享受了片刻沾沾自喜的时光。四轮全胜的纪录已经确保我们晋级决赛。怀揣宏大的梦想，嘴里却说着结果会很残酷，我们走出餐厅，沿着阿姆斯特丹大道回到宿舍。法内勒的老乡清理出了一小块地方，以便不请自来的我们能凑合过一夜。

第二天早上，乌云密布，我们一路过关斩将。法内勒和我先是取得预赛最后一轮的胜利，接着在八分之一决赛中战胜了来自布朗大学的资深辩论队，其辩手全部是高年级学生。我们的战绩给本就紧张焦灼的比赛带来了强烈的冲击。比赛间隙，在"大会议厅"外的走廊里，法内勒和我踏着音乐的节拍走来

1.一种物美价廉的比萨，一美元一片。

2.温度一般不高，类似于我国北方的烧酒，冬天饮用需要用热水温一温。

走去，故意表演给远处那些端详我们的人看。

大约下午 2 点，宣布四分之一决赛信息："四分之一决赛在 EG014 室举行。正方：哈佛大学。反方：贝茨学院。评委：康奈利、海塞、戈什。"我和法内勒回到礼堂收拾东西时，大家纷纷让路，给我们通过。大学辩论联盟的许多资深辩手已淘汰出局，但我们走向地下一层时，他们围着给我们出主意——"战斗到底""记得抬头看""深呼吸"。

EG014 房间虽不是锅炉房，却有着锅炉房的味道和温度。30 多人，大多数我们从未见过，挤进地下一层，伸长脖子看着我们进入了房间。来自缅因州贝茨学院的对手已经落座，忙着准备，不以为意地说着笑话，相互赞美、互祝成功，有意引起评委们的好感。两人中叫德娜的那个高个子女生看上去更为自信，留着引人注目的鸡冠头，她打了个哈欠，跟我们打招呼说"姗姗来迟啊"。

房间很快安静下来，我站起来面向观众。辩题是"社会正义运动应该通过法院而不是立法机构寻求变革"。看着观众因兴奋而涨红的脸，我提醒自己，从一开始就必须敬畏他们。因为当一支被大肆宣传的队伍未能达到预期时，观众的态度会迅速转为抨击。我坚定地扫了一眼观众，开始发言：

"迟来的正义就是非正义。只要那些人的生命依然握在懦弱的政客们手中，只要政客们依然跪在'捐款'和'政治生命永存'的圣坛前，就算下一代人，也还是能体会到被抛弃和漠不关心的冷酷。"

我感觉到观众中有某种声响。起初我以为是自己想象的，但后来声音越来越大。"在这个政治不作为的时期，法院依然是希望所在，"我断言道，"它是民主最重要的保障，我们对此应心怀感激。"房间一角先是有人窃笑，继而咯咯大笑起来，然后笑声停了下来。那短暂的一刻，我感觉有些恍惚，精疲力竭、满身大汗地回到座位上后，才回过神来。

随后，德娜站起来开始发言。她走向讲台时，我与她对视了一眼，从她的眼神中，我看得出来，她抓住了一些重要论点。德娜放下笔记，微笑着问大家是否准备好了。她的声音很放松，但充满力量："对方辩手到底说了些什么？"她停顿了一下，直到观众身体从座位上前倾着等她继续，"这家伙说得漂亮。貌似很有道理，但其实空洞无物，只是些花言巧语。大家想一想他关于法院实现社会进步的论点。正义、平等、民主。是的，对。我们为什么要把未来交到受判决先例束缚、接受政治任命的精英们手中？关于这一点对方辩友给出真正的理由了吗？"

在辩论中，没有什么比坐看自己一方走向失败更糟糕的感觉了，不是被击败，而是作为参与者与见证人，站在了自我毁灭的舞台上。对手们幸灾乐祸，朋友们和队友们轻声低语着，不敢相信这样的结果。下午4点左右，在正式宣布失利后，法内勒和我收拾好行囊，前往汉密尔顿机场车站，想搭早一点儿的巴士返回波士顿。当我们走在拥挤而冷漠的城市街道上时，我安慰我们团队中一位忧心忡忡的大二学生："别担心，法内勒和我还有很多机会。"

周末剩下的时间里，我向任何愿意听我唠叨的人表达了对辩论赛的谴责，当然，除了约拿和法内勒之外，没人愿意听。"联盟根本不考虑语言技巧。说我在辩论中'说得漂亮'，什么意思？"在一次无聊的宿舍聚会上，我躲在一旁恸哭。他们两个纵容着我的抱怨，悲伤地点头，但我看出了一丝忍耐。

周一晚上，在辩论训练中，大一新生再次进行"论点流水单"训练。像前几周一样，练习很难，丹尼尔坚持说我们必须"锻炼手部肌肉"，我不以为意。听教练详述关于残疾人福利合理结构的案例时，我想起了周六四分之一决赛中一个奇怪的细节：在我立论陈词的过程中，没有一个观众拿起笔来记笔记。

这让我挺失望，但后来问了自己一个问题：如果记录，他们会写什么呢？立论陈词中我已经表明立场以及我对政客们的态度，还跟观众说，他们同意我的观点对我来说至关重要。除此之外，我想不出观众还有什么好记的。

从某种程度上来说，这正是我的意图。我想让观众觉得我的想法无可辩驳。然而，结果却是，观众没有参与进来，我没有将观点一目了然地呈现在他们面前，也没给他们机会对论题展开独立思考。想象中的盛大场面，却成了一个人的独角戏。

我知道，先得解决讲话方式中存在的问题，才能使其对辩论产生裨益。这就是诸如计数、重新开始和惩罚等训练的意义所在：我们必须根除声音颤抖和其他表现方面的问题，因为观众会因为对这些问题的关注而忽视辩手真正要传达的信息。

然而，我一直孜孜以求演讲的清晰流畅，但从未付出同样努力，以确保措辞准确无误。

那天晚上训练结束后，回到宿舍，我在书桌前潦草记下了一些让语言表达清晰的要点。

我从单词规则开始。

单词		
规则 #1 避免抽象词	不要用一个词所属的范畴来代替这个词，可以用具体词表达时，不用抽象词。可能会出现一种倾向，用抽象词来使论点看起来适用范围更广，更具重要性。但实际效果却是让观众难以理解我们的观点。	**糟糕的表述：**"我们的教育机构正走向失败。" **好的表述：**"我们的学校和学院资金不足。"

然后，是句子方面的规则。

句子		
规则 #2 不用令人费解的隐喻	将隐喻视为一种味道极其强烈的调味品：说明使用每一个隐喻的原因，尽量不混用。注意，日常使用的一些语言实际上就是隐喻，比如"去其糟粕，留其精华"。	**糟糕的表述："**不正之风盛行，弥漫在我们呼吸的空气中。" **好的表述："**不正之风盛行，无人不受其害。"
规则 #3 无附加限定条件	限定条件、例外和驳论可以等到主要观点确立之后再提出。为了追求完美无瑕，我们常常忘记更根本的任务，即传达信息。	**糟糕的表述："**生命权，尽管对该术语的界定非常复杂，是我们所享有的更重要的权利之一。" **好的表述："**生命权至高无上。"

最后是段落规则。

段落		
规则 #4 重点突出、直奔主题	开始就点明结论，并用最简短的语言证明其合理性。这样我们就明确了论题的方向以及我们是否偏离了正轨。	**糟糕的表述："**一方面，该提议具有成本效益，但我担心公关风险……所以我反对。" **好的表述："**我们不应采纳这一提议。我们是这样权衡利弊的……"
规则 #5 不要轻易重复	不要在没有考虑重复会帮助你实现什么目的的情况下重复信息。一般来说，同一主张的许多版本会淡化信息，如果听众没有准备好接受同一观点多种形式的表达，会感到不知所措。一条经验法则是：对自己信息传达的满意度能达到80%，就继续下去不要重复。	**糟糕的表述："**孩子们对新学校很不满意。他们的不满显而易见。这所学校根本不适合他们。他们说学校糟透了。" **好的表述："**孩子们显然对新学校不满意。我们需要做点什么。"

这些规则很朴素，涉及的是减法而不是加法，缺乏类似"节律停顿"和"提喻"等古老术语的神秘感。然而，对我来说，这些规则体现了另一种修辞观点：追求真实而非令人敬畏、努力强化而不是取代根本观点、目的是使观点

更为圆满充分。

大一剩下的时间里，我和法内勒在竞赛辩论圈稳扎稳打。我们俩从未赢得过锦标赛冠军，但我们成为彼此最可靠的队友，最密不可分的伙伴。虽然有些人继续取笑我"说得漂亮"，但此种批评已不再像从前那样刺痛我的心。与此同时，在大学里，我学会了学者们呆板沉闷的说话和写作风格。在春季学期，我慢慢从哲学转向了更自由的政治理论和英国文学领域，但在此之前，一位哲学家曾对我"冷冷的写作风格"表示赞赏。所有这些我都当成自己进步的迹象。然而，一位朋友却朝着相反的方向走去。

约拿大一逐渐放弃了辩论。他选修了宗教、英国文学和社会学课程。约拿天生同理心强，经常谈论理由和证据，也常常谈论感觉和直觉。他蓄着浓密的络腮胡。在政治上，约拿倾向于选择一方，然后力求其成功。他很不喜欢辩论者在一轮中为自由意志主义辩护，下一轮中转而为民主社会主义辩护的做法。"怎么能这样呢？"他问道。我茫然地凝视着他，他随即加了一句："我是说从更深刻的意义上说。"

我每个周末忙着去美国各地参加巡回赛。约拿跟我不同，他脚踏实地参与了一场呼吁大学摆脱化石燃料公司的运动。2014年4月的最后一个星期三，春季学期期末，该组织计划封锁校长办公室，直到校方管理层同意就此问题举行公开会议。约拿邀请我参加集会："你可能会感兴趣。你知道的，我们会发表说服演讲。"

这次静坐是在一个灰蒙蒙的周三清晨开始的。从我宿舍的窗户向外，透过朦胧的雾霭，可以看到抗议者鲜橙色的T恤衫和警戒标志。早饭后，我下去见约拿。外面的空气出奇地冷，风雨交加，抗议者的头发被吹得奇形怪状。约拿站在五十多人前面，双手举着一块大牌子。我担心抗议者所做的只是准备了些咖啡而已，找来的演讲者都是演讲小白，但跟约拿表达我的担心时，约拿嘘着把我赶走了。

然后人群开始围成一个半圆，演讲者在麦克风附近排成一队。我退到后排。前面的几个演讲举步维艰。演讲人都离麦克风太近。每个人先询问"大家能听到吗"，但麦克风里没任何声音。不过几秒钟，说"一场大灭绝即将发生！"时，麦克风发出的音量已经震耳欲聋了。

进退两难。一方面，这个问题确实关系重大，但另一方面，除了真正的信徒，谁能刚吃完早餐就听进去一大堆道理呢？我在想，是否可以采取这样一种解决办法，即让演讲内容与所倡导的具体干预措施结合起来。毕竟，他们的诉求不是解决气候变化问题，而是与校长举行公开会议。这让我想起了我在辩论中一直思考的几个其他规则：

相称性		
规则 #6 不要过于情绪化	确保语气符合你试图描述的东西。否则，它就变成了情绪化，是与情境不相符的表现。最明显的形式是夸张和委婉语。	**糟糕的表述**："这是一场灾难！" **好的表述**："这给我带来了不便。" **糟糕的表述**："这是一个令人懊悔的错误。" **好的表述**："我们的错误让人们失去了工作。"
规则 #7 不要含沙射影	不要暗含你不愿意为其辩护的结论。一种常见的技巧是两不得罪，或者使用隐晦的语言来暗示一种稍后会否认的立场。另一种技巧是用修辞疑问句代替论题。	**糟糕的表述**："我要保护我们的生活方式。" **好的表述**："我同意减少移民数量并致力于同化。" **糟糕的表述**："政府对登月隐瞒了什么？" **好的表述**："登月是个骗局。"

接下来发言的人中有几个非常突出。其中一个来自美国中西部、略显笨拙的孩子解释他是怎样由之前对环境问题漠不关心到后来加入运动的。一位资深活动家讲述了由于铺设化石燃料管道，好几个社区的人们不得不搬离的

故事。

这些人没有提出宏大的论点。他们只谈论一件事，而不是面面俱到。没有各种理论和抽象的概念，他们依赖的是逸事和描述。因此，从辩论标准来看，他们的演讲是无效的。然而，不可否认，他们的演讲极具感染力。我发现自己一次又一次地回想他们是如何通过展现个性来达到说服效果的：

个性		
规则 #8 揭示过程	除了解释你所相信的以及为什么深信不疑，还要讲述你是如何相信它的。听众总觉得改变观念很可怕。他们想知道演讲者的观点从何而来，这样他们就可以信任甚至产生认同感。	**糟糕的表述：**"强制执行判决是一种严重的不公正。" **好的表述：**"通过……的经历，我开始相信强制执行判决是一种严重的不公正。"
规则 #9 点明利益攸关者	不能单纯地说利与弊。对某人来说，一定是利弊参半的。告诉观众利益攸关的人是谁，为什么他们的利益值得考虑。	**糟糕的表述：**"禁酒将导致黑市的形成。" **好的表述：**"禁酒将刺激罪犯建立以吸毒者和儿童为目标的非法市场。"

每个演讲持续几分钟。大多数句子不会给观众留下任何印象。然而，某些句子和妙语在脑海中挥之不去。它们似乎既是想象力的产物，也是费尽心力设计的结果。演讲者只是找到了合适的措辞。在辩论中，我们称之为精彩之词：

文采		
规则 #10 找到精彩之词	没有硬性规定，但精彩之词往往简洁，表达一个完整的想法，避免冗余、怪异和理想化。	**糟糕的表述：**"好公民不会无休止地提要求。他们力求尽己所能做出贡献。" **好的表述：**"不要问国家能为你们做些什么，而要问你们能为国家做些什么。"

下午晚些时候，我找到约拿，告诉他从集会中汲取的教训：观众似乎希望演讲者运用修辞来表现重要性、个性和文采；这一切似乎都源于我们人类固有的某种冲动；兼具重要性、个性和文采的演讲能够说服听众，而这仅凭理性论证无法做到。

乔纳听完做了个鬼脸，意思是他已经知道了。他耸耸肩说："想法本身并不能打动人。""人打动人。"

苏格拉底对高尔吉亚说，修辞无益，因为它利用了人类的弱点——轻信、无理性、反复无常。然而，反过来说也是对的：正是因为人有弱点，我们才需要修辞。

当我们试图说服他人时，我们不仅在与无知和不合逻辑对抗，还在与冷漠、愤世嫉俗、漫不经心、自私和虚荣心斗争。所有这些加在一起创造了"起身去行动"的门槛：在这个世界，说服任何人做任何事所需要的无限能量。这个门槛使得我们观点正确但却不令人信服。这个门槛会让我们的对手理解（甚至承认）我们观点的同时，依然拒绝改变自己的观念或行为。

为了应对上述惯性，需要演讲者调动自己非凡的能量。我在想，最好的机会是否就是用修辞来对抗人性之恶呢？因为恰当的修辞可以唤起观众的同理心、同情心、怜悯之心和道德想象。

继约翰·昆西·亚当斯和约瑟夫·麦基恩之后，第三位博伊尔斯顿教授由一位 28 岁的杂志编辑爱德华·泰瑞尔·钱宁担任。在 1819 年的就职典礼上，钱宁宣布古典修辞学已消亡。他称，虽然社会曾经"不稳定和不正常"，但现在社会的组织架构更合理，人们接受了更好的教育。演讲术能把古代的观众推向狂热，但现代的观众更具洞察力。

因此，演讲者的能量大大降低。钱宁说："演说家不再像过去那样是个重要人物了。""（现在）演说家本人只是芸芸众生的一员，就共同利益与大家展开商讨。"

在我看来，这并没有损失什么。那么，如果无法在古典的灰烬中找到能让现代修辞学复兴的东西，怎么办？这就意味着我们必须创造一些新的东西：一种不强迫人们认同而又能紧紧吸引住他们的表达方式。

...

大学校园里，5 月底标志着学年的结束。随着太阳越来越高，天气越来越潮湿，我和三个室友搬出了大一新生宿舍，住进了大二的宿舍。约拿和我选择同宿舍再住一年，我们和即将成为室友的朋友约翰一起度过了暑假打包行李的最后几天。约翰是来自佐治亚州亚特兰大的飞盘冠军，人很随和。

宿舍凌乱不堪，外面，舍管在院子里展开了巨大的深红色横幅，摆开一排排折叠椅，形成巨大的方阵。在一年的大部分时间里，大学就像一组组筒仓。然而，在毕业季，一切发生了短暂的变化，来自世界各地的 3.2 万多人聚集在这里。干吗呢？领学位证书，听一大堆演讲。

在毕业典礼上发言被视为极大的荣誉，只有两次机会。一次是由同龄人选出，在毕业纪念日向同级学生们发表演讲；还有一次是由全体教员选出毕业典礼演讲人。这些过程由大学管理部门精心筹划。但我听过一个发生在 19 世纪的故事，讲的是一个叫克莱门特·摩根的人，他让整个过程陷入了混乱。

哈佛大学成立之初，选择毕业纪念日演讲人的不成文规定是："非美国西部人或南方人，非犹太人，非爱尔兰人，更不能是黑人。"这个发言人是为波士顿权贵阶层的儿子们留的。但是 1890 年的毕业生决定反抗此规定。他们以一票险胜，选克莱门特·摩根作为毕业纪念日演讲人。摩根是一位出色的学生演说家，先辈曾是奴隶。

全国各地的报纸都报道了这一消息，一些人嘲笑"黑人洗衣女工"将在毕业典礼上取代波士顿上层权贵。摩根创造的史无前例还在继续。1890 年 5

月，毕业前一个月，哈佛大学举行了一年一度的比赛，选出六位毕业典礼演讲人。44名学生，约占毕业班人数的十分之一，参加了由七名成员组成的委员会的面试。评委中包括在任和将就任的两位修辞学与演讲学博伊尔斯顿讲席教授。克莱门特·摩根凭借关于加里森派废奴主义者的演讲再次赢得作为毕业典礼演讲人的殊荣。但这一次，另一个非洲裔美国学生表现得比摩根更为优秀，被五位评委评为第一名。他的名字是 W.E.B. 杜博伊斯。

一些教师认为，挑选的毕业演讲人两位是黑人，这有点问题。在周末的审议中，校长查尔斯·艾略特权衡再三还是反对让两位黑人演讲人都发言，最终委员会决定用一名白人学生取代摩根。法学教授詹姆斯·塞耶因学校"令人遗憾地拒绝了一个伟大的机会"而辞职，他说："由一个纯血统的黑人，一个最适合为奴隶发声的奴隶之子，为黑人种族事业发声，将会多么感人、多么引人注目！这样的机会不会再有。"

6月20日，是个周五，即将毕业的四年级学生一早便在校园里集合，步行到桑德斯礼堂参加毕业日活动。天空晴朗，炎炎烈日下阵阵清风拂过。但礼堂里面阴暗而潮湿，一顶顶枝形吊灯（包括房间中央一个1040磅[1]重的庞然大物）照亮一排排褐色长椅。

克莱门特·摩根的演讲题目引自爱默生的一句话："去帮助那些无助的人。"他以标准的毕业演讲开始，谈论着大学生活的甜蜜苦涩，充满对母校的溢美之词。但演讲进行到一半，摩根用了一个尖锐的类比：

公共演说家们认为，他们在演讲时特别注意要让声音传到听众里坐在最远处的那个人，他们相信，如果那个人能听到，其他人便都能听到。那么，在

---

1. 约为 471.74 千克。

你与世界的关系中，在你为人类服务的过程中，你是否把接触最底层的人作为你的职责呢？我指的是那些不具备你所享有的优势、在逆境中挣扎，深陷在无知、粗鲁和不幸深渊里的人。他们可能正在渴望和努力追求更高、更好、更高尚、更真实的东西，虽然方式不完美。请走近他们。

说完这些，摩根从对个人经历的详述转而谈到更普遍的原则。最后，摩根恳求毕业生们尽全力"防止民主走向凋败"。

五天后，在同一个礼堂，杜博伊斯发表了毕业致辞。他选择了前南部邦联领导人杰斐逊·戴维斯作为演讲的主题，将其描述为"一个怪异的斗士，带领人们为脱离联邦而战的目的是不让另一些人获得自由"。杜博伊斯不仅把戴维斯作为一个人来描述，而且把他描述为民族矛盾的化身：

如果说一个民族妨碍了文明的进程，那毫无疑问是自相矛盾的，而如若人类文化体系的基本法则是：一个种族的崛起建立在另一个种族的毁灭之上，那么这样的体系只是一场闹剧、一个谎言。然而，这就是杰斐逊·戴维斯所代表的文明类型。

就这一点来说，杜博伊斯与摩根背道而驰。他用美国南部邦联领导人的生平故事让抽象的观念具体生动起来。演讲受到观众的热烈欢迎。一位教授在华盛顿的一份期刊上撰文道："杜博伊斯，这位毕业典礼上的有色人种演说家，大获全胜。我见到的所有人一致认为，他当时星光闪耀。"

...

在一个阳光明媚的星期五早晨，暑假前最后一次在院子里闲逛，管理员在纪念教堂[1]旁搭建大舞台时，我感到自己仿佛回到了1890年那两位演讲者取得非凡成就的时刻。他们走上舞台时，一定没有什么特别引人注目的地方。摩根身高不到一米七，肩膀宽阔；杜博伊斯很瘦，留着整齐的胡子。从礼堂的后面看过去，两个人一定显得很微小，比伸出的拇指大不了多少。然而，一开口，他们的形象在观众眼里顿时高大起来。

这两位演讲者将继续他们开拓性的事业。克莱门特·摩根将在哈佛法学院深造，随后成为民权律师和政治家。杜博伊斯将成为第一个从哈佛大学获得博士学位的黑人，并将帮助组建全美有色人种协进会。

毕业时，他们是即将开启职业生涯的年轻人，而且他们证明了自己的能力。摩根和杜博伊斯来到哈佛大学的时候，修辞学正日渐衰落，写作课在全国各地的课程中占据了一席之地。他们试图通过雄辩的演讲留下些印记，尽管雄辩术经常被用来当作诽谤中伤和排斥的工具。在这样做的过程中，他们延续了几千年来一直受到批评和嘲笑但从未被挫败的一项传统——修辞。

几天前，我得知法内勒和我作为排名第一的一对辩手，将代表哈佛大学参加12月在马来西亚吉隆坡举行的世界大学生辩论赛。这让我无比胆怯，已经开始担心接下来七个月的艰苦训练。然而，我也为自己属于这样一个社团而欣慰，这个社团十分严肃地对待言辞和演讲，我们艰苦的准备工作一定会有所回报。

穿过院子，大概一百米远的地方，今年的毕业致辞者们正在排练。一位身高不足一米七、头发浓密飘逸的本科生站在纪念教堂高耸的柱子旁的榆树下。当她开始用她那充满活力、清亮的声音讲述她在中东的童年时，我感到我们之间的距离在拉近。

---

1. 全名为哈佛大学纪念教堂，为纪念死于第一次世界大战的哈佛学子于1932年而建。

她的演讲是一篇颂词。她请听众们将自己视为受环境影响但不受环境限制的人。她引用作家朗达·贾拉尔的话，将在某个地方的生活经历比作"赤脚跑步，脚上沾着沙子、小石子、仙人掌、种子和草，直到我们穿上鞋子，而鞋子是用我们跑步时捡到的所有东西做成的"。最后，她请毕业生走出大学校门，去世界各地留下好的"足迹"。

这个比喻朴素而优雅。每当想起她，我都仿佛看到心怀世界的演讲者，也仿佛在她身上看到了整个世界。

5

说到心坎，
笑到最后

参加世界辩论锦标赛意味着开销。辩论赛的花费比绝大部分活动都少 ——它仅需要纸张、笔以及订阅报纸 ——然而对于远程赛事来说，由于路费以及住宿费用不断上涨，我们辩论队常常处于资金紧张的状态。回顾整个 2014 年，在 12 月举行的世界大学生辩论赛之前，辩论队的成员们在波士顿高中辩论锦标赛中做着教练、裁判、搬运工和陪护人等各种工作。对我来说，这些比赛让我得以一窥美国高中辩论赛中的新奇世界。

　　10 月，一个周六的早上，天气清爽，我用力推开剑桥林奇与拉丁学校的那扇沉重大门，从缝隙中悄悄溜进校园。主教学楼的供暖设备发出巨大的噪声，充斥着我的双耳，我感觉自己好像一头扎入了水底。人们对美国高中生辩论锦标赛的第一印象往往是其宏大的规模。仅仅看一些统计数据的话，每年，"全美演讲与辩论联盟"为超过 15 万名学生和教练提供展示的舞台，一场比赛就可以吸引全美数千名参赛者。然而，置身于言辞激昂的人群中，我产生了一种独特的感受，我意识到自己之于这个世界是多么渺小。

　　这天上午，我担任了两场辩论赛的评委。离午饭还有段时间，自助餐厅旁边的房间里正在进行辩论，我决定进去看一会儿。这间教室很窄，一点儿都不通风，只有六七个观众。此时，讲台上一位来自加利福尼亚州的帅气小伙面带微笑，身体前倾着问道："大家准备好了吗？"

不等我点头，他已经按下计时器，随即便以令人目瞪口呆的语速开始了演讲——能做到如此"非人"的语速，得益于除了嘴巴以外，他身体其他部分就像是被冻住了一样，纹丝不动。小伙子以极快的速度说道：

叙利亚的战争是过去一个世纪以来最惨绝人寰的人道主义悲剧，各个国家应采取一切必要的手段，以制止并控制那些应该为自己反人类罪行付出代价的人，我们将联合起来，对叙利亚进行军事干预。

说完，男孩上气不接下气，贪婪地大声喘息，脸颊憋得青紫，不禁让我联想起人溺水的状态。其他观众都静静地沉默着，我看了看他们，想到了我们作为旁观者的"责任"。

那天下午晚些时候，我上网搜索一番，发现自己中午见证了一场"高速发言"。"高速发言"是竞争性辩论中"政策性辩论"的普遍特征，具体是指以每分钟 350 ~ 500 个单词的速度进行演讲。然而，这个速度并不是世界最快的。演讲速度最快的殊荣属于出生在多伦多的肖恩·香农，他于 1995 年创造了每分钟 655 个单词的纪录。此前的纪录是电子产品推销员史蒂夫·伍德莫尔于 1990 年创造的——每分钟 636 个词。肖恩的语速是拍卖师喊价时语速的两倍，是普通人正常语速的三倍。

很少有人通过自然方法练就如此快的语速，立志攻克"高速发言"的辩手必须经历一系列苛刻的练习：大声背绕口令，例如"灰化肥会挥发"，或者辩论时说出的每两个词之间插入一个词，例如"撒谎'香蕉'在'香蕉'道德上'香蕉'是'香蕉'不被接受的'香蕉'"或"我'苹果'最喜欢的'苹果'馅饼'苹果'是'苹果'苹果派'苹果'"，或嘴中含着一支笔进行演讲（有助于锻炼清晰发音）。辩论达人们将世界上语速最快的人的建议奉为圭臬，

"要练习憋气……换气肯定会影响说话速度"。

"高速发言"有其危险性，因此普林斯顿大学的政策性辩论团队建议，队员们练习演讲技巧不要超过 30 分钟，他们指出："过度练习会伤害你的嗓子，别笑，这是完全有可能的。"据说，有的辩手即使在日常生活中，也永远不能将语速放慢；有的声带长了息肉；更有些辩手为了使自己在辩论中跟上节奏，养成了可卡因依赖。

有些人认为，辩论中高语速的源头可以追溯到 20 世纪 60 年代末的休斯敦大学。该大学里一个富于进取的团队破解了一道简单的算术题，得出结论：论据越多，分数越高。另一些人则认为可以追溯到更早。还有一群人则从哲学角度追溯其起源。有位辩手曾活跃于 20 世纪 60 年代的政策类辩论巡回赛。2011 年，他对《高等教育纪事报》说："当时的辩论，人们说话速度比现在慢多了，但 20 世纪四五十年代的辩论者也还是指责我们说话的语速太快。"

政策性辩论允许参赛者提前研究辩题，这一点与"高速发言"相结合，才能取得良好的效果。由于顶尖的演讲者每分钟都能传达相当于一整页 A4 纸承载的信息，因此 8 分钟的演讲承载的信息量是巨大的。有些辩手为比赛所做的准备材料装在好几个大塑料盒子里，用拉杆箱拖来带去。1986 年，一位来自北得克萨斯州的辩手写道："我们的对手经常拖着四大盒子的材料，有的更可怕，拖着六个大盒子。"这位辩手自己也带着两大盒子的资料参赛。

几十年来，"高速发言"一直是美国政策性辩论的主要特征，但也有过两次例外。第一次是 1979 年在俄亥俄州辛辛那提市举行的政策性辩论全国决赛上，时任全美演讲与辩论联盟[1]执行秘书的丹尼斯·温菲尔德意识到，演讲过于追求语速了：

---

1. 全美演讲与辩论联盟：NFL，National Forensic League，一个主要由支持各类高中生辩论赛和个人演讲比赛的高中教育工作者和学者组成的协会，全美高中辩论冠军赛的组织者。

10亿秒之前，珍珠港遭到袭击。10亿分钟前，基督在世间传教。10亿小时前，人类尚未出现。10亿美元是联邦政府昨天下午的税收。在聆听完1979年的这场辩论决赛之后，我感觉在一个多小时的时间里，仿佛有10亿个单词被滔滔不绝地说出。

感觉语速过快的不只温菲尔德一人。当时，菲利普斯石油公司是全美演讲与辩论联盟的主要赞助商。该公司的一位高管认为，人们很难跟上辩论的节奏。他对联盟领导表达了这一观点。负责报道辩论赛事的《辛辛那提问询报》的记者写道："关于演讲的一个感觉就是 —— 辩手们太忙于说，没时间听。"

这轮辩论结束后的几个月里，温菲尔德和联盟管理委员会的其他八名成员批准创建了另一种形式的辩论：林肯－道格拉斯式辩论。该新模式的一个显著特点是，参赛者需要说服一名非专业评委，辩手要避免"证据泛滥和使用缩写的辩论术语"，应当"放缓语速，令人信服，尽量诙谐有趣"。

然而，"高速发言"极难控制。林肯－道格拉斯式辩论中，辩手们会加快演讲速度，以便涵盖更多演讲内容，这种做法很快普及开来，人们不禁开始质疑专门设立这种辩论形式的意义何在。

大约二十年后，2002年，有人试图改善这一状况，其方法出人预料。美国亿万富翁、美国有线电视新闻网的创始人、布朗大学辩论联盟（不怎么盈利）的前任副主席泰德·特纳开始赞助一种新型辩论形式 —— 公共论坛式辩论。公共论坛式辩论力图与林肯－道格拉斯式辩论有所区别，就如林肯－道格拉斯式辩论曾试图区别于政策性辩论一样，它试图采取一种能够说服外行听众的演讲形式。

另一项反对"高速发言"的尝试始于2006年，两位加州辩论赛冠军突然认识到其危害。路易斯·布莱克威尔和理查德·芬奇斯是非洲裔美籍人，来自长滩一所面向低收入家庭的公立学校。两人认为辩论越来越小众化，使得本就处于弱势的群体越发边缘化。他们批评的矛头直指"高速发言"："辩论就应当像真正的辩论一样，如果是政策性辩论，那就让我们展开争辩。不要再去比谁的语速最快了。"

政策性辩论模式下，辩手可以就对方发言中潜在的道德假设提出反对或"kritiks"[1]，之后要求裁判根据批评的有效性来裁决胜负。比如反方可以提出对方观点中存在神人同形同性论这一假设前提。辩论中，布莱克威尔和芬奇斯开始将"kritiks"瞄准辩论本身，而不是个别的论点或案例。他们穿着休闲随意，不时背诵保罗·弗莱雷的《被压迫者教育学》，间或诅咒怒骂几句。

两人在2006年的辩论季取得了几场重要胜利，但最终未能挺进每年在肯塔基大学举办的全美冠军锦标赛。纪录片《迎难而上》专门讲述了这对搭档的故事。美国最高法院法官塞缪尔·阿利托曾是普林斯顿大学的辩手，他用一句话总结了人们对这对长滩辩手的评价："我认为辩论有着某些不应改变的特质。如果你改变了这些特质，辩论的意义便会荡然无存。"

部分辩论观察员认为，演讲速度的加快及其导致的信息超载是典型的当代社会现象。20世纪80年代，个人电脑兴起，海量的事实和数据触手可及。随后，移动技术的兴起以及更快捷的互联网使信息的即时上传和下载成为可能。《连线》杂志在2012年刊登过一篇文章，文中将政策性辩论的辩手称作"高效且彻底优化的信息处理器"。

周六的深夜，我在为剑桥林奇与拉丁学校第二天的辩论赛裁判工作做准备，不由得回想起下午看到的情景，"高速发言"只是为了玩闹取乐罢了，不过是业已非常独特的行为的一个特色。然而，我怎么也摆脱不了一种感觉，辩手喉头的喘息声和永不停歇的话语节奏里，隐含着某种不光彩的动机：无意尽

1.kritik，意为反方可以主张正方的某一错误观念或假定前提是不可接受的，因此必须拒绝基于此的正方方案，或在拒绝正方方案的同时提出替代方案。

力说服，而是意在击垮。

· · ·

我参与的议会制辩论与政策性辩论的传统截然不同。政策性辩论的辩手往往自视为经历过深奥的艺术训练的精英，然而议会制辩论的辩手则把自己看作平凡的芸芸众生。议会制辩论喜欢平实、朴素的表达，甚至一定程度上的博眼球。因准备时间短，而且是闭卷准备，辩手的现场发挥极为重要，如此的结果是，双方并不是苏格拉底式的对话，而是真枪实弹的辩论。

尽管议会制辩论的灵感来自成立于1341年的英国议会下院，但辩论活动本身却起源于喧闹的伦敦酒吧和咖啡馆。17世纪开始出现临时的公众集会，大家聚在一起讨论当下的政治事务。后来，几经演变，这些集会成了更正式和更具阶级意识的辩论会社。这种喧闹激烈的争论文化是十七八世纪启蒙运动的特征，后来大学校园自然而然成为其另一个安身之所。在英国，学生们在圣安德鲁斯大学（1794年）、剑桥大学（1815年）和牛津大学（1823年）成立了辩论社团。到1882年，议会制辩论社团的数量已经增加到105个。在大洋彼岸，包括詹姆斯·麦迪逊[1]和亚伦·伯尔[2]在内的一群本科生是倡导辩论的先锋：他们于1765年在普林斯顿大学成立了辩论社团。

如今，大学辩论活动遍及全球，对此最为集中的体现便是世界大学生辩论赛（WUDC）这一盛事了。自1980年成立至今，其已发展成为一项每年吸引超过60个国家约500支队伍参赛的重要赛事，小说家萨莉·鲁尼[3]、美国参

1.James Madison，第四任美国总统（1809—1817年），美国开国元勋。

2.Aaron Burr，第三任美国副总统（1801—1805年）。

3.Sally Rooney，1991年出生，爱尔兰女作家。

议员泰德·克鲁兹和前麦肯锡[1]总裁凯文·斯尼德都曾参加过这项赛事。成千上万的网友会上网观看比赛中最精彩的演讲。演讲成为一种时尚和趋势，包括马来西亚、南非和立陶宛在内的国家都开始举办中学辩论循环赛。

10月和11月，波士顿进入了寒冷的冬季，我生活中的一切都让位于备战世界锦标赛。经常见到的只有室友约拿和约翰。看到拿着一叠《经济学人》杂志来到我宿舍的法内勒，连想谈谈恋爱的念头都会立马消失得无影无踪。另外，我还辞了哈佛深红报[2]的工作，这可是我最投入的一项课外活动。辞去深红报的工作使得我只能暂时把当记者的梦想束之高阁。那段时间，生活的圈子迅速缩小。

备战十二月世锦赛的那个漫长冬天，法内勒是我了不起的队友。他研修哲学和经济学，大脑活跃，谈话时展示出令人羡慕的知识面。宿舍里，人人信奉快乐至上，而法内勒秉承的是《圣经》教导的正派和责任意识。这个聪明的怪胎趾高气扬地走在校园里，不时发表着自己的评判。我们常常把对方逗得哈哈大笑。

在迪拜与法内勒一家共度平安夜后，我们两人启程前往马来西亚的吉隆坡，这是世界上为数不多的几个比迪拜对圣诞季更不在意的地方。我们于12月25日到达，那天的太阳早早升起，一整天都发着耀眼的光芒，我们汗如雨下。从当时拍摄的照片里能看出来，我俩的皮肤被汗水浸透，散发着明亮的光泽。我们乘出租车赶往酒店，一路尘土飞扬，我脱下外衫，半点不再想穿着风格时不时尚。

普尔曼酒店距离佩特诺亚斯双子塔不到一公里，看上去朴素实用。酒店

1.McKinsey，世界级领先的全球管理咨询公司。

2.深红报：*The Harvard Crimson*，哈佛大学校报，哈佛大学于1873年创建的校官方媒体宣传机构。

内，未成年人的愚蠢和做作随处可见。旋转门旁，一群黑衣人抽着香烟、皱着眉头，而那些自诩福斯塔夫[1]的人，大腹便便，赤着脚，在大厅里踱来踱去，寻找辩论的机会。两层楼中间的夹层处，未来的咨询顾问们穿着多功能背心，得意扬扬地看着发生的一切，一副置身事外的神情。世界学校辩论锦标赛[2]上辩手间的友谊和崇高的目标，在世界大学生辩论赛上荡然无存。竞争才是适用于这里的逻辑。

第二天早上，离第一轮比赛还有几个小时，我和法内勒被闹钟的嗡嗡声惊醒，我们一夜没睡安宁。我一边刷牙、熨衬衫，一边回忆起高中时熬夜观看世界大学生辩论赛直播的情形。我会把辩论录制下来反复观看，对所有回合对阵情况一清二楚——这个跟朋友们聚会时常耍的雕虫小技，却能产生无与伦比的代入感。然而我那时并不知道，镜头另一边那些熠熠生辉的人物正经历着怎样倒时差的痛苦，也体会不到他们对辩论的恐惧感。

在去往当地大学的空调大巴上，法内勒和我试图降低对比赛的预期。我对他说："初次参加比赛的人很少能走得很远，更不用说我俩这样刚二十出头的大二学生了。我们这次权当交入场费了，为明年能有个好成绩打打基础。"然而，脚踏实地不再抱有幻想时，我意识到自己刚才感受到的动感并不是汽车摇晃造成的，那是我的心脏一直在怦怦乱跳。

结果出人预料，我们连续赢了几轮。法内勒和我顺利通过了九轮预赛，我们说服裁判在叙利亚禁用互联网、激励发展中国家的城镇化进程。之后，十强赛、四分之一决赛和半决赛上我们一路过关斩将。辩题涉及跨界民族多重认同伦理、世俗泛阿拉伯民族主义的衰落以及建立妇女经济特区，等等。这七天

1.Falstaff，莎士比亚作品中的喜剧人物。
2. 主要是中学生参加。

里，法内勒和我几乎没有认真思考过我们取得的进步，我们担心哪怕些微的自我意识，都会打破让我们一路取胜的魔咒。

然而，有个问题不能忽视，我们的健康状况在恶化。不管是由于压力过大、饮食不合理，还是由于缺乏锻炼抑或通风不畅，辩手在比赛过程中往往会生病，问题是病会生在什么时候。对法内勒和我来说，每天早上7点在普尔曼酒店醒来，痛苦都会比前一天加深一分；喉咙越来越沙哑，肿痛长时间不消。1月3日，星期六，是总决赛的日子。天气闷热潮湿，日程排得异常紧凑。起床后，我发现床单上留下了好几处汗渍。离我一米半，法内勒在床上咕哝了一声，翻了个身继续睡去。

下午5点，我们身着西装、打着领带来到酒店宴会厅的后台。这里空间狭小，陈设给人一种人间炼狱的压迫感。四间一模一样的灰色房间中间由连廊连接，通风很好，我挺直腰板看着其他队伍，心怀恐惧。

世界大学生辩论赛采取的模式是著名的英国议会制辩论，与美国议会辩论的模式相同：正反方各由两名队员组成（正方又名"政府"，反方又名"反对党"）。后来，英国议会制辩论模式为正反方各增加一支两人组成的队伍，由此成为四支队伍：正方上院、反方上院、正方下院、反方下院。比赛设计者的想法是，每支队伍与另外三支队伍竞争：不仅要打败立场不同的另两支队伍，而且与另一支与自己同一立场的队伍相比，要保证自己的队伍贡献了更合理的论据。辩论的准备时间为15分钟，演讲时间为每人7分钟。

今晚的辩论，我们抽到的立场是反方下院。我们与两位年龄比我们大的英国辩手坐在反方席上。这两位英国辩手在BPP[1]注册入学，才获得了参加此次比赛的资格。另一边，牛津大学队的两位辩手，一位来自澳大利亚，罗德奖

1.BPP大学隶属于BPP教育集团，由Alan Brierley、Richard Price和Charles Prior共同创建。是英国唯一将学历教育与国际执业资质认证相结合进行教学的新型大学，是英国的资深教育培训机构。

学金[1]获得者，另一名队员是位才华横溢、言辞尖锐的本科生。而悉尼大学队的队员和我一样，都曾参加高中辩论巡回赛。正方将由牛津大学队开场，悉尼大学队结辩。

我们和其他三支队伍在连廊各自找了个位置，相互避免目光接触。在将近10分钟的时间里，我只能听到鞋子在油毡地板上摩擦的声音。接着，一位表情呆板、有些许拿破仑气质的裁判来宣读了辩题。他省去了所有的礼仪程序，只简简单单重复了两次辩题：

如果只有如此才能帮助手无寸铁的平民，人道主义组织应该被允许向非法武装组织提供资金、资源或服务。

在最靠近后台门口的休息室里，听到辩题的法内勒和我顿时陷入了恐慌。我们两人都不了解这场辩论的语境，能想到的几个要点，比如资助非法武装组织的道德问题，以及使这些组织合法化的风险等人所共知，反方上院肯定会对其展开激烈反驳。我俩就辩题展开了一番争论，盯着空空如也的记事本，最终确定了一个辩论方向：向武装组织支付赎金会削弱公众对慈善组织的支持。我们认为，由于这个论点太小，另外三支队伍可能会完全忽略它。

从我在舞台座位上的视角看，数千名观众似乎构成了一面背景墙，如一片黑压压的海洋，有的地方泛起涟漪，有的地方光影闪烁，但大部分像个谜团。不能通过视觉获取的东西，我会通过声音去理解。一阵阵叹息和窃窃私语声从观众席传出，大家各怀期待。在前两场演讲中，我发觉自己在倾听对手的

1.Rhodes Scholar，其评价机制的核心是领导力、领袖能力和全球视野。

讲话时精神紧张，而且听众的声音如同警报声一般吸引着我的注意力，让我分神。

对我来说，意识到大事不妙是在正方第二位辩手演讲的时候。这位来自牛津大学的演讲者是巡回赛中才思最敏捷的辩手之一。只见她将右臂在头顶一摇，如同挥鞭一般，随即，省略了所有的问候和介绍，直奔主题。只用时30秒，她就概述了四个论点——包括对武装组织的重新描述，以及为什么说贫困导致了武装冲突旷日持久，随后以极快的速度详细阐述了这些论点。她滔滔不绝地讲着，我感到一直在记录要点的那只手的筋腱仿佛要断了一般。

之后，我忙着想驳论陈词的时候，BPP的第二位辩手，一位身着燕尾服、有一口优雅男中音的男士走到中央，俯身撑着讲台，开始了他的演讲。他提出的观点是，即便决议通过，这些非政府组织的支持者也"不太可能提供这笔钱"——简单说，这正是我们刚才想到的观点，被他一说出来，我的心一时仿佛停止了跳动。

辩论时的法内勒好似一个核反应堆。对方的论点和他自己的观点一旦产生碰撞，便会迸发出无穷的想法，数量之多反而令他无法用语言清楚地表达任何一个。今晚，他沉默了。在耀眼的舞台灯光下，我从他的表情中读到了恐惧。我想，如果在那种情形下的是我，心中也会生出同样的恐惧。

"你有什么要说的吗？"

"没有，你呢？"

"没有。"

这位辩手后面的演讲以及接下来的演讲，我们只是懊恼地坐在那里，等待上场。

走向讲台的一小段路，全场的目光都聚焦在我的步态和姿势上，我感到心神开始游离。开始演讲时，我仿佛站在远处看着台上的自己。和平时的声音比起来，这次的音调听起来更高、更刺耳，配合这音调做的手势，看上去是那么陌生。90秒左右，我开始加快语速：

> 是的，这些武装组织将不得不寻找其他资金来源，但这是好事。首先，这种转变不是一蹴而就的，这就给了政府干预的机会。其次，许多组织根本没有资源来做诸如收购钻石矿之类的事情。再次……

我迅速说着一个个论点，体会到一种反常的慰藉。在语速和音量的保护下，我感到自己仿佛立于不败之地。观众肯定很难理解我的论点，但他们至少不会认为我不知所措、无能或害怕。因此我伸长脖子，大口呼吸，继续着我的演讲。在这种防御态势里，我体会到了"高速发言"的乐趣。

演讲结束后，刚刚心神游离在外的我，慢慢回到现实中来。舞台上，灯光仍旧炫目；我能感到汗滴在眉间的轻轻颤动，随后如眼泪一般从脸颊滑落。我用力挪动双腿，拿起讲台上的资料，心想过不了多久，观众席就会爆发出雷鸣般的掌声。然而，短暂的沉默让我听到了全部结果：我们输了。

...

决赛结束后的第二天早上，法内勒和我悄悄离开酒店，登上飞往菲律宾的航班。接下来的一周，我们来到朋友阿克沙尔家里，天天吃鸡肉，烹炸卤制换着来，成天赖在床上。经过了10天的高分贝辩论，日常交谈中柔和的声音（以及沉默），甚至含糊其词表示同意的"嗯"，听起来都像悦耳的音乐。

让我感到精疲力竭的并非吉隆坡的冠军赛，而是十几年来对于演讲和辩论的孜孜以求。我所有的衣服，没有一件不沾染着墨迹，每一件衣服口袋里都能找出一张索引卡或是便利贴。辩论赛后往往需要好几天声音才能恢复正常，但如今则需要更长的时间。"你为什么要辩论？"一天晚上，阿克沙尔问。我张了张嘴，却什么也说不出来。

2015 年 1 月的最后一个星期天，我们回到哈佛。夜晚如此宁静，雪下个不停。我告诉法内勒，我需要休息一阵子。辩论的这段时间，我忽略了太多友情，错过了无数的聚会；两个室友约翰和约拿饱受折磨，他们托我照料的一盆植物也已枯萎。在哈佛的学习生涯已接近终点，我不确定是否还能全心投入辩论，而法内勒值得拥有一个更用心的搭档。按照分手的剧本，我们上演着尴尬、生硬的谈话。法内勒对我表示理解。看着他忧郁的表情，我补充说，他当然可以自由地与他人组队。

我的辩论生涯在慢慢结束，但纷繁的校园生活对我来说才刚刚拉开序幕。新年伊始，讽刺周刊《查理周刊》[1] 位于巴黎的办公室里，发生了 12 人被杀的惨案，起因是这家杂志刊登了有关先知穆罕默德的漫画。接下来的几个月，欧洲爆发了"移民危机"；在美国，被警察杀害的非裔美国人数量不断上涨，另外，中期选举投票开始了。

哈佛并不是政治色彩最浓厚的地方，哈佛校园里曾经存在的反主流文化，此时已经销声匿迹几十年。利他林[2] 应当算是校园里最严重的违禁药了。大家最热衷的课外社团涉及咨询和银行业务，活动主要是扮演各种白领工作。人人都说太忙了，没时间参与政治。

这造成了一种反常的效果，使得校园里爆发的任何政治争论看起来都比实际情况更为两极化，因为我们听到的都是最激进的观点。如果那些争论只是茶余饭后的闲谈，倒也没什么，然而，争论逐渐占据电子邮件和社交媒体的头条，渗入大家吃饭时的闲聊，争论变得热火朝天时，人们觉得必须参与其

1.Charlie Hebdo，创建于 1970 年，是法国的一家讽刺漫画杂志。该周刊经常刊登辛辣大胆的宗教和政治类报道。

2. 一种中枢兴奋药。

中了。

大多数情况下，我没有理会这些争论。整个 2 月和 3 月，随着天气转暖，剑桥的居民甩掉了冬季的郁闷情绪，我和包括法内勒、阿克沙尔、约翰和约拿在内的七八个朋友来往越来越密切。我们一起赶作业——有时要轮流熬通宵——一起在有三间卧室的宿舍套间聚会。最好的时光当数在餐厅或草坪上，找张最大的桌子，从白天聊到深夜，再从深夜聊到天亮。

我们八个人常常互相说笑、谈论各自的生活。有其他朋友或邻居加入时，话题会变得严肃一些。大家就各种新闻发表意见，比如奥巴马医改案被提交至最高法院了、巴黎气候协定的准备工作，等等。谈论这些时，大家都希望法内勒和我多多参与。"等等，你不是最擅长辩论吗？"他们问。

对此，法内勒的唯一回应是："没错，是的。"这个人似乎做不到对分歧避而远之——在有论点需要被纠正或需要给出理由时尤其如此。大部分情况下，这样做对每个人都有益处，但法内勒时不时地会因卷入无休止的争吵而陷入深深的自责。

我跟法内勒恰恰相反。我从辩论中得到一条经验：争论开始容易结束难。即使是在有固定开头、过程和结尾的游戏中，人们也很容易被竞争中的情感逻辑所左右。情感逻辑常常会将演讲者引向错误，让我们在整个辩论过程中陷入持久的紧张与怨愤情绪之中。考虑到这种危险，必须明智地决定是否加入争论。

大约就在这个时期，我在大脑里列了一张清单，便于我就是否加入某场争论做出决策。这张清单列出了四个条件，我认为只有满足这四个条件，辩论才能顺利进行。它们是分歧是否真实、分歧是否重要、分歧是否具体，以及双方的目标是否一致（简称 RISA）。

真实：首先，我们应该确定是否存在真实的意见分歧。有些辩论是在没

有真正分歧的情况下发生的，人们会毫无主题地争吵不休。有人误解了他人的行为，或是反对某件事情，结果却发现，双方只是语言或侧重点上存在差异而已。最棘手的情况就是双方存在冲突但没有分歧。像"我不喜欢你的堂兄弟"这样的说法可能会让人反感，但这并不是一个合适的争论话题，因为没有与这个观点对立的另一面。

重要：其次，我们应该做出判断，看不同的意见是否重要到可以被认定为分歧。我们可能在许多事情上与他人意见不同，大多数不同是不具威胁性的，甚至是可取的。然而，有一小部分会引起分歧，因为我们认为这些不同非常重要，有必要进行一番争论。我不想规定人们应该如何做出判断，但我鼓励反思。对我来说，重要的争论要么触及我的基本价值观，要么对手是我所热爱和尊敬的人。在不考虑争论的重要性的情况下，我们会本能地陷入分歧，可能为了自尊，也可能出于防卫。陷入分歧的另一个原因可能是由于某个特爱跟人起冲突的人的挑衅。

具体：再次，我们应该确保产生的分歧足够具体，使双方能通过争论取得一些进展，进而在规定时间内解决争端。这也就是为什么诸如"经济"或"家事"这样无限宽泛的主题不适合辩论的原因。这样的分歧往往会因争论而扩大而不是缩小。想想诺亚·鲍姆巴赫的《婚姻故事》或理查德·耶茨的《革命之路》中那些艰难、漫长、惊天动地的争吵，对这一点你就会感同身受了。分歧不断升级，直到无所不包，一旦争论包罗万象，那么就没有什么得以幸免了，甚至包括说话者的动机或出身都会成为争论的对象。一个明确的主题能够防止辩论不断扩大。

一致：最后，我们应该检查自己参与争论的理由是否与对手的一致。人们辩论的理由各不相同：获取信息、理解不同的视角、改变别人的想法、打发时间，甚至是伤害对方的感情。争论中，我们不需要有和对手相同的理由，但他们的动机应该是我们可以接受的，反之亦然。例如，争执中，我们想改变他人的想法，但对方只是想从交锋的过程中学习一些东西，这是我们可以接受的。但是，如果对方争执不断，只是想表达对我们的愤怒，或伤害我们的感情，那我们就应该走开。

真实	双方存在真实的意见分歧。
重要	意见的不同足以重要到被判定为分歧。
具体	分歧足够具体，双方能够取得一定进展，进而在规定的时间解决争端。
一致	双方参与分歧的理由是一致的。

然而，尽管我对 RISA 倾注了极大的热情并付诸行动，却发现自己仍常常陷入糟糕的分歧之中。

秋季学期开始后，季节转换，漫漫凛冬来临。而春季学期就不同了，它孕育着希望。大约 3 月底，空气中添了些许温暖的气息；一到 4 月，树木和花朵都变得生机盎然起来。更重要的是，春季学期之后就是美好的夏季，我们有三个月的假期，这段时间是我们这些大学生唯一走出校园接触真实世界的机会。然而，有个障碍挡在我们和假期之间，犹如日食挡住阳光一般，那便是考试。

哈佛大学的考试季长达两周，这段时间学生的状态往往最糟糕。"考试"这个词成了一张王牌，可以用来解释任何不恰当的社交礼仪或未履行的个人义务。事实上，由于学生的成绩对暑期以及研究生阶段的工作机会有实质性的影响，一些激励措施反而助长了自私自利的行为。于是，有人好几周无视自己的朋友；学习小组成员之间动不动就相互斥责。"他们也就只能靠父母了，"法内勒看着这幅令人心寒的情景，摇着头说，"或者上帝。"

5月的第一周，周二下午，阳光亮得刺眼，离经济学考试还有不到24小时了。我和约拿约好了一起去餐厅吃午饭，但我迟到了。阳光下，约拿头上仿佛在冒着蒸气。早上他告诉过我，由于需要在校园的自行车修理店值班，午饭时间很紧张；而我，忙着准备考试，把这事忘了个一干二净。我拉开椅子准备坐下时，约拿开始激动地跟我发泄："迟到已经成了一种模式了，我觉得你不在乎我的时间。最近五次约会，你都迟到了。今天店里人手不够，我早上就提醒过你。你这样做对我的工作很不利。你想想我上次迟到是多久以前的事儿？"

约拿说我不在乎他的时间，这让我很难接受。然而，我还是深吸了一口气，心里默想了一遍RISA备忘录里的四个先决条件。争论是真实的（我确实在乎他的时间！）、重要的（这牵扯到品格问题）、具体的（我们争论的是我"粗心大意"的一个具体实例）、一致的（我们对彼此的动机没有质疑）。因此我开始回应："我当然在乎你的时间。你是我最好的朋友。"

我一边说着，一边想起约拿刚才指责我的话，我极力控制自己的情绪，反问道："什么模式？别忘了上星期五你让我在科学中心等了将近半个小时。"我盯着约拿的脸，看了看他的反应，继续说道，"而且，你自行车店的老板是个嬉皮士，看起来手无缚鸡之力。我觉得你把这份兼职看得太认真了。听着，我知道我迟到了，但这些事儿用不着上升到品格评判吧？"

我每说一句，约拿的眉头就皱得更紧一些，脸也变得通红。当他收拾起托盘往外走，准备去自行车店值班时，已经气得脸红筋涨了，"我们回去再谈。"他气鼓鼓地说。

我独自在餐厅里吃着沙拉，脑子里回想着刚才发生的一切。开始，我们产生分歧是有道理的，但后来愈演愈烈，变得无法收拾。我其实知道，反驳对方的每一项指责都是徒劳的：这消耗了一个人阐述自己论点的时间，而且会让他成为别人眼中不可理喻的摇头一族。然而，约拿的谬误之处让我无法抵抗反驳的冲动。

在我看来，这似乎是 RISA 备忘录的一个局限：即使是前景最光明的辩论，也可能随着时间的推移而陷入泥潭，变得无济于事。约拿一开始就是各种抱怨，而我也大倒苦水，在此基础上的讨论既复杂又尖锐。

要阻止矛盾不断升级，我们不仅要考虑整个辩论是否值得，而且要做出选择，明白应该对争端中的哪些主张提出异议。要做出这样的选择，考虑两点就够了。

必要：要解决争端，是否必须就这个论点展开争辩？

发展：就这一论点展开争辩（无论是否必要）是否有利于解决整个争端？

如果这两个问题的答案都是肯定的，那么你就有充分的理由去做出回应。

约拿最初的抱怨中，似乎只有两项符合上述要求。一个是，最近的五次会面我都迟到了，这是我粗心大意的主要证据。这一点我需要给予回应。另一点是，我今天下午特别不考虑他的感受。这一点对整个争端来说可能是不必要的，但鉴于它在挑起争端方面的直接作用，对此进行争论可能有助于我们在解决争端方面取得进展。

剩下的那些抱怨，我大可不予理会。因为在这些问题上，我们可以有分歧，但不妨碍我们在解决主要争议上取得进展。为了防止分歧演变成全面战争，我们必须允许可被接受的异议存在。

下午晚些时候，在回宿舍的路上，经过马萨诸塞大道上 24 小时营业的商店时，我进去买了几样零食以示求和。一路上，我不停地预演着要跟约拿说的话。后来，往二楼的宿舍走时，我想，表达分歧需要智慧，要能判断出什么时候该争论，什么时候该释然。从哪里可以学到这种判断力呢？当时我不知道的是，这一年，我决心远离糟糕的争论，却由此遇到了意想不到的新挑战。

...

6月16日上午，离我夏季打工的办公室只有几个街区，商人唐纳德·特朗普沿着特朗普大厦的金色台阶拾级而下，宣布参加总统竞选。他的演讲从夸张（"我将成为上帝创造的最伟大的总统"）转向荒谬（"相信我，建围墙没有人能比我建得更好，而且花费不多"）。他的演讲还带有几分恶意（"他们带来毒品，带来犯罪，他们是强奸犯，当然，我猜，其中也还是有好人的"）。

那天晚上，我们一行人在公寓的屋顶上喝酒，来自纽约的朋友们跟我保证说，一切都会过去的。"他已经这样说了好多年了，没人把他当回事。"他们说。我和谈判桌上的其他非美籍人士老生常谈，说着美国政治的不可思议之处。那晚我们彻夜长谈，度过了又一个漫漫夏夜。

然而，9月重返校园开启我的大三生活时，我发现人们都心事重重地谈论特朗普。最反对他的是妇女、移民和被边缘化的人们，他们觉得特朗普针对的就是自己。那天，在二楼拥挤的宿舍里，约拿对当地社区的社会关系展开重点研究后，就人们之所以忧心忡忡的原因发表着自己的看法：表面上看着不错，但实际情况是制造业崩溃，不实信息在网上肆意传播，仇外情绪明显，民众偏执盲从，人们已对政治不抱幻想，对经济彻底失望。

约拿说的这些担忧我都知道，但从没有认真关注过。我对特朗普最深的了解就是：他居然是《名人学徒》的主持人。然而，我看到了一个恶毒的表演者所造成的危险。在言论自由的保护下，仇恨情绪渗透在这位表演者的字里行间。对于这样一个人，应该做出怎样的回应呢？是限制他们的言论，还是将其视为民主自由的必要代价？看得出来，争论已经开始慢慢波及校园。

刚刚过去的这一年，美国和英国的大学里纷争不断，因为学校邀请了许多有争议的名人，授予他们各种奖项并请他们发表公开演讲。位于马萨诸塞州沃尔瑟姆市的布兰迪斯大学距离我宿舍不到 10 英里。它曾承诺授予阿亚安·希尔西·阿里荣誉学位，但因其对伊斯兰教发表的口无遮拦的评论，学校收回了承诺。"原本是一种荣誉，但现在这个时刻我感到耻辱……他们只是想让我保持沉默。"阿里在《时代》杂志上发表的上述声明被争相传阅。

有史以来，政治正确一直非常奏效，拒绝给予冒犯性言论以传播的平台。例如，保守的大学行政部门曾禁止马尔科姆·艾克斯[1]等革命分子进入校园。如今，右翼政治家和媒体人士进一步施加影响，要求维持大学校园的"安全空间"[2]，以此作为展开文化斗争的途径。他们说，此番情景将会妨碍自由、破坏高等教育甚至西方文明。若情形不断升级，每个人都会与有关少数族裔学生社团的决定息息相关。

从许多方面来看，有关禁言的争论古已有之。1968 年，英国保守党政治家伊诺克·鲍威尔发表了一场极具煽动性的演讲，反对英国接纳大批移民："展望未来，我心中充满了不祥的预感。像罗马人那样，我仿佛看见'台伯河里鲜血泛起泡沫'。"关于"血流成河"的演讲让英国政治中的某种恶性因素得以释放。在 1969 年的地方选举中，英国民族阵线有 45 名候选人，这是一个起源于法西斯主义的极右翼政党。他们的平均得票率为 8%。鲍威尔对自己演讲的预测最终成为现实："我要在本周末进行一场演讲，它会像火箭一样'嘶嘶作响'地升空；当所有的火箭都回到地球，唯独这一枚会一直留在上空。"

正如历史学家埃文·史密斯在《无处发声》一书中所述：左翼团体倾向

1.Malcolm X，伊斯兰教教士，美国黑人民权运动领导人物之一。
2. 此举意在将煽动仇恨歧视、冒犯挑衅的言论阻隔在大学校园之外。

于使用同样的策略去阻止极右翼势力的崛起，即不给他们的领导人公开发言的机会。1972 年 9 月，国际马克思主义组织的报纸《红鼹鼠报》头版要求"不能给种族主义者以传播信息的平台"，并呼吁其成员采取强制措施，阻止英国民族战线及其他类似组织集会或向公众传播思想。国际社会主义者又增加了一条重要的禁令：禁止法西斯分子参与公开辩论。"每一个与他们辩论的自由主义者反而是在给予他们帮助 —— 这与自由主义者的意愿背道而驰。"

1974 年 4 月，左翼团体的学生代表取得不朽的成就。活动积极分子成功使投票转向，英国全国学生联合会大会以 204 619 票同意、182 760 票反对，促使高校学生联合会通过了"不予平台"政策，该政策敦促成员"采取任何必要手段（包括打断会议）"，公开阻止种族主义或"已知支持类似观点的个人在大学发表演讲"。

在接下来的四十年里，英国全国学生联合会以及公众舆论对"不予平台"这一理念不断发生演变。例如，20 世纪 80 年代，玛格丽特·撒切尔政府对这一政策进行强烈打压，要求大学确保"不能因为个人的信仰或政策原因拒绝学生使用学校内任何场所"。英国有关"不予平台"的许多典型论点，重新出现在美国校园有关"禁言"的讨论中。2015 年 1 月，芝加哥大学发表了一份关于言论自由的声明，其中总结道："辩论或审议不应因提出的观点被一些人甚至多数人认为是无礼的、不明智的、不道德的或固执的而受到压制。"该年 9 月，美国总统巴拉克·奥巴马也为言论自由发声："任何和你对话的人，如果你不同意对方观点，你应该和他们争论。但你不能通过跟他们说'我太敏感了，听不得你要说的话，所以你不能来'而让其沉默。"

没有什么能说服我参与到一场关于"禁言"的激烈辩论中。一旦有关于这个问题的讨论，我会严肃地点点头，承认它的复杂性，然后讲个笑话或者谈与之相关的其他事来转移话题。但 9 月最后一周，一个宁静的晚上，我终究没有逃过这个话题。

每个秋季学期，哈佛大学辩论联盟都会为其他大学的辩论队举办一场比赛，以获得联盟运行的大部分开支。尽管我已从辩论队的日常运作管理中抽身而出，但联盟理事会还是要求我协助完成一项任务：选择辩题。这是比赛组织中最具争议性的任务之一。晚餐时分，我推开昆西楼[1]的大门，走上通往餐厅的台阶。爬到一半，我意识到自己紧张得一直在屏着呼吸。

紧挨昆西楼后方的餐厅里，也就是理事会开会的地方，我们十位资深辩手，围坐在一张狭窄的椭圆形桌子旁。拿桌上的鸡肉和沙拉时，由于彼此间距离太近，胳膊肘会撞在一起。不到 15 分钟，就爆发了第一次争吵。"如果我们不突破话题的边界，辩论怎么能取得进步？"蒂姆问道，他是一位真诚的诗人，来自夏威夷。"你说得没错，但周六一大早展开一场不着边际的辩论还是有点不太合适。"茱莉亚回应说。茱莉亚是个医学预科生，学业之余在救护车上做志愿者。随后，房间里的其他人仿佛被这场冲突刺激了一般，都身子前倾，显出一副勇猛无比的对抗姿态。

最激烈的争吵事关一些备受争议的辩题：

政府不应该支付变性手术的费用

上帝不存在

在我看来，此种情形似乎很难用 RISA 备忘录来衡量。大多数最具争议性的论点都是真实、重要、具体的，并且在意图上是一致的，但满足了这些条件就构成了参与辩论的充分理由吗？还是说有些争论最好应该避免？

为此，17 世纪中期，英国哲学家托马斯·霍布斯给出了明确的答案。他

1.Quincy House，哈佛大学有 12 座宿舍大楼，昆西楼是其中之一。

认为，辩论必然会导致可怕的冲突，因为"仅仅意见不合就是无礼的……相当于称某人为傻瓜"。对于宗教等有争议的问题，这一观点尤为突出。在这些问题上，人们有义务避免公开性的辩论，而应保持学者特蕾莎·比扬提到的"礼貌性沉默"。

虽然我不赞成礼貌性沉默，但我认为与沉默相对的形式 —— 辩论 —— 并不适用于某些敏感话题。辩论巡回赛上最可恶、最盛气凌人的便是这些人。他们自我认定为持异见者，把言论自由的权利误认为可以随意恶语相加的许可证。他们认为，在追求真理的过程中，绝对不能感情用事，否则就是"姑息娇纵"。这样的想法肯定会把大多数人逐出思想交流的平台。

确定辩论主题的讨论会上，这些想法在我脑海中反复出现，于是我脱口而出问道："我们，呃，能不能不要制造不必要的争端？"房间一片寂静。我旁边的自由论者已经准备要好好"猛击"；第一个打破寂静的声音是从桌子的另一头传来的。

黛尔是老资格的队员了，专长是"公平"问题。"公平"一词适用的场景包罗万象，从做介绍时代词的选择[1]到性骚扰政策都适用。在辩论圈，有关公平的话题常被用来提升辩题的安全性和包容性。黛尔性格内敛，说话轻声细语，但身上自带一份严肃认真、明辨是非的气质。针对我的问题，她讲了个故事作为回应。

黛尔自小生活在一个思想保守的小镇，有关性别、政治、道德等的话题一概被认为是不能碰触的禁忌。后来，在辩论中黛尔才找到了探索这些话题的空间。"我见过一些可怕的辩论，"她说，"但至少在辩论领域，逻辑论证才是王者，人们必须紧扣主题，而不是将辩论演变为人身攻击。如果在辩论中都不

---

1. 例如用代词 they 代替 he 和 she，指代第三种性别的人。

能讨论这些问题，那我们还能在哪里讨论呢？"

在我看来，黛尔所描述的是一种不同寻常的安全空间——不是避免分歧，而是为分歧的存在提供一个安全空间。她说："与其回避敏感话题，不如讨论如何就敏感话题展开有效辩论。""有人把希望寄托在我们身上。"

因此，我们必须设法弄清楚如何就争议展开有效的公众辩论：

首先，我们制定了一项严格的规则：人与人之间的道德立场是平等的，这一点不容置疑。这不是礼节之类的小问题，它事关自我保护。其基本理念是，人们有被倾听的权利，并且人们在辩论时表达的想法理应被平等对待。如果没有这个前提，思想的交锋就会变成一场装模作样的表演。因此，"北欧人是不道德的"或"穆斯林是对社会的威胁"这样的辩题是绝不能被容忍的，因为这与辩论的基本精神背道而驰。

接下来，我们探讨了举办公开辩论的象征意义。主办或参与公开辩论有着政治层面和个人方面的双重影响。无论是在有线电视上，在市政厅里，还是在大学校园里，每一场正式的辩论都有其含义，即辩论的主题值得我们关注，而且有关这个问题的正反两种观点都有其合理性。得以展开辩论已经表明了辩题的合理性，即分歧是真实、重要、具体、一致的！这让我觉得，RISA 备忘录并非一个便于应用的发明，它只是把我们早已形成的对有效辩论的期望用语言表达了出来。让一个并不符合 RISA 标准的话题成为辩题，就等于降低辩论本身的可信度。

最后，我们提醒自己，辩论的责任由人来承担。表达自己的观点并接受挑战对任何人来说都会带有一定破坏性。但有些人感觉辩论中人们的情感过于强烈直露，充满人身攻击。对他们来说，这种破坏力难以承受。作为辩手，我们必须关注这类人——不是因为他们过度敏感，而是因为他们是人，容易受伤，容易感到疲惫。少考虑意见分歧的自由，多想一想我们肩负的更有效地表达分歧的责任。

针对个人分歧以及公众分歧，从政治层面而言，RISA 备忘录提出的四个条件似乎会拖后腿：辩论白热化的时候，需要做出快速反应的时候，RISA 备忘录却要求我们放慢节奏、对具体情形展开一番思考。

大学期间对我影响最大的老师之一、文学学者伊莱恩·斯凯瑞认为，需要达成一致意见时，"阻塞"往往会大有益处。"阻塞"是各种阻碍和检查，它们让进展放慢，迫使人们反复确认。比如，结婚仪式为双方提供了充足的反悔机会（包括沿过道走上礼台的长路）。再如，一些不是那么重要的医疗程序，通常包含一段持续几周甚至几个月的冷却期。

斯凯瑞教授认为，"阻塞"在冲突情境中发挥着极为重要的作用。如果集体生活的目的之一是保护自己不受伤害并维持和平，那么对一个国家和它的公民来说，没有什么比故意伤害一个人更严肃的事情了。因此，必须谨慎。这也就解释了为什么在有罪裁定和实施惩罚之间会有层层申诉。从历史上看，一对一的对决程序，例如欧洲文艺复兴时期的决斗规则，对各种决斗动作做出了详尽复杂的规定，设置了各种"间断"和其他机会，允许参与者选择退出。对斯凯瑞教授来说，于冲突中达成一致在反对核武器这一问题上显得最为紧迫。核武器具有巨大的破坏力，根本不会给人进行理性思考的机会。

从更细微的视角出发，可以洞悉斯凯瑞教授理论的深刻内涵。日常生活中，我们可能遇到的最严重的争执便是口头争吵。这样的争吵会让我们精疲力竭，深受伤害。然而，争吵中我们很少停下来，给自己一个机会去想一想，双方是否都同意参与这场争吵。相反，神经突触一旦被激发，犀利无情的话便喷薄而出。争论是否值得的问题，只有在事后回想时才会想到。

对我来说，RISA 备忘录和确定辩论主题时的种种考虑为分歧提供了必要的"阻塞"。这样做的目的并不是要阻止每一次争论，而是要阻止糟糕的争论，以便我们能够专注于最有价值的争论。在我们这个有太多机会表达分歧的世界里，我们必须有选择地参与论战。此外，我很快便会知道，远离无休止的辩论大有裨益。

...

主题设定会结束后的几个星期里，校园秋意渐浓，我发现自己又不由自主地总是想起辩论。一开始，只是不由自主地上网搜索最近的联盟赛结果，看各回合的视频，之后，慢慢发展到和法内勒就我们过去参与过的辩论进行长时间的探讨。10月第二个周末，恰逢哥伦布日，在往返上课的路上，我默念着自己的观点和修辞妙语。

我很享受将近九个月没有辩论的日子。我留起了头发，开始定期锻炼。朋友们知道我不会每个周末都离开学校去辩论，而是会留在学校里，于是开始与我分享生活中更多的时光。我发现自己经常长时间地陷入对浪漫爱情的想象中。从2005年开始算起，我的辩论生涯已十载有余，今年是我第一年没有获得任何奖项，但我觉得这样挺好。

不参加辩论的这段时间里，我反而对辩论滋生出一些留恋之情。有人说辩论就是肤浅的夸夸其谈：人们怎么能把商业代孕或税收政策这类复杂的问题，简化为两小时的唇枪舌剑呢？对此我丝毫不会反驳。在辩论之外的世界里，我不会想这些。日常生活中，谈起一些纷繁交错的话题，不管是各种冒犯性的观点，还是一些煽动性的专栏文章里的看法，我都思维敏捷、反应迅速。相比之下，辩论却要求我提前准备，倾听反方观点，紧扣辩论主题。当然，辩论活动不像学术研究那样一丝不苟，但也不像学术研究那样令人痛苦。

我的宿舍里有一个满是灰尘的书架，我把辩论奖杯放在最上面一层，一般看不到。这些廉价的奖杯形状类似：底座上放着一个或两个小雕像，站在讲台后面正在辩论。过去，我只是注意到这些奖杯上仿金或仿银的颜色，以及代表获奖等级的数字。然而，现在我注意到的是上面的人物，他们竭力想让自己的观点被人听见。

过了几天，我去法内勒的宿舍找他，请他在12月的世界辩论锦标赛上与我并肩作战。我一直害怕向他提出这个要求，但想到两年前，我们刚入学没几天，他就鼓足勇气向我提出组队，顿时感到一丝轻松。法内勒嘴里说着他知道我会回来的，一把将我拥入怀里。是的，我们是在距离比赛开始不到两个月的时间开始准备这场辩论的。我们彻夜研究热点问题，分析之前辩论赛的录像。课上我沉迷于各种论据和措辞，几乎所有的课程内容都没听进去。有得就有失，我心甘情愿。

12月底，我们在亚特兰大与法内勒一大家子一起过圣诞节，随后，登上了飞往希腊古城塞萨洛尼基的航班。在飞机最后一次下降高度即将着陆时，法内勒告诉我，他觉得自己在这次比赛之后再也应对不了任何比赛了。"我累了，伙计，"他说，"所以不管怎样，这都是我们的最后一次辩论了。"

对那些喜欢寻找好预兆的人来说，我们此次胜利的迹象无处不在。这座城市是希腊第二大城市，曾经是整个拜占庭帝国的第二大城市，是以亚历山大大帝"同父异母的妹妹"塞萨洛尼基命名的。而塞萨洛尼基的名字来源于在希腊城市塞萨利取得的一场胜利。史载这场古希腊最血腥的战争中，马其顿人取得了最后的胜利。但我们发现了警告的迹象。这个城市的守护神，一个名叫狄米特律斯的英雄士兵被矛刺穿了身体。在他青年时期的木质画像上，他熠熠生辉，但脸上却挂着几分悲伤。

法内勒和我顺利通过了前12轮比赛。名声和经验的力量推着我们轻松前行，但我们知道，单凭这两点不足以获得最终的胜利。观众足够多而且裁判足够公正时，论辩中双方无处可藏，必须一遍又一遍地证明自己。

比赛进行到第八天时，大多数队伍已经出局。只剩下四支队伍：一对组合来自悉尼大学，我高中时就认识他们；一支是由牛津和剑桥的资深辩手组成的队伍，他们在塞尔维亚的一家机构报名参赛；还有一支实力强劲的队伍来自多伦多大学，曾是我们在北美巡回赛时的对手；再有就是我们。登上巴士前往决赛现场的路上，我们简单地相互致以问候。车里异常安静，只有雨水打在车顶，发出滴滴答答的声音。

路上车辆不多，离目的地不远了。我感觉肾上腺素还没开始起作用，不敢闭上眼睛静心休息。窗外，古老的拜占庭建筑夹杂在快餐店和手机零售店之中呼啸而过。我不停地抖动双腿以驱走疲惫感。"再过两个街区就到了。"一个亚里士多德大学哲学专业的学生大喊了一声。他是赛事组织者之一。

公共汽车在塞萨洛尼基音乐厅外停了下来。入口处的横幅上印着今年冠军赛的官方口号："辩论归来"。走进空调大楼，一位热情的导游迎接我们，提醒大家比赛场地不允许吃喝。也多亏有这项规定，此时，有关吃喝的一切，都会立刻让我的胃翻江倒海。

大厅的后台黑暗而幽深。墙壁、地板和天花板都是黑色的。四支队伍从一个没有任何标记的盒子中抽取各自的立场。

此时此刻，我想起了三年前的世界学校辩论赛总决赛，我们澳大利亚辩论队的教练布鲁斯给我提出的忠告：

每场辩论都包含大量分歧，你必须选择针对哪些去争辩，而哪些应该忽略，总决赛中尤其如此。成功者不为小事伤脑筋。他们知道要在辩论中找到真正值得辩论之处。

当我把这个建议告诉法内勒时，他突然大笑起来。

"所以这场将是我们'最值得辩论的辩论'，"他大声说，"我们有什么可失去的？"

4个小时后，法内勒和我坐在隔壁的餐厅里，焦急地等待着结果。闭幕式正在餐厅前方的舞台上举行。大学和地方政府官员发表了长篇演讲，并象征性地交换钥匙。还有人唱了支歌。

一开始我看到东西就感到反胃，后来却因压力太大吃了一整盘朵尔玛[1]。后来，四支进入决赛的队伍被叫到房间前面。大家都期待着结果的宣布，我们点头示意，有人相互拥抱。大家都清楚，彼此势均力敌。评判过程耗时将近 3 个小时，意味着任何一方都有获胜的可能。

解救我们的声音响起，语调听起来是如此轻快："正方上院。"我们赢了。

1.Dolma，土耳其美食，起源于土耳其奥斯曼帝国时期，将肉跟米饭混合后填充在各种食材里，主要有青椒、葡萄叶、西红柿、茄子、卷心菜。

6

遭遇语言暴力，
如何优雅反击

婚礼在珀利翁山上举行，那里靠近智慧的人头马身神凯隆的洞穴，吸引了众神前来参加。筵席上的食物和饮品琳琅满目，在几代人的心目中，盛宴是天赐财富的象征。缪斯女神在阿波罗竖琴的伴奏下吟唱，英雄珀琉斯送给新婚夫妻一个灰色的矛，海洋女神忒提斯送来了一篮神圣的盐。

大多数欢宴者都没有注意到那个扔进人群的小金苹果，但三位女神注意到了，她们是天后赫拉、智慧女神雅典娜和爱与美的女神阿弗洛狄忒[1]。看到刻在苹果上的字："献给最美的女人"，三位女神都坚持自己最配拥有这颗苹果。随之而来的争执交给凡人帕里斯[2]裁决，由此发生的一系列事件最终引发了特洛伊战争。这场灾难背后不为人所熟知的人物是厄里斯，她掌管冲突、不和以及分歧，即罗马人所称的"不和女神"。

这个故事的典型版本把厄里斯描绘成一个嫉妒心强的女神，新人没邀请她参加婚礼，于是她被激怒。事实证明，不和女神的复仇行动带来了难以想象

1.Aphrodite，罗马神话中的维纳斯。

2.Paris，特洛伊王子。

的破坏性：珀琉斯和忒提斯的儿子阿喀琉斯在特洛伊战争中双双丧命。

还有一个说法认为，厄里斯和主神宙斯以及睿智的顾问忒弥斯共同拯救了世界，使其免遭环境破坏。在一些学者来看，史诗《塞浦路斯人》中的一个片段是《伊利亚特》的前传，该片段提出的一个思想，在21世纪产生了新的共鸣："人类部落数不胜数，虽分散各地，但地球表面饱受摧残，宙斯看到了这一切，深表同情。明智如他，宙斯决定拯救哺育万物的大地，于是，引发了凡人间的激战，人类大量死亡，世界得以清空。"

这两个版本的神话具有相通之处：冲突和分歧最终会导致死亡。要对民众大肆屠杀，并将其城市夷为平地，众神既不需要火也不需要硫黄石，只需引起不和，足以。

古希腊人从不在女神那里获得灵感，描述一种辩论方式，其不求发现真理，只求不择手段战胜对手。辩证法是真理和逻辑的辩证法，而辩论术只是表面上符合真理和逻辑。诡辩家假充内行、吹毛求疵、争吵不休，以破坏辩论应遵循的诚信正直为代价赢得胜利。

苏格拉底曾在多个场合讲授过辩论术，但在《理想国》中，他采取了一种更谦逊的态度：在与格劳孔（柏拉图的兄弟）争论时，苏格拉底说，人们似乎"甚至违背自己的意愿，陷入诡辩"。格劳孔问，这种说法是否适用于他们之间的对话。"绝对适用。"苏格拉底回答，"无论如何，我都担心我们是在不知不觉中陷入争辩的。"

这句话传达的信息很明确：争论不可能避免，因为我们生来喜欢争论。任何人都有可能成为一个糟糕的辩论者，或者深受其害，但却意识不到。由此产生的不和中藏着余烬，在适当的条件下，会燃起熊熊大火。

...

2016 年 9 月 26 日，周一的清晨，此时距离在塞萨洛尼基进行的辩论决赛已经过去了大约九个月，在杂货店的奶酪货架前，我不禁停下来想，从那时起，生活的节奏已经放缓了太多。21 岁时我就不再参与辩论，这意味着我又拥有了周末，再也不用做任何事情都满脑子想着辩论了。如今，22 岁的我感觉正在慢慢习惯更加慵懒的生活节奏。以前，波士顿的秋天似乎总是一闪而过；如今，秋天引人注目的所有的美，我尽收眼底。

升入大四后的秋季学期的主要任务是完成毕业论文。论文必须是原创研究项目，需要写大约 3 万字。我的论文选题是多元文化主义及其被承认所需的政治条件，旨在将高深的理论与现实生活结合起来展开讨论。然而，我开始在满是灰尘的图书馆和简朴的研讨室工作时，才感觉到真实的世界完全不在我的掌控之中，我所拥有的只是些抽象的概念。有时我会出城过周末，去佛蒙特州我的教授牙买加·金凯德的花园，或是去我朋友在纽约的公寓。那样的时刻，我才能感受到这个世界是如此丰富多彩，让人目眩神迷。

学术工作超然离群，我不禁对自己在世界上的定位产生了深深的焦虑。我接受着昂贵的教育，作为受益人，多年来我一直淹没在他人对我成功的厚望中。然而，浏览职位列表和职业指南时，我却发现，几乎没有任何一个工作能让我做出切实的贡献。我只知道自己不想待在大学附近。"剑桥城（哈佛大学所在地）是一座花园，"法学院的一位教授告诉我，"趁能出去的时候一定要走出去。"我需要找到"逃离的通道"。

当时，美国新闻网站 Quartz 的一位编辑找到我和法内勒，希望我们在希拉里·克林顿和唐纳德·特朗普的第一场美国总统大选辩论之前写一篇专栏文章。我抓住了这次机会，离开校园的限制（哪怕仅仅是形式上），去面向更广泛的受众。文章讲述了我们在辩论中取得成功的"核心技巧"，读者反应非常好，因此，编辑委托我撰写续篇，分析两位候选人在第一轮的表现。

我邀请朋友们一同来我房间里观看辩论，他们大多是辩手。我们一致认为，辩论将会一团混乱，令人沮丧。即便如此，我仍心怀希望。推销员可以自己创设一种情境，侃侃而谈，从容应对一切，但辩论不同，其场面冷静严肃，演讲者需要就棘手的问题现场给出答案，而且还有对手和裁判盯着，所以必须对给出的答案负责。诚然，初选辩论中特朗普一直占据着主导地位，但那都像是些综艺节目，十几位古怪的辩论者争相吸引着观众的注意力。那算不上真正的辩论，跟总统竞选辩论更是天差地别。挑选零食和葡萄酒时，我这样安慰着自己。

晚上 8 点左右，大家陆续来到我们宿舍。宽敞的客厅里摆放着沙发和椅子，我为大家倒好饮料，开始一起收看直播。有些人说他们很紧张，但大家聚在一起，营造出一种愉快而熟悉的快乐氛围。法内勒拿着笔记本电脑坐在房间最靠近直播屏幕的角落，神情严肃而专注。虽然离辩论开始还有 1 个小时，但有线电视网络的评论员们已经侃侃而谈到满面泛红了。静音状态下，他们像在不断重复着激情洋溢的哑剧表演。

房间里没有时钟，但大家能感觉到是时候坐下静心聆听了。电视台滚动播出辩论花絮，此刻正播放着介绍主持人的短片。背景播放着党内初选的镜头，CNN 主播杰克·塔珀说："我们今晚将见证一场真正的辩论。候选人将就分歧展开辩论。他们将就政策、政治和领导力方面存在的分歧各抒己见。"随后，视频画面切换到纽约亨普斯特德的霍夫斯特拉大学校园。

辩论在融洽的气氛中开始。"最近怎么样，唐纳德？"民主党候选人问候道，两人握手并向观众致以微笑。站在桌边，主持人庄严地提出愿景、价值观、美国人民等一系列相关话题。在第一节，两位候选人就就业与经济等问题给出了敏锐而理性的回答。法内勒和我就两人出色的辩论策略，比如巧妙回避以及修辞手法等展开了一番讨论。直到一个朋友用胳膊肘戳了戳我说："辩手们，闭嘴。"

后来，情形大变。两人脸上的笑容消失，都开始使用起第二人称。"你"，一个代词而已，本身不是个脏字，但两位候选人却想方设法把它变成了一个用来咒骂的词。唐纳德·特朗普开始大喊大叫、打断希拉里，把现场文字记录变成了一首黑暗诗歌。有时，他们吵作一团，速记员毫无头绪，只好放弃记录。

特朗普：三十年来，你一直是这样做的，现在才开始想解决办法。

希拉里：嗯，实际上……

特朗普：……抱歉，我会把工作机会带回美国。你做不到。

希拉里：事实上，这个问题我思考了很久。

特朗普：是的，三十年了。

希拉里：而且我已经——嗯，其实并没那么久。我认为我丈夫在 90 年代做得很好。我仔细斟酌了怎样做是有效的，以及如何使之再次发挥作用。

特朗普：嗯，他批准了北美自由贸易协定……

客厅的气氛顿时变得紧张起来。一开始，大家七嘴八舌，直言不讳，当场提出反驳或事实查证，边摇头边小声嘟囔着"丢人""难以置信"，因不相信他们的话而爆发大笑。但现在，除了大家在座位上坐立不安的声音，房间里陷入一片沉静。诚然，场面滑稽，但说到底，毫无幽默感：

希拉里：我有预感，今晚结束时，我会因发生的一切而备受指责。

特朗普：难道不应该吗？

希拉里：不应该吗？是啊，应该。想想看，参加这场辩论，说着这么疯狂的话。现在，我想说，事实确实是……

特朗普：不让美国的公司把钱带回美国来并不是什么疯狂的事情。

辩论结束时，朋友们嚷嚷着，试图将两人分出胜负。"让我们总结一下，"约拿说，"这场辩论混乱不堪，丑陋至极，但凡还有理智，没人会说他是赢家。"另一位朋友则指出，经过一番歇斯底里的挣扎后，特朗普接受了选举结果："我想让美国再次强大。我有能力做到。我认为希拉里做不到。但答案是，如果她赢了，我绝对会支持她。"

然而，我发现了这场辩论令人深感不安之处。巡回辩论的那些日子里，我经历过这样的辩论，遇到过那些恃强凌弱的家伙，他们满口谎言、大喊大叫、肆意打断、恶意诽谤，然后声称整件事都有人在幕后操纵。他们做的事，常人难以想象，但他们很难被打败。相反，这些人会将最伟大的辩手击垮。这些人甚至可能会赢得比赛。

总统大选辩论还让我意识到：霸凌者赢得比赛靠的不是回避辩论，而是劫持辩论。霸凌者采取对抗的形式恫吓对手，用各种修辞的目的不是增强而是消除理性。他们利用辩论对各种思想的包容开放，将谎言引入辩论中来。

糟糕的辩论似乎可以追溯到辩论本身固有的某些缺点。这些糟糕的辩论表明，被劫持的辩论是对世界有害的一股力量。

朋友们在房间里转来转去，音乐取代了电视的声音，法内勒和我坐在沙发上没起身。为了撰写这篇文章，我们做了大量笔记，此刻就堆在我们脚边，但这些似乎越来越无关紧要。把刚刚90分钟内发生的事件当作一场普通的辩论，这似乎有悖诚实的原则，但要对这样的行为作一番解释，当时确实是我们力所不能及的。我们最终没能提交那篇文章。

...

1831年，42岁的德国哲学家叔本华完成了其所有作品中最为奇特的一部，是一本辩论手册，但在他生前未能出版。

叔本华脾气反复无常，不好相处，与同事、出版商、邻居，甚至街上的路人都能论辩一番。作为柏林大学的一名年轻学者，叔本华曾与杰出的哲学家黑格尔发生争执，后来他形容黑格尔是"一个头脑简单、单调乏味、令人作呕、无知的江湖骗子"。叔本华有一部有关辩论的著作，书名为《叔本华的辩论艺术》，德语原版名为《论辩证法》。在这部书里，他对这些充满敌意的情感有所论述。

书中首先给出了辩论的定义：辩论术是赢得辩论的艺术，无论主张是对是错，即不管本身的主张是有理还是无理。然后，它概述了 38 种不择手段的辩论技巧，从而巧妙地改变话题到激怒对方，目的只有一个：在辩论中取胜。最有效的技巧是什么呢？"即使失败，也要单方面宣布胜利。如果你的对手羞于开口或是愚钝，而你自己很厚颜无耻，又有一套自己的说辞，那么用这招便能轻易获得成功。"

叔本华对世界的看法相当悲观，这一点在书中有所体现。17 岁时，这位年轻的德国人将自己比作第一次遭遇疾病、痛苦和死亡的佛陀。他总结道："这个世界不可能至善至美，它是魔鬼的杰作，魔鬼创造生物只是为了幸灾乐祸地看着它们受苦。"这一年是 1805 年，叔本华的父亲在汉堡市他家附近的一条运河里溺亡。

叔本华对其他人的看法也弥漫着这种悲观主义的色彩。他在《辩论艺术》中写道，糟糕的辩论源自"人性中自带的卑贱"。如果人们是可敬的，辩论只会以真相为目标。但事实上，人们虚荣自负，而且越是在堕落邪恶的时刻，越要"辩解，天生不诚实"。即使一场辩论以真诚开始，这种真诚也不可能持续太久。

对《辩论艺术》最普遍的解读是，它其实是一种讽刺。书中，叔本华用一个可恶的教练的语气，对大多数人辩论时采取的卑鄙方式进行了嘲讽。"先把客观真理放在一边，"他敦促道，然后将辩论比作击剑，导致决斗的原因根本不重要，"进攻和躲避才是一切"。

但是，长期以来，针对这种嘲讽，一直有个疑问：它在多大程度上受到了犬儒主义或理念论的驱动？叔本华是否相信进行更好的辩论是可能的？他是不是试图通过讽刺将我们推向更好的辩论？又或者他是否认为人们本质上就爱争论？

有证据表明叔本华心怀希望。他在书的开头写道，理解争论家是怎样辩论的可以帮助我们在真理遭受攻击时捍卫真理："一个人即使占尽理由，也需要辩论术来捍卫和维护。他必须知道哪些是骗人的伎俩，以便应付它们。这还不够，他必须经常利用这些骗人的伎俩，才能以其人之道还治其人之身。"

事实上，叔本华认为，如果大多数人能了解什么是糟糕的辩论，便可通过防止辩论时发生不当行为，而杜绝糟糕辩论。叔本华建议读者对领先的对手采取粗鲁的态度后，发出一个警告。辩手们必须问一个问题，即"对方会采取怎样的对抗策略？因为，如果对方诉诸同样的做法，随之而来的将是打击、决斗或诋毁"。双方都掌握了辩论的技巧时，便产生了相互威慑，这或许为另一种争论铺平了道路。

问题是，为了了解糟糕的辩论方式，你必须去亲身体验一番诡辩。

...

四年前，我还在澳大利亚辩论队，布鲁斯会邀请"辩论大佬"来陪我们练习。这些人是布鲁斯的朋友，上大学时都曾是最优秀的辩手，有些还是我们最钦佩的人。教练这样做是基于他在橄榄球场上的经验："要想变得强大，就得被联盟中最厉害、最可恶的球员狠狠击败一次。"

透过候场室的窗户，我们看到"大佬们"在闲逛。准备时间几乎不足以让我们放松一下紧张的神经，更不用说构思出一个能获胜的辩案了。我们的对手大部分时间都在看搞笑视频，咯咯的笑声在大厅里回荡，也在我们的脑海中挥之不去。

我们进入房间时，他们已经各就各位，如防火墙的枪手们一般，冷酷而坚定。这些人本身都曾是普通的大学生：一个脸色苍白的男人穿着得体的宽松裤；一个看上去像个艺术家，光着脚站在那里；还有一个女的，说起话来声音沙哑。"感觉如何？""希望你们准备好了。"这些套话还不如不说的好。但是，辩手们的声望，让这些令人失望的套话和他们那副置身事外的样子都显得合情合理起来。

他们就是打算来踢场子的。我们提出的每一个论点都是无力、愚蠢、离谱的。如果跟他们想的不一样，那我们要么是愚蠢至极，要么是不道德。他们开朗友善、得意扬扬；有时，因太开心而声音有些沙哑，但语速从未放慢。他们曲解我们的观点，歪曲我们的表达；我们演讲时，他们大喊："撒谎！""错误！"

一轮结束，与他们握手时，心中的偶像形象早已坍塌。闲聊时很尴尬；大家都感觉，以这样的方式第一次见面太奇怪了。"对不起，伙计们，你们的教练让我们这么做的。"其中一个人说道。

教练对我们的抱怨无动于衷。"你们知道昆士兰的一位教练曾对他的队员说什么吗？""直奔咽喉。"他把后两个字"咽喉"的发音拖得很长。"现在，你们是优秀的、干净的辩手。但就是会有些队伍手段卑鄙，诽谤辱骂。当然，你可以看不起他们。但你猜怎么着？除非你知道怎样对付他们，否则你一样输给他们。"

他说："优秀的辩手一旦被耍得团团转，就会输给烂辩手。"

接下来的几次交锋，我们分析了对手的战术。我们明白，糟糕的辩论有成千上万种表现，但基本原理简单明了。辩论霸凌者往往扮演以下四种角色：

回避者

回避者从不直接回应论点，他们明白自己必须巧妙回避。他们的招牌招式是"打转"。直接无视辩论要点会显得过于明显，于是，他们会转而评论某些更宽泛的主题，却对真正需要讨论的论点避而不谈：

燃煤电厂对环境有害。加剧了气候变化。

气候变化意味着我们需要可靠的能源来源，比如燃煤电厂。

有时顾左右而言他是一种攻击策略。人身攻击就是一个例子，它不是针对某个论点，而是针对论点的拥护者。（"对环境有害？你还开 SUV 呢。"）另一个例子是用"也一样啊"来攻击对手（"对环境有害？那风车对环境也有害啊。"）

对待这种情况，最好的回应是坚持到底，坚持最初的论点。如果攻击针对个人或用于攻击的论点完全错误，那么做到坚持最初的论点会很艰难。但是，一旦我们在对方想忽视的论点上做出让步，回避者便得以逃避对该论点的仔细推敲。在对方论点站不住脚时，我们应毫不妥协地与其辩论，纠正其错误，并努力让辩论回到最初的主题。

歪曲者

歪曲者歪曲对方的论点。正因为无法或不愿意对最初的观点做出回应，辩手会制造出一个被歪曲了的对方论点（假想敌），并摆出撕毁它的架势。

公民有拥有枪支的权利。

你的意思是为了个人自由可以牺牲公共安全吗？这是典型的自由意志主义论调。

针对假想敌提出的论点通常扩大了最初需要辩论的内容。也就是说，增加了额外的举证责任（责任强迫）。例如，从一个特定的主张上升到一个宽泛的原则（从"拥有枪支的权利"到"应该牺牲公共安全"）、类推到类似的情况（"如果你对持枪没有异议，那其他武器呢？"），或者将论点上纲上线（"这是典型的自由意志主义论点"）。

最好的办法是纠正这些错误。包括清楚地阐明辩手将 A 歪曲为 B——阐明最初的论点以及被歪曲了的论点 —— 必要时，在把辩论拉回到真正论点前，解释清楚论点是怎样被歪曲的。

破坏性辩驳者

破坏性辩驳者擅长争吵，却从不提出自己的论点。对他们来说，一切都有瑕疵。因此，他们采取的最基本的辩论策略就是一直攻击。

破坏性辩驳的概念可以追溯到公元前 6 世纪左右的梵文文本《正理经》。佛经区分了三种类型的辩论。好的辩论，即论议：保持清晰、合理的论点；糟糕的辩论，即诡论议：运用一系列卑劣的辩论策略；破坏性辩驳，即坏议：从不确立自己作为反方所持的观点。

由于这些辩论者飘忽不定，没有自己的立场，因此对手根本找不到攻击目标。这就是托妮·莫里森[1]所要传达的意思，她写道："种族主义的一个极度

1.Toni Morrison，美国黑人女作家，以对美国黑人生活的敏锐观察闻名，诺贝尔文学奖得主。

重要作用是分散注意力……有人说你没有艺术天赋，于是你表现出自己的艺术天赋；有人说你没有自己的领域，于是你把自己的领域展示出来……批评一个接一个，没完没了。"

有时，在进行破坏性辩驳的人会暗示某一立场，以便振振有词地否定它。例如，"狗哨"[1] 指的是使用含糊其辞的语言，把某一特定信息传达给某些特定的人（用"法律和秩序"，而不是"在低收入社区加强治安"）。

对此，最好的办法便是逼破坏性辩驳者明确自己的立场。问他——"那么你相信什么？"或者"我要证明什么才能说服你？"或"你这样说到底是什么意思？"——之后紧紧抓住他们的论点不放。

说谎者

说谎者说谎言。明知错误，也要振振有词，目的是误导他人。

这些谎话连篇的辩论者说着有悖常理的话时，我们最错误的想法便是，认为大声喊出"你是个骗子"或"那是谎言"，就足以打败他们。而事实上，满嘴谎言的辩论者正是由此获得成功的。他们故意激起我们的激动情绪，进而让我们对其进行人身攻击。

我们不应该进行情急之下的人身攻击，相反，我们需要做的是证明他们言论的谬误之处。辩论时，我们采用两步法："嵌入和替换"。

1. 把这些谎言嵌入更广阔的视界，继而解释问题所在：

---

1. 狗哨，Dog whistle，是一个与政治有关的术语，指西方政客们以隐秘方式说出某些容易引起争议的话题，以取悦特定群体。由于表达方式相对隐秘，只有特定受众才能明白话语中所暗含的意味并为之兴奋，而"非受众群体"则会对此一无所知。

"让我们先想象一下，移民都是有暴力倾向的人。但事实是土著民比移民更易进行暴力犯罪，对这一点你如何解释？"

2. 用真相替换谎言，之后解释为什么你阐述的内容更接近真相：

"事实是，移民并不比其他人更暴力。他们生活在治安非常严格的社区，依旧没有什么犯罪记录。"

两步法并不能证明对手在撒谎，但却可以证明，坚持那样说是不合理且不诚实的。在一个秩序井然的社会中，这种顽固地漠视真理的行为必须受到谴责，这一点我们后面还会谈及。

说谎者还会引发另外两种危险。

首先，他们会虚张声势，其实是把欺骗性言论隐藏在"本意并非如字面所示"的外衣里。说谎者说"网络媒体都是腐败的"，而一旦因此受到质疑，会立刻说："其实我并不是那个意思。"对付这种人，最好的回击方法我们已经用来对付过破坏性辩驳者，问他们到底是什么意思，直到逼他们明确自己的立场。

其次，要警惕，谎言一旦传播开来，便会让人不知所措。事实核查需要时间。另外，用谎言淹没对手会分散对手对自己论点的关注。说谎者正是利用了这两点。英国作家乔治·蒙比尔特在谈到拒绝与一个气候怀疑论者辩论时，曾经说过，"发表一个具有误导性的科学报告仅需 30 秒，而反驳它则需要 30 分钟"。

让我们集中探讨一下几个典型的谎言，来证明说谎者是怎样歪曲事实的。一旦证明这些说法是错误的，我们也许能理清谎言的模式。

回避者	
打转 人身攻击 "你也一样"	坚持最初的主题
歪曲者	
假想敌 强迫增加举证责任	纠正错误
破坏性辩驳者	
没有立场 狗哨	迫使其明确立场
说谎者	
说谎 气势汹汹 散布谎言	嵌入和替代 驳斥典型谎言

训练课程结束时，我们认为自己对即将到来的激烈辩论有了更充分的准备。更重要的是，我们对折磨我们的人不再反感，因为在内心深处，我们知道他们并非真正的霸凌者——是和善之人假扮霸凌。在一项回避、歪曲、破坏性辩驳和说谎会得到惩罚的活动中，他们的滑稽模仿到此为止。像世界上大多数人一样，他们为自己的行为感到羞耻。

···

10月9日（周日）是第二次总统辩论的日子，当天的气温基本维持在完美的 55 华氏度[1]。风刮了一整天，傍晚时分平息下来，让辩论开始前的几个小时呈现出一份怪异的寂静。宿舍里摆放着长桌。餐厅里喊喊喳喳，大家都很兴奋。一些团体尝试用模仿娱乐体育节目电视网进行赛前分析；其他人则保证自己支持的一方会获胜。晚餐是纤维丰富的糙米炒牛肉，很容易消化不良。

这次我们没有聚在一起观看直播。在怀德纳图书馆的书堆里度过漫长的一天后，我在食堂打包了一箱看起来产自亚洲的食物，带回了房间。约拿和约翰最近都有了新恋情，房间里不见人影。我开了瓶啤酒，瘫坐在沙发上，打开电脑，找到一个直播频道和一个社交媒体转播频道。

晚上 9 点前，信号切换到位于密苏里州圣路易斯市的华盛顿大学。这次的布景和两周前的一样：秃鹰、宪法、星星。但凳子取代了讲台，犹豫不决的选民三三两两围在候选人周围。这一次，两位候选人没有握手：他们隔开站着，互相点头微笑。我认为这有点违规了；因为跟决斗一样，辩论理应建立在相互尊重的基础上。

最初 10 分钟，候选人各自开场致辞，辩论还算文明。希拉里·克林顿的开场令人振奋："如果我们目标明确并共同努力去实现目标，那么在我看来，美国将无往不胜。"特朗普的回应很温和："嗯，实际上我同意这个观点。我同意她说的一切。"

随后，一段特朗普未经同意抚摸和亲吻女性的评论录音让辩论走上了另一条轨道。一旦堕落，便毫无底线可言：

你看看比尔·克林顿，他更糟糕。我只是言语层面，他可是落实到行动上。看看他对女人做了些什么吧。在美国的政治历史上，还从来没有人这样侮

---

1. 约 13 摄氏度。

辱过女性……希拉里也攻击了这些女性，言辞恶毒。她们中有四位今晚就在现场。

希拉里曾试图堂堂正正地辩论，但未能如愿。辩论台上，两人距离很近，唇枪舌剑、刀光剑影。

希拉里：脾性如唐纳德·特朗普，没有掌管我们国家的法律真是万幸。

特朗普：是的，因为我会把你投进监狱。

希拉里：请允许我说完。你说话的时候我没插话。

特朗普：对，没错。我都没说话。

希拉里：那是因为你无话可说。

辩论结束 1 个小时后，我依然盯着屏幕一动不动。有线电视频道循环播放着辩论中丑陋的"亮点"部分，社交媒体上更是以动图和表情包的形式飞速传播。"你没事吧？"约翰一边脱鞋、挂外套，一边问我。我一时不知如何回答。

如果找当晚的亮点，或者说表明事情有可能会好转的迹象，那就是几乎所有辩论后的调查结果都表明，特朗普因其辩论时的行为而备受指责。认为特朗普赢得辩论的民众比认为希拉里获胜的民众少了至少两位数。我一边刷牙，一边浏览这些数字。这些恒定且有量化意义的数字是有参考价值的。但真实结果为何大相径庭？

我上小学的时候，孩子们面对霸凌，处理方式各不相同。一些人逃离现场；一些人告诉老师。极度惊恐的孩子们则向黑暗屈服。我自己的方法是和霸凌者讨价还价，并敦促他们"好好商量"。与他们协商时，我经常把事情装在脑子里——"不，事实上，我穿的没什么过分之处"或"我没盯着你看，只是随便看看而已"。

然而，霸凌者暗黑工具在手：脏话、人身侮辱、不合理的推论无所不用。一个"你妈妈"的笑话[1]如果运用得当，会产生翻天覆地的效果。它让交流从辩论变为争吵，理性争论不复存在，游戏被彻底改变。朋友和家人会安慰我说："你赢了，他们之所以诉诸辱骂和暴力，是因为他们无话可说。"确实如此。但看看自己被打得青紫的胳膊，精神胜利又有何用？

　　尽管竞争性辩论的文雅规则将许多霸凌手段屏蔽在外，但这种保护不可能面面俱到。回顾在悉尼时参加的中学辩论巡回赛，我和巴克中学的队友们都很惧怕一支队伍，他们来自一所私立男校，学校位于悉尼富裕的北海岸。别看对手们体格瘦弱，但他们似乎汲取了橄榄球运动员的动作和姿态。辩论间隙，这三个男孩操着浓重的澳大利亚口音说脏话。辩论过程中，他们狂笑着奚落别人，身体前倾，一副恐吓人的架势，虎视眈眈地看着裁判和观众。大多数时候，他们这样做的结果事与愿违，把自己弄得毫无形象可言。但关键是，这样做有时却很奏效。一个初出茅庐的裁判，如果被他们的自信和场上表现出的优势惊得目瞪口呆，很可能会宣布他们获胜。

　　辩论中，偶尔霸凌者会得逞源于其裁决方面的一个特点。乍一看，判定辩论胜利的理由似乎很简单：说服裁判投票支持自己立场的一方获胜。但在一场关于入侵伊拉克的辩论中说服了裁判究竟意味着什么呢？显然，这并不意味着裁判认为发动战争是个好主意——说不定他是个和平主义者呢？相反，我们的意思是，获胜的队伍让裁判相信他们一方更具说服力。

　　说服和说服力是两码事，许多辩论中的霸凌者特别擅长将两者混为一谈。说服指对眼下的问题做出决定，而说服力则意味着把当前的讨论作为衡量一系列品质的指标，比如雄辩力和才智。如果说说服是一轮谈判的结果，那么说服

力便是优秀社交能力的标志，适用于多种情境。在看重必然和支配地位的文化中，人们会通过扭曲的镜头看待许多事物，尤其是说服力。

在大多数辩论中，辩手们试图说服他人并展示自己的说服力。因此，辩论一直是两位一体的，既激情四射又审慎从容、既有欺骗的伎俩又有求真的过程、既同场竞争又彼此合作。辩论有其感性的一面，这没什么不好。精彩的辩论能激发人们参与政治的动力、进行社会评判、传播思想。然而，我们必须诚实地承认，辩论中包含的表演成分有时会与冷静和审慎的原则相违背。

那么，让我们回到那些民意调查。每一项调查都基于同样简单的问题："谁赢得了这场辩论？"然而，这并不是人们可以对辩论提出的唯一问题。

作为辩手的唐纳德·特朗普可能输掉了辩论，但这可能不是看待这场交锋的唯一方式。他所做的就是在辩论台上大吵一番，并试图让我们相信我们看的就是一场吵架。我不确定他这样是否会奏效。但是，他"表演"的时候，我感受到一种动物般的兴奋，这种站在咄咄逼人者一边的本能，让我意识到特朗普的做法确实会奏效。

这场辩论让我想起第五种霸凌者：好斗者。在辩论练习时，好斗者与前述四种霸凌者不同，好斗者也通过不公平的方式试图占据优势，但他们连辩论的逻辑都不会遵循。他们试图彻底打破逻辑，把辩论变成一场混战，在这场混战中，衡量辩论成功与否的唯一标准，是听众认为哪一方在场上占尽优势。好斗者的目的不是说服，而是让对手沉默、使其边缘化、摧毁他们的意志。

严肃正式的辩论应该设定一套规则抵御霸凌。主持人应被赋予权力——在没有轮到霸凌者发言时，将其麦克风静音、打断辩论进行事实核查，或发生不良行为时大声制止。然而，日常生活中，无论是在工作场合、家中还是在公共场所，陷入糟糕的分歧时，我们无法使用上述办法。

面对好斗者，我们只有一个愿望：恢复辩论的秩序。但正如总统辩论所展示的那样，即便有专门的主持人，这仍是一项艰巨的任务。那么，我们独自对抗霸凌时，还有希望与其展开对抗吗？

...

1959 年夏天，正值冷战白热化时期，一个由美国官员组成的代表团来到莫斯科的索科尔尼基公园，筹划举办一场展览。展览的目的是向苏联展示美国人民令人羡慕的生活。

在成千上万张图片和大量展览品中，最引人注目的是一栋漂亮的模型房，售价 1.4 万美元，一个普通美国钢铁工人就支付得起。房子原型位于长岛科马克，复制品把各个房间分别展示出来，以吸引更多人观看。因其自身的特殊性以及大众寄托在它身上的厚望，这座房子被命名为"Splitnik"[1]。

6 月 24 日，展览由美国副总统理查德·尼克松主持开幕。尼克松亲自带领苏联领导人参观展览。尼基塔·赫鲁晓夫不太喜欢这次展览。既出于个人原因，也有国家战略方面的考虑。

赫鲁晓夫身高只有一米六，但气场强大。他做手势时仿佛整个身体都在使劲，一个标志性的动作是用上全身的力量伸出手指指向对方的胸。

他天资聪慧，在党内步步高升，更重要的是，从未跌落过。

理查德·尼克松的父母是贵格会教徒。尼克松当时还没有卷入水门事件。他访问莫斯科的时候 46 岁，已经开始展现出其政治才能。后来这些才能助他爬上总统宝座，却也让他从宝座上跌落下来。和比自己大 20 岁的赫鲁晓夫相比，尼克松当时只能算个新手。他曾任加州的参议员。

参观展览的两人，外在差异非常明显。

———

1. 美方将该房屋模型命名为"Splitnik"，是对苏联卫星"Sputnik"的戏谑，"split"含有分裂、断裂的意思。

现在，在这个模型厨房里，两人之间潜在的紧张情绪眼看就要演变成一场争吵。尼克松即将与世界上最可怕的好斗者进行辩论：

尼克松：我想带你参观这个厨房。我们在加州的房子里的厨房都是这样的。

赫鲁晓夫：我们也有这样的东西。

尼克松：这个厨房是最新样式。部件可以直接成千上万地批量生产，然后直接在房子里组装起来。在美国，我们希望让女性的生活变得轻松一点儿。

赫鲁晓夫：你们对女性的这种资本主义的态度不会发生在我们国家。

尼克松：我认为对待女性的这种态度是普遍的。我们只是想让家庭主妇生活得轻松一些。

双方的冷嘲热讽纷至沓来，非常刺人，说出来的目的就是打断对方思维的连贯性。场边，相机闪个不停，速记员拼命记录。

尼克松的开场策略便是假装这是一场辩论。也就是说，他表现得好像他有权继续提出论点，并得到公平的发言机会。尼克松在高中时获得过辩论赛冠军，这助了他一臂之力。他的辩论教练曾告诉他："说话是一种对话。如果听众很多，你可以提高音量，但不要对人们大喊大叫，要和他们交谈。"

如果对手故意扰乱，最糟糕的做法是提早或匆忙结束发言，这会让对手在双方的交锋中掌握控制权。还有一个糟糕的做法是，还没有结束己方的陈词，就急于抓住机会展开质询（尤其是当质询的理由充足时）。这样做等于将确定议程的主动权拱手让给对方。

对于对方在辩论中采取的霸凌战术，我们还应避免以牙还牙的做法。事实上，几乎没有人有足够多的精力和足够厚的脸皮一直争吵不休。以牙还牙就算能起到一两分作用，也不太可能让我们在霸凌者挑起的游戏中击败霸凌者。

因此，对付霸凌最好的办法是按部就班，摆出论据，步步紧逼。如果对方打断，我们可以暂停，数好对方所占用的时间，在随后的辩论中把这几分钟利用回来。你可能会觉得与双方的讨论完全不在一个频道上。这正是问题的关键：争吵就是争吵，它不是辩论，我们不应允许对手单方面改变规则。

那么，防止辩论演变成争吵的第一步是什么呢？假装这是一场辩论。

这为尼克松赢得了一些时间。两人都没说什么巧言妙语，而是就各自国家的住房购买能力和房屋期限等问题针锋相对。

赫鲁晓夫：美国人眼里的苏联人形象都是自己想象出来的。

尼克松：是的，但是……

[……]

一年后，理查德·尼克松在辩论台上遇到了与赫鲁晓夫迥异的对手：来自马萨诸塞州的参议员约翰·肯尼迪。第一轮辩论在芝加哥举行，时间是 9 月下旬的一个周一。这是美国总统候选人首次进行电视辩论。约 6640 万人收看了直播。

随之而来的辩论对尼克松来说简直是一场政治灾难。在耀眼的舞台灯光下，尼克松看起来脸色苍白，神情紧张，汗流满面（当时他膝关节发炎，正在恢复中）。而这位皮肤黝黑的年轻参议员风度翩翩，令人着迷。那晚之后，民意调查结果突然变得对尼克松不利，并且将两人的辩论奉为美国民主的特征。

有关 1960 年总统竞选的一种说法是，尼克松在辩论和电视上表现出的无能决定了他的命运。然而就在一年前，他在与苏联领导人的较量中还立于不败之地，并确保了人们记住的是一场"有关厨房的辩论"。要不是得益于他的努力，人们记住的会是一场争吵。

对于我们这些辩论者来说，尼克松的兴衰沉浮让我们看到的教训是痛苦而熟悉的：成也辩论，败也辩论。

2016 年 11 月 7 日，星期一，美国总统大选的前一天，我一大早从波士顿飞往纽约，参加一项研究生奖学金面试。斯瓦茨曼奖学金，由美国亿万富翁史蒂夫·斯瓦茨曼（又译苏世民）创建，他是私募基金巨头黑石集团的联合创始人。奖学金用来资助申请人完成清华大学一年的硕士学习。

面试在华尔道夫酒店 31 层进行。这项著名的奖学金设立的初衷基于一种特殊的自上而下的变革理论：一群受过昂贵教育的人，通过研究生学习和同学群，充实自己，以更好地服务于世界。因为项目创立不久，苏世民学者计划尚无法证明这一假设，但从它如何挑选面试官，我们得以一窥其模式。在富丽堂皇的酒店里，一群著名人物，包括世界各国前领导人、行业领袖和媒体行业知名人士，和一群 20 多岁的年轻人站在一起。这群人透出一种高高在上的冷静气质。午餐时，大家一边吃着沙拉，一边讨论政治问题。"希拉里定会不负众望。"坐在我右边的一位相貌高贵的绅士说。

第二天的大部分时间，我在城里来回穿梭，逛商店，见朋友，几乎没看新闻。在公共场所，游说者和动员投票的人们号召民众参与民主活动，但从他们的声音中我听出了一种濒临崩溃的疲惫感。那晚，我准时抵达拉瓜迪亚机场，准备乘坐晚上 7 点 59 分的航班返回波士顿。准备登机的时候，我看到了辩论第一组预测 —— 特朗普赢得印第安纳州和肯塔基州，希拉里赢得佛蒙特州。飞机起飞平稳，但接收不到网络信号后，我仿佛感觉不到时间的流逝了。

大概晚上 10 点，飞机着陆。夜已深，取完行李，我在手机上看到《纽约时报》预测特朗普获胜的可能性为 95%。我搭乘"银线"巴士返回波士顿市中心，一路缓慢而颠簸，让人产生了一种一切不再那么稳固的感觉。

选举之后的几天里，三场总统辩论为媒体报道提供了丰富的素材，表现出当代政治的两极分化（以及相伴而来的丑陋）：

坏家伙。

你是傀儡。

真是个令人厌恶的女人。

整个竞选过程中，政治权威人士一直对辩论形式持批评态度。一位记者是这样描述辩论场面的："这是一场大杂烩，既有作秀又充满抱怨，各自固执己见，内容毫无关联。"一位政治学家甚至建议完全废除这种模式，用"危机模拟"电视节目取而代之。

我从不相信辩论会被取消，但现在，在一场最具分裂性的选举之后，我感觉到另一种危险：人们可能会放弃辩论，不仅在国家政治层面，而且在他们自己的生活中。由此而造成的损失是不可估量的。人们放弃辩论不是出于愤慨，而是由于绝望，不是因为生气，而是源于疲惫。

在与朋友的交谈中，我试图证明辩论作为一种二联体有另一种语体风格，辩论者可以直言不讳、充满激情，但同时又亲切谦和、思虑周密。我提出这个论点时信心十足。但其实心里在问自己，我们是否有信心，在自己身上提升和放大这种风格？充满疑问时，我竟获得了意外的慰藉。

撰写《叔本华的辩论艺术》约二十年后，亚瑟·叔本华似乎对有效辩论的前景有了更为冷静的看法。1851 年，他在最后一部重要著作《附录和补遗》中写道，他曾经试图对糟糕辩论的形式特征做一个"清晰的结构样本"，他称之为"最后一招"（愚蠢辩论者使用的最后手段）。

叔本华年事已高，他更加确信人们在辩论中不仅会显露出"他们在智力方面的无能，还有道德层面的堕落"。他说自己不会再去看这个样本，但会更恳切地教促"避免与普通大众辩论"，因为"结果总是令人厌恶的"。我们可以尝试辩论，叔本华说，"然而一旦注意到对方的反驳中有固执己见之处，我们应该立即停止辩论。"

然而，在犬儒主义的表层下面，这位哲学家还是将大门半开着的。他写道："谁不承认对手合理的论点，谁就暴露出自己要么是智力欠缺，要么就是智力受制于意愿而得不到发挥。""因此，只有在责任和义务都需要我们那样做的情况下，我们才与这样的人争辩。"

　　在我看来，这正是问题的关键。作为公民，我们确实有义务妥善处理分歧——通过说服的力量而不是暴力来解决争端；就共同关心的问题进行商议；告诉那些与我们意见相左的人为什么我们持有异议，并给他们回应的机会。对那些与我们同处一室、一个工作场所、一个社区或一个国家的人，我们更有义务这样做。从争论中抽身而出，实际是在逃避这些责任。

　　古希腊人认为他们的神是成对出现的。宙斯是天空之神；他的兄弟哈得斯是冥界之神。阿波罗是太阳神；他的妹妹阿尔忒弥斯则是月亮女神。

　　神话传说中，不和女神厄里斯也有一个妹妹。她是掌管和谐与和睦的女神，因此希腊人称她为哈耳摩尼亚[1]，罗马人称她为康科迪亚[2]。关于和谐女神的故事不多，而且都表明她的力量从来与不和女神厄里斯无法匹敌。

　　古希腊诗人赫西奥德对此持有完全不同的看法。"赫西奥德"意为"发声之人"。他曾说，事实上，有两位女神都叫厄里斯。一位给世界带来了战争和冲突，而另一位则带来了"对人类友善得多"的分歧和矛盾。这位仁慈的女神通过让人们与邻居竞争来"唤起懒惰的人去劳作"。"这种冲突对人类有益。"他写道。

　　上述神话告诉我们，糟糕的分歧的对立面不是协调一致，而是合理的分歧。当前，邪恶的厄里斯似乎占据了统治地位。然而，几千年来的经验是，有

1.Harmonia，和谐女神。同源词，Harmony，和谐。
2.Concordia，协神。同源词，Concord，协调，一致。

效辩论和糟糕辩论一直在相互较量，从未有任何一方将对方击退。与任何精彩纷呈的辩论一样，这场好坏辩论之间的斗争永远在上演。

7

**有分寸感，
有吸引力**

对马尔科姆·利托来说，七年级结束时，一切都变了。过去的几年对他来说异常艰难：失去父亲、目睹母亲精神崩溃、被密歇根州兰辛的悦林学校永久停学、还牵扯到未成年人犯罪。但20世纪40年代在梅森初中就读时，利托开始适应新环境。他受政府监护，是周围人中唯一的非裔美国人，还被推选当了班长，成绩名列前茅。

然而，只一年的时间，一切都变了。利托最擅长的科目是历史和英语。"数学没有争辩的余地，"他回忆道，"错了就是错了。"问题就发生在教室里。历史老师威廉姆斯先生在课堂上有讲关于种族主义笑话的习惯，因此利托一直对他态度冷漠。但英语老师奥斯特洛夫斯基先生是利托非常信任的老师。因此，这位年长的英语老师为他提出建议时，利托会洗耳恭听：

奥斯特洛夫斯基：马尔科姆，你应该考虑一下未来的规划了，你有想过吗？

马尔科姆：先生，我想过，我一直想成为一名律师。

奥斯特洛夫斯基：马尔科姆，人生最需要的是要现实一点，别误会我的意思，我们都喜欢你，你知道的，但你得明白自己是个黑人，对黑人来说，当律师可不是个现实的目标。为什么不考虑当个木匠呢？

利托永远不会忘记这番话。他在脑海里一遍遍回放对话时的情景，提醒自己，同一个奥斯特洛夫斯基先生对其他孩子的志向可是格外支持的。"没几个白人孩子比我聪明，"利托后来说道，"很显然，我智力再出众，在他们眼里，也不是想成为什么人就能成为什么人的。"从那时起，这个少年变得孤僻起来，但绝口不提到底发生了什么。

八年级一结束，利托就坐上了开往波士顿的长途汽车，搬去和同母异父的妹妹艾拉合住。接下来的几年，他干过许多琐碎卑微的工作，其间还从事过犯罪和诈骗活动。他再也没有回到学校。

1946 年 2 月，20 岁的利托在马萨诸塞州查尔斯镇的州立监狱开始服刑生活，他因入室盗窃被起诉，判刑十年。利托在狱中的编号是 22843，但很快因其对宗教充满敌意，获得了"撒旦"[1]的绰号。

狱中，利托深受另一名犯人的影响，他叫约翰·埃尔顿·本布里，昵称"宾比"。跟利托一样，他身高一米八七、皮肤光亮、面色红润，但其他方面两人迥异。利托动不动就对人恶语相加、满口脏话，而宾比则口才极好，从商业贸易到亨利·大卫·梭罗的作品，谈起来滔滔不绝。宾比提高声音说话时，连监狱的看守都会凝神倾听。"和宾比一比，我说话太软弱无力，而且他从来不说脏字。"利托意识到了自己的缺点。

宾比的广博学识和出色口才一直是利托效仿的榜样。1948 年，利托转到诺福克[2]监狱。诺福克监狱是一位改革派监狱长设计的，后来成为模范监狱社区。一到诺福克，利托就喜欢上了那里的教育项目和藏书丰富的图书馆，还从头开始抄写字典。他广泛阅读，从历史（古埃及、埃塞俄比亚、中国）到哲学

---

1. 希伯来语音译词。意为魔鬼、恶魔，说他常诱惑人类犯罪作恶，专同神和人类为敌。
2. 曾是英国的殖民地，流放罪犯的岛屿。

（苏格拉底、叔本华、康德、尼采），再到伊莱贾·穆罕默德的政治神学，他都有所涉猎。"阅读让我的大脑犹如高压下的蒸汽。"利托回忆说。他现在需要的是一个逸出阀，一个表达自己观点的出口。利托在竞争性辩论中找到了这个出口。

为了备战与当地大学的辩论赛，诺福克辩论社团会进行辩论训练，每周在犯人内部举行辩论赛。辩论的话题涉及政治层面（"应该强制军事训练，还是不应该？"）、历史（"莎士比亚的真实身份是什么？"），甚至营养学（"应该给婴儿喂牛奶吗？"）。辩论吸引了数百人参加，利托把自己第一次参加辩论的经历比喻为"受洗"：

你知道吗，在监狱里，在大众面前辩论和演讲对我来说就像通过阅读探索知识一样令人兴奋。站在那里，面前是一张张仰头看着我的面庞，脑子里想到什么，便表达出来，与此同时，大脑思考着接下来要说什么才能前后连贯。如果我表现得当，能改变大家的看法，让他们转而支持我的观点，那么我就赢得这场辩论。初试身手，我便迷上了辩论。

利托和队友并肩作战，共同成长。1951 年 12 月，诺福克迎来了第一场国际辩论，对手是来自牛津大学的一支队伍。此前，犯人们在与某些学院的辩论中取得了不错的战绩——34 胜 14 负。但是这支来自英国的队伍在历时两个半月的巡回赛中，在与美国各个大学的对战中保持着不败的骄人战绩，诺福克是他们的最后一站。这帮英国人可不好对付。辩题是建立国家医疗服务体系。那时，利托已经被转回查尔斯镇的监狱，反对这一提议的重任落在了抢劫犯默多和金融诈骗犯比尔两人身上。裁判们 3 ∶ 0 判诺福克获胜。"知道吗？他们非常棒。"牛津队的辩手威廉·里斯·莫格说。莫格后来成为《泰晤士报》的编辑，他也是英国保守派政治家雅各布·里斯·莫格的父亲。

与牛津辩论队比赛差不多八个月后，利托假释出狱。此时，他有了一个新名字：马尔科姆·艾克斯。

　　马尔科姆曾是新宗教运动的传教士，后来成为自由社会活动家。其职业生涯中，马尔科姆最为依赖的便是自己的辩论技巧。为了反对非暴力主义，他与反对者展开论战，在校园里、广播中、电视上向他们挑战。"一般情况下，马尔科姆总能在辩论中获胜，至少能说服旁观辩论的观众，"一位传记作家评论道，"辩论中，他冷峻地站在道德层面上猛烈抨击，毫不掩饰自己的暴怒。"

　　有人问马尔科姆·艾克斯是怎么做到说话如此有力度的，他将其归功于自己的监狱生活，尤其是宾比的影响："一切都是从查尔斯顿监狱开始的，从宾比让我对他强大的知识储备无比妒忌开始的。"然而有时候，在反思自己奇特的人生历程时，他会想起早年与另一位良师对话的一幕："我经常想，如果当初奥斯特洛夫斯基先生鼓励我当一名律师，我现在可能会是某个城市的黑人中产人士，有自己的职业，喝着鸡尾酒，把自己当成社区代言人。"

　　与马尔科姆的事业一样，诺福克辩论社团也蓬勃发展。这支辩论队在对阵各个学院的比赛中取得了 144 胜 8 负的战绩，其中包括击败音乐家莱昂纳德·科恩带领的一支加拿大队伍。直到 1966 年，社团才不再活动。2016 年，一群犯人恢复了诺福克辩论社团，开始重新训练参加比赛。诺福克的辩手之一詹姆斯·基翁在谈及队伍 50 年来的首次公开辩论时说道："对我来说，这赋予了我们人性……我的意思是，这意味着我们在这个世界上拥有一席之地，有话语权，有可以分享的事情，你明白吗？"由此，诺福克监狱的教育得以展开新的篇章。

· · ·

　　2017 年 5 月的最后一周，天气变化无常，时而阳光灿烂，时而暴雨倾盆，我的又一段教育经历即将画上句号。父母从悉尼飞来参加我的毕业典礼。和美国许多大学一样，哈佛大学的"毕业典礼"也被视为一个新的开端。我深爱的阿姨也从西雅图赶来参加典礼，亲人们会在波士顿待一周。期间，我推荐他们去游览城市周边的景点：芬威球场（波士顿红袜橄榄队的主场）、伊莎贝拉·斯图尔特·加德纳博物馆、唐人街。但父母似乎更喜欢待在我的房间里，从和我朋友们的聊天中，勾勒出他们的儿子过去四年的大学生活。

晚上，我和朋友们在格伦德尔酒吧消磨时间，这家地下酒吧气氛忧伤，我们聊了很多，并没喝太多酒。毕业班的大部分同学将前往纽约、旧金山这些大城市，但我和朋友们决心去更远的地方闯荡。我拿到了斯瓦茨曼奖学金，毕业后将于 8 月前往北京就读；法内勒将在亚特兰大开启顾问工作；约拿还有一个学期的学业要完成，之后将去西班牙马德里。我们踏上了不同的人生道路，这启示我们，人生难得是欢聚，唯有别离多。

几次彻夜深谈时，我和朋友们都在想，过去四年中我们到底学到了什么。现实世界要求我们去承担起那些单调乏味的义务，但我们接受的博雅教育似乎与其完全不相干，我们学的是外交承认的政治理论基础、性行为的历史、托马斯·哈代的小说。

于 5 月 25 日（周四）举行的毕业典礼越发加深了我们的担忧。尽管暴雨倾盆，毕业典礼仍规模浩大、令人赞叹。35000 名观众观看了一场集特别服饰、拉丁语演讲和歌曲表演于一体的大型演出。荣誉学位获得者朱迪·丹奇女爵士和詹姆斯·厄尔·琼斯站在学校领导和一众化学家中间，这样的情景令观众群情鼎沸。当天下午，脸书创始人马克·扎克伯格就"科技和民主的未来"发表了主题演讲。

这次毕业典礼清楚地表明：我们取得的学位具有市场价值。首先，无数的哈佛毕业生成为社会名流；其次，它为我们创造了一个平台，对科技和民主的未来发表自己看法的平台。站在参加典礼的茫茫人海中，我在思考学位的外在价值和教育的实质内容之间的鸿沟。那些迷惑不解，那阵阵的迷茫，在图书馆熬过漫漫长夜之后依旧找不到答案。

让我尚有一丝安慰的是，我有另一条跑道可以选择。去中国之前，在我熟悉的辩论领域，我还有一件事情需要完成：两个月后，在印度尼西亚巴厘岛举行的世界学校辩论锦标赛上，我将担任澳大利亚国家队的教练。法内勒也会参与那场比赛，他将担任美国队的教练，这将是我们在相当长一段时间内的最后一次相聚。

大多数辩手会经历两次退役。一次是不再参加辩论赛，之后的一段时间，他们不参加任何与辩论有关的活动，不担任裁判、不当志愿者，也不当教练。由于多数辩论赛要求参赛者必须是学生，因此辩手大多在 25 岁左右第一次退役。第二次退役的时间差别很大。有些人会一辈子从事辩论。

巴厘岛的比赛之后，我将第二次，也就是最终从辩论圈退役。虽然委员会邀请我再担任一届澳大利亚队的教练，但我去意已决。过去的十二年里，我从未体验过完全脱离竞争性辩论的生活。其中五年的时间，我一直担任年轻辩手的教练：在我高中时的母校、在哈佛、在世界各地的学校和夏令营。我依然喜欢这份工作，但现在看来，过早离开辩论与太晚离开相比，其潜在成本微不足道。是和辩论说再见的时候了。

7 月的第三个周三，在家里度过了几周平淡的暑假生活后，我踏上了前往印度尼西亚的航班，开启我最后一次辩论之旅。那天下午晚些时候，在从悉尼飞往巴厘岛的航班上，好几排度假者在播放安全视频之前就开始点饮料，看得出来，他们非常兴奋，抓住一切机会充分享受转瞬即逝的假期。我原本打算做下周的训练计划，但最终加入了他们的闲谈。

穿过厚厚的云层，飞机徐徐下降，于当地时间晚上 10 点左右落地。我和海关说明自己是来开会的，这是一个资深辩手的伎俩，可以有效规避"辩论，怎么说呢，有点像争论，但其实是一种竞技活动"的痛苦解释。随后，我来到出租车停靠点，那里，一大堆游客在练习用巴厘语打招呼。机场的无线网络一直通畅，我给辩论队发信息，通知他们1个小时后集合开会，他们已乘坐更早的航班先期到达。

去往出租屋的路上一路颠簸，我在想自己该和队员们说些什么。按照传统，这类"训练营"会以动员讲话开始，通常是一场充满民族自豪感、真挚动人、鼓舞士气的演讲。然而，在这样一个充斥着恶意辩论及负面政治后果的年份，如此狭隘地只关注胜利似乎并不合适，我来当教练的这项活动的价值似乎也不那么显而易见。

我所理解的辩论是一种强大的教育工具。对我来说，辩论不仅教给了我很多东西，还教会了我如何学习，并一点点燃起我求知的欲望。我有时试图用一个简单的公式向别人解释辩论：动机 > 技能 > 信息。

辩论将一幅巨大的信息图景摆在孩子们面前，就主题来说，有政治、历史、科学、文化；就信息来源来说，有新闻、研究报告、数据、各种理论。孩子们必须对此有足够深刻的理解，才能展开一场现场辩论。

但真正的学习不仅仅局限于内容层面。辩论是一项综合性活动，研究能力、团队合作、逻辑推理、写作、公共演讲，所有这些技巧可以组成一个工具包，适用于各种场景。也许最重要的是，辩论给了孩子们一个在意学习的理由。很多课堂作业都是自上而下且被动的，但是辩论鼓励的是持续的参与。另外，被听见并坚持到底是人们展开争论时最基本的愿望，辩论把它发展成了一项竞技活动。

经验证据表明，辩论可以做到平等化且具有可发展性。长期以来，尽管辩论一直是精英教育的中流砥柱，但近年有人致力于扩大辩论的受众面，效果显著。有人对芝加哥城市辩论联盟做过一项为期十年的研究，结果显示，排除自己选择辍学这个因素，在受到学业预警的高中生中，参加辩论活动的学生毕业的可能性是不参加者的 3.1 倍。像芝加哥城市辩论联盟这样的组织，在美国有二十多个。

组织辩论也（相对）容易。自 2013 年以来，佛罗里达州布劳沃德县在当地所有初中和高中开设了辩论课程，世界各地也在努力将辩论中用到的各种原则引入课堂，在课程设置中更多地体现出"辩论"技能的培养。

我赞成上述两种做法，然而，这就是辩论的全部意义吗？作为一种教育工具，它赋予个体一些优势：知识、技能、动机、人际关系和声望，但却没有产生社会效益。本质上来说，这无可非议，但不知怎的，这个疑问让我情绪低落。

出租车右转到一条土路上。我之所以选择这间出租房，是看中了它僻静的位置，但站在它面前，我惊讶地看到它孑然独立，周围竟没有任何别的房子。取而代之的是一望无际的稻田，这好像预示着某种结果。助理教练詹姆斯在门口迎接我。"孩子们已经睡着了，"他带着一丝歉意说道，"但他们很想见你。"

那天晚些时候，我独自待在房间，回想自己这趟巴厘岛之行是多么疯狂。执教辩论队的经历满满的心伤：教练制订计划，辩手打乱计划。一旦事情开始变糟，便会完全失去控制。我还是妥协了，年轻人让我们充满希望。美好的日子里，我们会见证他们走上舞台。

. . .

辩论教练的工作没有脚本，只有可供模仿的例子。有史以来最伟大的辩论教练曾在位于得克萨斯州马歇尔的威利学院教英文，那曾是所黑人学院。1934 年，詹姆斯·法默 14 岁，是名刚入学的新生，一切充满未知。

但在周围都是青年人的大学校园里，他体会到了孤独的滋味。法默的父亲是威利学院的宗教和哲学教授，所以法默对校园环境非常熟悉：墙上布满常青藤，花园里开满水仙花、百日菊和矢车菊。没想到正是自己的年龄让他对校园生活的浪漫想象破灭了。大多数学生对他敬而远之，正如世人对待天才一样。

然而，有个人对这朵"壁花"[1]很感兴趣。那是一个秋日，那位年近四十的英语教授在校园里看见了正在读书的法默，向他走去。隔着几百米远，教授大声问那个男孩在读什么书。"托尔斯泰的《战争与和平》！"法默回答。教授很满意这个回答，继续用低沉的声音问道："至少你在汲取一些知识，我很欣慰；但为什么不读些精华呢？"

教授后来的邀请带着几分威胁的意味。那天早课结束后，教授责备法默不够用功，要求他在阅读清单上加几本书。"你读完后我们一起讨论，我会故意唱反调，而你要为自己的观点辩护，在对立观点的交锋中，你才能更好地磨砺自己。"如果不照教授的要求做会怎样呢？不及格！法默无言以对，教授抓住机会解释说，大学的辩论队每周二和周四晚上都在他家训练。"你以后也过来，"他说，随后补充道，"好了，法默，我们今晚见。"这位教授正是教育家、诗人梅尔文·托尔森，威利学院辩论队的教练。就这样，这个初来乍到的新生第一次与辩论产生了交集。

美国大学辩论社的历史可以追溯到建国时期[2]，19世纪90年代到20世纪20年代被称为美国历史上的进步时代，人们强烈要求实施包括妇女选举权、参议员直接选举、打击腐败和垄断等在内的民主改革。这一时期，各个辩论社团针锋相对，竞争性辩论在全国蓬勃开展。历史上的这些黑人学院和大学也受其影响，许多日后的非裔美国人领袖，例如马丁·路德·金（当时就读莫

---

1. 舞会中没有舞伴而在墙边坐着看的人。
2. 1776年左右。

尔豪斯学院）、最高法院大法官马歇尔（当时就读林肯大学）和州参议员芭芭拉·乔丹（当时就读得克萨斯南方大学），都接受过辩论训练。

另一位代表正是梅尔文·托尔森，1923 年毕业之前，他一直与霍勒斯·曼·邦德[1]搭档，代表林肯大学参与各项辩论。第二年，托尔森来到威利学院教授英语和演讲两门课程，他来到学校做的第一件大事就是创立了辩论社团。詹姆斯·法默入学时，这位辩论教练已经用"无敌托尔森法"执教辩论队十年了。

很快，法默便体会到了训练的繁重和艰辛。训练以托尔森为中心，他既是对手，也是教练和教授。对每一位辩手，他先诘问 1 个小时，每一个不恰当的手势和停顿都会遭到批评。然后，他布置一大堆阅读书目让孩子们回家完成。有时，托尔森有些残忍，表现出一种对"无能、无知，却对提升自己毫不在意的人的深恶痛绝"，但就是这个人激发了孩子们对辩论的无比忠诚。对法默来说，"在托尔森家的夜晚是一天将要结束时的盛宴。"

之所以进行如此严酷的训练，原因之一在于，在种族隔离制度盛行的南方，做一名黑人辩手需要具备超凡的毅力。法默的队友霍巴特·贾勒特回忆道，有一次，一名白人至上主义者在一家杂货店外向辩论队开了一枪；还有一次，他们开车经过阿肯色州毕比市时看到了一个暴徒，于是赶紧让那些肤色较黑的队员俯身躲避。一位历史学家写道："在这一时期，几乎每一个辩手要么目睹过私刑，要么自己曾受到过私刑的威胁。"

托尔森认为，辩论是学生们为迎接即将面对的战斗所做的准备。"孩子，按照惯例，教授应该告诉他的学生，世界正张开双臂等着他们，但那是谎言。没错，是有人在等着你，拿着大棒等着你，你得学会躲避和反击。"他告诉法

1.Horace Mann Bond，享有盛誉的教育管理者，20 世纪三四十年代非裔美国人教育的重要人物，倡导摈除隔离，提高非裔美国学生的受教育程度。

默。这不仅是一场事关个人生存的斗争，也是一场关系政治进步的斗争。正如托尔森曾经向一位名叫亨丽埃塔·贝尔·威尔斯的辩手所说的那样，"你必须用辩论唤醒人们"。

法默在威利学院就读的第一年，学校辩论队的精力都集中在一个目标上：他们计划在1935年初穿越美国西南地区，和加利福尼亚以及新墨西哥地区的各支辩论队过过招儿，全程约5000英里。这次巡回赛中，他们最为关切的是与全美辩论赛常胜冠军南加州大学队的辩论。

这场辩论于周二晚上在南加州大学的博瓦德礼堂举行。据说，托尔森在比赛前一天晚上将队员们关在房间里，以确保他们不会被对手的阵势吓倒。在两千多人的会场里，霍巴特·贾勒特、詹姆斯·法默和队友亨利·海茨三人身着无尾晚礼服盛装出席。当晚的议题是禁止"武器和弹药的国际运输"。

五年前，也就是1930年，托尔森带领的威利辩论队成为第一支与白人辩论的非裔美国人队伍。也许是由于南加州大学在辩论界的霸主地位，抑或是威利辩论队日渐增长的声望，总而言之，这轮辩论承载着某种历史感开战了。托尔森所描述的"超越其种族，看见每个人身上的优秀品质"，令观众心驰神往。

威利队赢了。他们获胜的消息很快传遍全国。霍巴特·贾勒特后来写了一篇关于这次辩论的文章，我们可以一窥让这支队伍所向披靡的原因：敢作敢为、认真严谨。

很多人问我在讲台上讨论跨种族问题有何感受，还有很多人问我有没有害怕过，这太可笑了。当一个辩手为辩论做了几个月的充足准备后，当他权衡了所有的利弊并掌握了表达和反驳的技巧后，就无所畏惧了。

托尔森教练不仅率队战胜了南加州大学，还创造了一项非凡的纪录：在他的指导下，威利队的辩手们赢下了 75 场辩论中的 74 场。后来，詹姆斯·法默成为威利学院辩论队队长，再后来成为他那一代最杰出的民权领袖之一。作为民权领袖，法默运用自己的辩论技巧，取得了令人惊叹的成就。在辩论界，只有一人能与法默匹敌：马尔科姆·艾克斯。

...

在这间稻田边的出租房里，我对澳大利亚辩论队的训练确实过于严苛了。五个孩子，亚瑟、佐伊、杰克、伊西、丹尼尔，8 点起床，9 点已经在为第一次辩论做准备。下午辩论，晚上继续辩论，两次辩论的空当，我主持策略会，审阅他们收集的资料。实际情况是，各个学校的竞争力一年强过一年。先前只是少数几个富裕的、以英语为母语的国家之间展开较量的循环赛，如今参赛队伍来自更多国家。我提醒队员们，来自印度和中国这样的发展中国家的队伍，会通宵达旦做准备。

"训练营"快结束的倒数第二天，就在我批评他们缺乏真实论据时，我发觉自己的声音里渐渐透出真正的愤怒，于是提前结束了训练。那天下午，孩子们选择到圣猴森林公园游玩，那里是巴厘岛长尾猕猴保护区。队员们跟他们的灵长类同伴玩得不亦乐乎时，我一直待在后面，当看到两个孩子在一个长满苔藓的圣坛下方祈求在世锦赛上好运气时，我眼泪都快流下来了。

比赛的节奏对教练和辩手来说是不同的。辩手每天两轮"高强度冲刺跑"，上、下午各一轮；而对需要对比赛做出通盘考虑的教练来说，辩论则是缓慢的煎熬。一旦比赛开始，教练能做的就不多了，因此我们日思夜想的就是自己能加以控制的那有限的几件事儿。我们权衡每一条反馈意见、为排兵布阵殚精竭虑（谁上场，担任几辩）、演练怎样为己方点头称赞、又怎样怒视对方。其实那时，大家能感觉到，骰子已基本掷完。

我和法内勒同住一屋，赛程的前几天，我能感到我们之间那种难以名状的距离感。根据赛程，我们两队将在第五轮预赛中相遇。直到两支队伍比赛结束，澳大利亚队获胜，我和法内勒之间的尴尬才得以缓和，我们之间的谈话才又变得幽默风趣。对于自己之前的小气，我有些羞愧，但我找回了最好的朋友，开心莫过于此。

每次辩论锦标赛都有一个"风向标轮"，赢得这轮暗示着队伍极有可能赢得冠军。对我们来说，这次比赛的"风向标轮"是第8轮预赛中与南非队的交锋。南非的辩手很难对付。他们的辩论干净利落，透出和我们截然不同的幽默感，辩手们天资聪慧，感情真挚，牢牢地把控着舞台。"把这轮比赛当成总决赛，"我在比赛场地隔壁的阳台上嘱咐队员们，"牢牢把握住先机，一分钟都别让他们试图赶超。这是个机会，一定要让别人清楚你们的意图。"

这轮辩论的议题是"议会认为，对于寻求庇护者，各州应该可以根据其与现有族群的文化趋同度确定优先顺序"，我们的立场是反方。我在比赛前一天晚上排好了出场阵容：阿尔斯打头阵，他与生俱来的庄重感会震慑住对手；随后出场的是丹尼尔，英俊潇洒、品貌兼优，由他来巩固我方论点；杰克敏捷机智，极具说服力，由他来阐述我方最有力的支撑材料，同时直击对方的观点。他们恰当地执行了计划，辩论直截了当、富有激情，印度尼西亚的学生们看得目瞪口呆。评委投票3：0，我们获胜。

第二天的八分之一决赛中，我们以4：1击败希腊，我不禁开始幻想着夺冠。我对辩论队的雄心壮志中，有虚荣心作怪。赢得三次世界冠军，先是作为高中生辩手，然后作为大学生辩手，这次再以教练的身份，在辩论界，这样的战绩相当于获得了美国年度四大奖项[1]大满贯。我曾执教阿联酋队进入四分之

1.美国年度四大娱乐奖项：艾美奖，Emmy，美国电视界的最高奖项；格莱美奖，Grammy，美国最负盛名的音乐类奖项；奥斯卡奖，Oscar，美国电影类最高奖项；托尼奖，Tony，戏剧类奖项。

一决赛，去年执教澳大利亚队闯入了半决赛。这次势头不错，目标似乎有望实现。当赛事组织者宣布我们在四分之一决赛中的对手将是南非队时，我警告队伍不要自满，但并没有刻意掩饰我的喜悦。"我们清楚他们的实力，"我告诉他们，"打起精神，享受比赛。"

第一个危险信号出现在比赛开始之前。"我们准备得糟透了！"伊西喊道。他把我喊糊涂了，鉴于在场评委听得见我们的对话，我特意大声回了一句："我担保一切顺利。你总是这样说。"另一位选手佐伊帮我说道："是的，我们准备得非常充分！"这部糟糕的"滑稽剧"演完后，我瞥了一眼房间前方。我们队的三名辩手脸色苍白，在信笺簿上胡乱地写着什么。

这轮的辩题是，"我们应该对用自动化取代人工的雇主额外征税"，我们是反方，比赛阵容和上次一样。所有可能出错的地方一个没跑。我方辩手在反驳对方观点上花费了太多的时间，却没有充分展开实质性论证。随着辩论渐渐失去控制，他们一会儿夸夸其谈、大放厥词，一会儿羞怯懦弱、尴尬窘迫。后来还开了个粗俗的笑话，给整个辩论过程添了丝不体面。无论怎样，我们努力说服了一个评委，但没有成功说服另外 4 人。最终评委投票结果 1∶4，我们淘汰出局。

回酒店的大巴上，我努力保持微笑，尽管那些安慰的话语早已俗套，但我仍安慰大家"还有明年呢""挺入四分之一决赛已经很不容易了"。实际情况是，孩子们似乎比我更能接受失败，这让我感觉越发糟糕。回到酒店，我再一次竭力安抚他们后，我消失了两个小时。回到房间，我瘫倒在床上，浑身被痛苦包裹着，这种感觉比我作为辩手经历过的任何痛苦都更锥心刺骨。

法内勒下午没有回房间，他率领的美国国家队挺进了半决赛。即使他人不在我身边，他那些足智多谋、闪着思想光芒的话语却依然回响在耳边。法内勒过去常对我说，辩论是失败的教育。对每位辩手来说，输掉的比赛比赢下的多。每个星期，大部分辩手都有在现场观众面前目睹自己的想法被推翻的经历。他用"熬"（"还没熬完吗？"）（"我还在熬着。"）字来描述那种失利后难以摆脱的自怨自艾，这种感受会持续几个小时，甚至是几天。

经过多年的历练，法内勒和我逐渐认识到，"熬"虽让人极不舒服，但有其好处：它锻炼我们埋头钻研，坚定我们不断提升自己的决心，而且会让我们渐渐形成团魂。更重要的是，反反复复认识到自己的错误会让我们更加谦和。对于辩手来说，"熬"会让我们认识到自己的观点可能是错误的，即便是自己最坚定的信念都有可能不是完美无瑕的。这种认识不是抽象的概念，它来源于亲知。

我相信"熬"的价值。我很庆幸法内勒不在房间，不用由他来告诉我这一切。他率领的队伍还在比赛中，我执教的队伍已经出局。

我醒来时太阳已经落山了。我穿上四分之一决赛时的那件衬衫，随即又把它脱下来扔在房间的地板上。队员发来短信：去游泳了。我来到酒店的游泳池，队员们和一群人在一起，包括几位下午辩论时的南非队成员。我拽住一名队员，问他："不尴尬？真的不尴尬吗？"他回答说："尴尬什么？比分是一比一啊。"[1]

对于这场辩论的普遍的批评是对抗性太强。语言学家黛博拉·坦嫩将其描述为"争论文化"，并强烈谴责了这种文化。"争论文化"将辩论置于对话之上，从而将整个社会置于"无休止的争论氛围"中。她写道，这样一种文化引发了敌对行为，也可以说是一种"在非战争环境下采取战争姿态"的倾向。她描述的这种倾向对我来说简直一针见血。当辩手时，甚至后来当了教练，重大辩论之前，我常用诸如"碾压他们"或"推翻他们的辩案"之类的战斗语言激发队员的斗志，对此我感到内疚。在这些时刻，我与那些我嗤之以鼻的蛊惑

---

1. 比分一比一，one-all，指预赛获胜，淘汰赛出局。

人心的政客和有线电视主持人有什么分别?

输掉比赛的那个晚上,看着孩子们,我想到辩论的另一个方面。辩论教会我们,对手可能会被打败,但永远不会被征服——他们不仅会在几天或几周后归来,参与另一场争论,而且会在取得胜利后在游泳池边等你。参赛者的目标是在比赛中不断向前。正因如此,不择手段摧毁对手之类的好战心态非长久之计。从长远来看,对方态度友善,并且在既定规则的保护下,比赛才能继续。辩论教会了我们这些真理,但这些真理在我们日常的政治斗争、商业竞争和个性冲突中太容易被忽略了。

"agonism"一词来源于古希腊语单词 agon,意为斗争和冲突,但一般情况下直接指代体育竞赛(如奥林匹克运动会)。对我来说,这样理解辩论似乎更合理:不把辩论当作战争,而是当成一场反复出现的竞赛或游戏,输是不可避免的,赢是暂时的,而智慧就在于优雅地对待输赢。

与马尔科姆·艾克斯的首次辩论,詹姆斯·法默从没有过多谈及。那是 1961 年,41 岁的法默和 36 岁的马尔科姆在巴里·格雷的节目上展开了 1 个小时的广播辩论。"我低估了他,"法默在回忆录中写道,"他声音洪亮,语速极快,我根本抢不到麦克风,但我必须承认,他的敏捷和妙语连珠令人惊叹。"这一次辩论让威利队的这位老辩手有了一个新理念:永远不要误判对手的实力。

第二年,他们在康奈尔大学再次相遇,法默感觉已经相当清楚对手的实力,他想说服赛事组织者安排他在对手之后发言,这样可以争辩到底,但没有成功(马尔科姆在辩论开始前的争夺中赢得了顺序选择权)。于是他想出了另一种方案。法默认为对手更擅长分析问题,但不擅长提出解决办法。法默以对种族主义的强烈谴责作为开场,之后转向对手说:"马尔科姆兄弟,别再跟我们唠叨病症了,我们心里很清楚,现在,请告诉我们,治疗方案是什么?"

法默的策略取得了预期的效果,马尔科姆·艾克斯迟迟没有站到麦克风前，给人一种无所适从、不知怎样应答的印象。不过他在反驳中重新站稳了脚跟，认为尽管有"参议院、国会、总统和最高法院的支持"，融合主义者们也没能在这个国家废除种族隔离。无奈太迟了，法默让观众的注意力都集中在了马尔科姆的解决办法上。"艾克斯先生，你反复说那是种族隔离，但并没有告诉我们解决办法是什么，你没有给出解决方案。"

接下来的四年里，两人又有过几次交锋。其中最精彩的一次应该算是1963年美国公共广播公司《开放思想》节目的一次专题讨论。在一间昏暗的工作室里，他们隔一张狭窄的桌子对坐。两人各具特色。马尔科姆·艾克斯不断变换着坐姿，显得夸张而生硬；法默则一直保持着完美的姿态。

辩论持续了近90分钟，双方都曾占过上风，但大多时候势均力敌，呈胶着之势，难以判断输赢。很明显，双方彼此非常了解，不断反驳、修正并改变着彼此的观点和措辞：

马尔科姆·艾克斯：这个国家的黑人唯一取得进步是在战争时期。当白人没有退路的时候，才会让黑人稍微向前一小步……黑人要想在正确的方向上大步向前，还需要一场战争。

法默：马尔科姆教士……

马尔科姆·艾克斯：你刚才足足讲了15分钟，我没打断过你。

法默：你曾试图打断。

马尔科姆·艾克斯：主持人不允许。

[……]

法默：你说黑人只有在战时才能取得进步，我们现在就身处战争，战争正在伯明翰的街道、在格林斯伯勒的街道上进行着。如果你不喜欢这场战争，没有关系，但不要否认这是一场战争。

马尔科姆·艾克斯：对一个连工作都没有的人来说，去剧院有意义吗？

法默：……有意义，因为不仅仅是能不能去剧院的问题，也不仅仅是便餐馆里的一杯咖啡那么简单，事关人的尊严……如果我们不能成为公众的一员，那我们是什么？

马尔科姆·艾克斯：如果我们是公众的一员，这个国家为什么会有种族问题？争取非种族隔离的剧院，这样的行为绝不会让种族主义消失。

公开辩论背后，两个竞争对手之间的关系开始发生变化：这场美国公共广播公司的辩论结束几周后，法默和马尔科姆·艾克斯达成协议，两人不再公开辩论。取而代之的是，他们同意在两人家中解决分歧。在后来的几次会面中，两位对手表现出的友爱给人一种"两人是相互钦佩的同伴"的印象，例如，他们都说自己的妻子觉得对方才是更好的辩手。但二人的关系中从未失去过竞争的意味。法默说，在几次争论中自己曾想说过："别闹了，马尔科姆，你赢不了的，因为你没有接受过托尔森的指导。"

除了辩论，法默和马尔科姆·艾克斯在其他一些场合也曾表现出观点相悖。主流的民权运动和黑人民族主义之间的冲突是那个时代政治生活的鲜明特征，尽管如此，随着他们之间对话的深入，两位对手的立场发生了变化，这是相当令人震惊的。

马尔科姆·艾克斯于1964年3月离开了伊斯兰民族组织，在接下来的一个月里，他宣布自己依然信仰黑人民族主义，并坚持武力自卫原则，但他也敦促非裔美国人战略性地参与选举过程："现在是时候让我们在政治上变得更加成熟，并意识到投票的重要性了。"与此同时，法默在坚持消除种族隔离的同时，也尽量顾及黑人民族主义思想中的一些内容。例如，他在1965年提出"双管齐下"的方法，将直接行动与更多关注社区组织结合起来。

谈及这些变化，詹姆斯·法默和马尔科姆·艾克斯在他们的最后几次会面中开玩笑地说道，再继续深谈下去，他们很快就会互换政治立场。"我们很可能会那样做。"法默写道。

交流观点，甚至在两种观点之间游走，我们所能想到的也就是这些了。但根据我的经验，有效辩论很少会一方"战胜"另一方，更常见的结果是双方都对自己的观念做出细微的调整。不能总用过去那种二元对立来看待这些新观点——比如，少一些融合主义者，多一点民族主义者。它们是一个整体——同生，共灭。

2006年，组织行为学教授克里斯蒂娜丁芳指出了矛盾情绪（同时体验积极和消极情绪）和创造力（识别概念之间特殊关系的能力）之间的联系。在讨论两个实验的结果时，她认为矛盾情绪可能向人们暗示"他们处在一个特殊的环境中，而这会增加人们对特殊关系的敏感度"。她的结论是什么？并没有足够的证据表明管理者应该在工作场所积极激发矛盾情绪，但我们有充分的理由"更合理地看待复杂情绪的潜在影响"。

辩论和智力层面的矛盾体验原理是类似的。当我们的观点遇到真正的挑战，摆在面前的绝非只有坚持或放弃两种选择。我们应当重新思考——找到第三条路。这就是辩论的另一面，作为教育工具的一面。只要能让对话进行下去，辩论便可以让人学会坚持，学会相互借鉴。

...

8月27日，夏末，巴厘岛的比赛结束两周后，我飞抵北京，打了一辆出租车前往清华大学。车子驶进宽阔的绿色校园，慢慢减速，我知道离我的新住所很近了。

建筑师从中国传统四合院中汲取灵感，设计了苏世民书院[1]。书院包括学生宿舍和教学设施，雄伟的墙壁上点缀着红色的木质装潢，仿佛一座堡垒。我们这一期苏世民学者项目资助的学者，50名来自美国、25名来自中国，另外45名来自其他国家和地区。我拖着行李箱穿过有空调的大厅，来到三楼的房间，一路想着这项社会实验会带来什么结果。

前几个月，我们这些20多岁的学生用一种生硬的专业精神来处理文化交流的任务。课堂讨论中，大家的发言含蓄、谨慎："作为一个中国人，我会说……""大多数美国人会说……"我们的课程包括公共政策类，也包括企业管理类，这种注重实用性的课程设置把在不同社会、不同意识形态下工作的能力作为一种专业技能来培养。有一门课程名称是《跨文化战略管理》。交谈质量深受影响。

但对我来说倒还好，因为我打算用这十个月的时间，摆脱那些在我的教育生涯中一直支配着我的事情：竞争、自我展示、主动抢占公共平台。大多数周末，我会和两个朋友结伴旅行，一位是来自中国的艺术家，另一位是来自巴基斯坦的诗人。我想的是，先经历，再理解。我们三人轻装上路，一路远行，从苏州的运河到新疆的群山，一路上，各自用自己的语言表达着感受。

在清华大学的这一年里，世界变化迅速，令人应接不暇。来清华三个月后，圣诞前夕，就在我和同学们准备圣诞晚餐时，美国宣布中国是试图挑战美国影响力和价值观，中国称此为"恶意诽谤"。2018年2月，短短一个月，我都在忙着硕士论文写作。几周后的3月，美国强行对中国的钢铁和铝加收关税，进而引发了一连串被称为贸易战的报复性行动。

与此同时，苏世民书院里的一切也在发生着改变。在共享客厅里，在城

---

1. 美国黑石集团共同创始人苏世民在清华大学创立奖学金项目，每年资助来自世界各地的学生来清华攻读为期一年的硕士项目。

市各处的酒吧里，大家交朋友，开始还小心翼翼地遮掩，后来干脆不管不顾地相爱，收获着亲密关系带来的复杂回报。

再后来，随着内心世界和外在环境的变化，我和同学们开始用一种陌生的语气交谈。以前，教室和公共区域洋溢着充满激情的背诵声，而现在，背诵声小多了。大家说话仅代表个人意见，不再为某个集体充当发言人，话里夹杂着怀疑和一些开放性问题，一个句子停好几次说不完，对话中充满迟疑、停顿。

在这些时候，我感觉自己在倾听沉浸在真正的教育中的人们发出的声音。它不是自我夸耀、百般辩解的断言，而是温和地表达接纳，大家相信自己的观点会被公平地倾听，坦诚会让对话更具深度。辩论以及辩论中包含的"学会面对失败"会帮助人们获得这种温和的声音，当然，辩论活动本身也定能从中受益。

从我抵达中国开始，当地的辩手就一直邀请我在辩论赛和培训课上讲话，我写了一张便条向他们道歉，解释说我的辩论生涯已经结束了。学年快结束时，4月，我接受了几个邀请，之所以这样做，一是感动于他们的坚持不懈，二是出于好奇。

在一个舒适的周六下午，我骑自行车去北京当地的一所大学，为一场初高中学生的小型辩论比赛做裁判。

在辩论界，中国多年来一直活跃在全球舞台，但没有取得过非凡的战绩。大多数亚洲国家也是这种情况，只有新加坡和马来西亚等少数国家例外，这在很大程度上与语言障碍以及西方英语国家在这项活动中享有的地位有关。

比赛远远超出我的预期，让我相信，中国有一大批有才华之人在从事辩论活动。这些15～18岁的孩子能够自如地辩论，他们满怀激情地为己方的议题辩护，营造出一种少有的感觉：某件事正处于变革。更重要的是，学生们似乎天生就认识到自己的视角并不是对于某一论点或问题的唯一视角，他们必须战胜怀疑和排除异议，赢得观众的支持。这种谨慎的态度让我思考，在辩论中"一心一意"可能并不是什么好经验，应该被我们这些成年人抛弃了。

我很羡慕这些孩子，他们跟我 13 年前一样 —— 正处于最快速汲取知识的阶段，面前有太多未知有待探索。黄昏时分，我骑车返回清华，穿梭在北京的车流中，骑在窄窄的自行车道上，我在想，这些孩子，这些有趣的灵魂，他们的未来会是什么样子呢？他们之中有的渴望到国外工作，但大多数孩子想留在国内。

我把自行车停在苏世民书院的门口，心中在想：我希望孩子们有机会运用辩论训练中学到的知识、技能和动机去说服别人；希望他们胜不骄、败不馁；希望他们能敞开心扉接纳分歧。我还希望，社会能致力于辩论教育。唯其如此，当站在全球舞台上捍卫我们的价值观时，才有机会成功。

8

团结任何人，
搞定一切事

2009 年 4 月，接吻角路上那栋漂亮的红砖复式公寓的前任业主离婚了，房子正在挂牌出售。在一个秋高气爽的早晨，父母和我来参观这栋房产，经纪人告诉我们，我们误打误撞踩到了"机会"上。室内有股刺鼻的臭味。一位上了年纪的女士正坐在昏暗、紫色墙面的客厅里看电视。环顾卧室，看布置仍然像是两个人在住，不知道这个家庭上演了怎样的不幸。那天晚上，妈妈打电话给经纪人，给出了报价。不到一个月，我们三个人便着手把这个地方照着自己家的样子布置了。

　　2018 年 8 月，在中国待了一年后，我搬回了位于接吻角路上的父母家。家看上去已有些破旧了。算起来，我已离家在外漂泊五年。花园里杂草丛生，好几个房间灯光昏暗。多年来，习惯了宿管监管下的宿舍生活，现在真正住在家里，需要承担起各种责任，更需要容忍各种不完美，这让我有些畏惧。

　　而且，爸爸妈妈年纪大了，60 多岁的他们晚餐时会坦率地谈论退休后的生活。父亲不再用染发剂，银色的鬓发让我想起了祖父。父母告诉我，2013 年我第一次离家去上大学，他们哭了好几个月。全家围坐在桌子旁，看到父母脸上展现出往日的笑容，我不禁在想，离开家的这些岁月里，我错过了什么。

　　对家和家人的责任感与日俱增，而我却常常感到无能为力。我曾想，住在家里的这段时间只是一个年轻人在其职业生涯中暂时歇歇脚，借这段短暂的时光，家人们可以满怀深情地回忆一下往昔。然而，找不到工作，城市里房租价格过高，让我搬出去住的想法变得不切实际起来。我儿时的卧室虽舒适，却散发着一股长期没人住的味道，醒来时映入眼帘的是上学时获得的布满灰尘的奖品和辩论奖杯。这些荣誉，再加上后来参加过的实习，获得过的各类奖学金等，本应该能为我未来的生活创造一些机会，然而日子一天天过去，未来一天比一天暗淡。

在北京的时光接近尾声时，我决心成为一名记者。这一决定并非基于认真的权衡，而是由于我对在中国遇到的那些外国记者的迷恋。不管是作为移民还是而后作为才智精英，我从小接受的教育就是要尊重权威并努力获得其认可。而从这些记者身上，我看到的是持异议的精神。他们穿着不讲究，四处寻找故事。选择当记者，对我来说会困难重重。我缺少编辑部工作经验；再说，一个衰落的行业不可能搞大型招聘活动。然而，我决心已定，不会动摇。

爸爸妈妈也从未要求我重新考虑自己的决定。相反，那些爱管闲事的亲友一起大声指责我时，他们态度坚定。"徐辅贤最近在忙些什么？"如果没有父母的支持，我早就放弃了。但即使有他们，时不时自我怀疑还是会一波波涌起。对那些为了咨询和金融业赚大钱的工作而放弃了自己的雄心抱负的同龄人，我从来不屑一顾。但现在，我在想，自己的理想能坚持多久呢？心怀这样的理想是否从一开始就是错的呢？

这几个月里，我发现自己渴望刺激，渴望发生点什么能让我的精力从繁忙的求职中跳出来。11月，愿望实现了，但带来刺激的不是事情本身，而是其余波。

…

　　教堂讨论之前的一周，父母和我没有过多交谈。家里的争吵越来越多。一些争论事关重要问题。例如，我一直在敦促父母减少居住面积，搬到离城镇更近的公寓，而这两个建议他们都不接受。然而，最严重和最令人费解的分歧却都是关于一些琐事：家务活、说话太随便，等等。开始只是小小的争论，随着内容不断扩大，争端也不断升级。

　　我父母是真值得赞扬，他们从来寸土不让。父亲曾是韩国军队的一名军官，他的许多品质——骄傲、慷慨、自律——似乎都有一个共同的根源：他对所谓的"尊严"秉持着始终不渝的信念。外祖父是位女权主义者，他给母亲读韩文版《第二性》，并敦促她事业为重，婚姻相比永远是第二位的。两人都不是那种能忍受自己的儿子胡说八道的人。

　　朋友们也是类似的情形。他们中大多数已经工作一两年，和在一起很久了的同伴一起租住在漂亮的公寓里。在他们身边，我感觉自己就像个大孩子。过去的五年，我一直是在海外度过的，而且平时的大部分时间花在了阅读上，结果怎样呢？出于这一点，当然还有其他一些原因，朋友们开玩笑时不经意间的冷嘲热讽和漫不经心的评论，会让我耿耿于怀，而且动不动就能跟他们争论起来，大到政治，小到琐碎的个人抱怨。朋友们没有假惺惺地安慰或纵容我。我们每个人都在被他人衡量，付出多少，回报多少。

　　洗涤剂制造商亮洁曾委托一家机构对美国的洗碗状况进行调查。结果发现，十分之六的受访者在洗碗时感到紧张，四分之三的人会预清洗。但最有趣的一组发现是关于家人之间的争吵的。据报道，平均每户家庭一年内会发生217起与洗碗有关的争吵，平均下来大约每月18起。争论最多的是谁来清理洗碗机，当然，人们也为谁来洗泡在池子里的盘子而争吵。

　　研究结果似乎在强调，人们对争论的理解主要有以下两点。

1. 一些最顽固的分歧发生在我们与关系最密切的人之间。

2. 这些分歧都是关于一些琐碎的小事。

这两种现象都不寻常。在有关谈判的文献中，几乎没有比"找到共同点"更频繁出现的建议了。专家们表示，即使共同点微不足道——"嘿，我们都是人啊"或"在我们两种文化中，人们都吃鹰嘴豆泥"，意识到共同之处也可以改变人们对待分歧的态度。另一个窍门是把大分歧分解成小分歧。这样做可以减少讨论的竞争性，并确保每个争论都在可控范围内。

但是，这些建议似乎对我们个人生活中的种种分歧没什么用处。从个人层面说，我们无须在朋友、家人或爱人之间寻求共性或建立联系，因为这已是我们之间关系的前提。这些建议对解决围绕家务事发生的争论似乎也不是特别有用。还有比家务事更简单的问题吗？事实上，一旦亲密关系和低风险结合在一起，往往会使争端越发难以解决。

当我和父母为琐事争吵时，我可以漫不经心。我也确实是漫不经心的。家给了我自信，让我把十几年的辩论所成就的训练有素放在一边，不用费力去想我说了什么，是怎么说的。通常来说，这样对每个人的精神健康有益。但它也会导致错误、误解和苛待。在家人之间的争端中，我信心十足，相信自己能够迅速解决分歧，而且结果对我有利。因此，当对方拒不让步时，我会变得不顾他们的感受，急躁发怒。这样的情形怎么可能不导致一场大吼大叫呢？

脏盘子之争的悲剧就在这里：如果一方不那么爱另一方，或者分歧事关更迫切的问题，那么争论可能不会如此令人痛苦。

另一种理解个人分歧这一特殊难题的方法是 RISA 备忘录。很难保证产生合理分歧的先决条件，对最重要的人际关系来说，尤其如此。

不真实：误解在人际关系中很普遍。倾听很难，揣测很容易。之所以如此，原因之一是随着对另一个人了解的深入，把某些事情视为理所当然。另外，还基于一种浪漫的想法，那就是我们应该绝对理解那些与我们最亲密的人们，也许比他们自己了解得还要透彻。结果呢？我们因误解而争吵，直到陷入真正的分歧。

不重要：亲密关系中，微小的分歧的重要性被放大了。我们希望所爱之人与我们意见一致，甚至像我们一样。因此，希望破灭时，我们会感到万分沮丧。我们还会曲解这些琐碎的争论，认为其中暗含着种种迹象，而且这些迹象能显示出两人如何相处、谁强谁弱，以及彼此在对方心中的地位。这样一来，原本的小土丘便被看成了连绵的山脉。

不具体：个人分歧往往没有什么天然的限制。我们与一个人是如此的纠缠不清，以至于任何一场争端都是在一千个其他争端的背景下展开的，比如你会说，有一次你的另一半也做过类似的事情。一旦我们开始扩大分歧的范围，我们就有可能使其永远无法解决。

无序：人们与亲人吵架的原因很复杂。有些与当前的问题毫无关系。我们之所以争吵不休是为了制造痛苦，表达我们的不快乐，并检验对方是否仍然关心我们。这使得确保双方动机一致变得更加困难。

有一点很清楚，辩论技巧救不了我。事实上，每当我在争吵中占了上风，别人一说出这句极具杀伤力的话："别跟我辩论！"我发现自己就输了。问题是我已经尽我所能为自己的利益进行了激烈的辩论，但功亏一篑。

在我看来，这是个迫切需要解决的问题。不仅仅是与家人和朋友的关系中会出现脏盘子争端这样的恶性发展事态。它让恋人起口角，让邻居之间发生争吵，让体育俱乐部、学校董事会和教众里志同道合的人们之间产生冲突。上述情境中，分歧变得极端丑陋，会产生恶果。

小时候，妈妈曾给我读过《伊索寓言》。其中一个故事是这样讲的：两只山羊在峡谷里相遇，各自站在一座狭窄的桥的两端。它们都小心翼翼地走在桥板上，清楚一步没踏好便会粉身碎骨。它们在桥中间相遇，但都太骄傲了，谁也不愿往旁边挪一步。顶在一起僵持不下，最终都摔下山谷丧命。在故事的某些版本中，两只山羊是朋友；还有一些版本里，他们是亲戚。

...

有一个周日，教堂午餐是一种用大蒜和牛肉片做成的海藻汤。这道汤配着米饭和大盘泡菜，每隔一段时间就端出来放在教堂的桌子上。一般来说，负责本周午餐的家庭准备了充足的饭菜，并会将吃不了的打包，让刚结婚的年轻夫妻和学生们带回家。大家边喝汤边轻松交谈，不时有人感叹着："好喝！"

下午 2 点左右，人们开始排队等待进入大厅，一些人脸上挂着微笑，另一些人一脸凝重，仿佛在思考着解决方案。父母告诉孩子们出去玩一会儿。牧师是个沉默寡言的人，农夫般兢兢业业的样子，已经坐好。他的布道以祈祷智慧开始，讲话显得呆板僵硬。一些上年纪的教众总结说，当时的"局面很困难"。气氛倒没有多么令人不快，但却让人感觉像在水上行走一般精疲力竭。照当时的情形，很有可能讲 1 个小时也不会有什么引人入胜的内容。倒不是说此种情形有什么坏处，但绝对令人失望透顶。

后来，坐在教堂前排的一位老妇人举起了手。在社区里，她是个安静而尽责的人，经历了人生几段不为人知的痛苦后，最终皈依宗教。这时，大多数人已经任由思绪飘荡到很远了，没注意到老太太轻轻举起的手，更没明白老人举手的目的。

"《圣经》在这一点上是很明确的。""我们为什么还要讨论这个问题？"

老人的声音有些颤抖。老人说的每个字听得清清楚楚，但意思却是模棱两可的，听上去像在开玩笑，又像在谴责，抑或是在恳求。老人继续说着，似乎找到了新的意图。这个意图一旦形成，就像一根铁棒一样贯穿了她接下来要说的全部内容。老人镇静地发出每个音节，声音里透着几丝金属质感。

"教会的目的是让人们坚持信仰。这意味着正确的就支持，错误的就反对。如果屈从于一时的流行，我们就会失去诚信。"

有一阵子，房间里鸦雀无声。说完，老妇人跌坐在椅子上，突然间显得虚弱不堪。那些等着发言的人犹豫了；一位年轻的家长溜出房间去找孩子。好似有什么东西被打破了一样，接下来的几个发言，有的夹杂着无理的愤怒，有的充满真诚，有好几个瞬间，发言人的泪水几乎要夺眶而出。两次捐款之间的时间缩短了。字里行间间隔的时间也缩短了。很快，房间里到处都是乱哄哄的声音。

提出的论点多种多样，相互之间没什么关系。父亲发言表示赞同承认同性婚姻，对论点的阐述充满了官僚政治术语。他不是从《圣经》和道德层面展开论述，而是讲策略和过程，即如何与教会会议保持良好关系。但对于一个在战后保守家庭长大的乡村男孩来说，这是一种激进的干预。接着，在男孩之后发言的两个人提出了完全不同的观点。因此，尚未解决的分歧开始堆积并恶化。

即便是真诚交流的时刻，也会释放出恶毒的言辞。有人认为反对同性婚姻会坚定公众对教会已经不合时宜的看法，另一个人回应说："胡说八道，荒谬绝伦。"但荒谬的是什么？结论？推理过程？关注的领域？还是提出问题的人？以上全部都是抑或全都不是？这种模棱两可的态度，任由其发展下去，会破坏气氛。

···

2010 年，认知科学家雨果·梅西埃和丹·斯铂佰对"人类为什么会推理"这一问题给出了不同寻常的答案，引发了一场骚动。他们认为，展开推理并不是为了帮助人们辨别真相进而做出更好的判断，而是为了在争论中取胜。"（推理）纯粹是一种社会现象。它有助于我们说服他人，并在他人试图说服我们时小心谨慎。"梅西尔在《纽约时报》的采访中这样说道。这种观点认为，我们推理中的瑕疵，如确认偏差，不是漏洞，而是特征。他们可能无法让我们更接近真相，但能帮助我们进行辩论。梅西埃和斯铂佰的论文的题目是推理的论证理论。

我不知道这作为进化心理学的理论是否合适，但我在教堂看到，赢得辩论的欲望会变得压倒一切，它会超越对真理的追求和对他人的悲悯之情。这样的竞争欲望是很危险的，其危险性在个人分歧中体现得最为真切。它让我们忘记了与亲人争吵时最重要的目的：和而不同。

一个多小时后，教堂的讨论结束了，毫无结果，未做出任何决定。但不着急，下周同一时间将展开另一场讨论。牧师在整个讨论过程中一直沉默不语，结束时他作祈祷并要求大家："感谢大家今天下午的发言。我请你们回家想想你的教友们。我们下次见面之前，请试着从他们的角度思考问题。"

牧师的要求让我想起了竞争性辩论中的一个技巧：立场转换。

大多辩论都是在确定的情形下进行的。一旦接到一项动议，人们立刻进入一种观念模式里，对此观点深信不疑。人们在这种绝对信念下进行辩论，消除反对意见，展现激情。但在准备阶段结束和一轮比赛开始之间，有一个当口，可以引入不确定原理：

立场转换

在辩论开始前的最后 5 分钟内，执行以下一项或多项操作。

头脑风暴：拿出一张纸。假设你现在处于此动议的对手一边。展开脑力激荡，找出支持对方立场的四个最佳论点。

压力测试：从对手的角度审视自己的论点。对每一个论点提出最强烈的反对意见，并将其写在页边空白处。

损失票：想象一下，你站在对方立场上赢得了辩论。写出你获胜的原因，包括对手所犯的错误。

接下来的步骤各不相同。可以修改论点以回应对方可能提出的异议，或者设计怎样反驳对方的论点。也可以制定战略，在对方走向胜利的路上设置障碍。但这两个步骤基本思路相同：把自己确定的信念暂时放在一边，从另一个角度看问题，目的是提高自己赢得辩论的概率。

谈判高手提供了他们的立场转换模式。《谈判力》的合著者威廉·乌里将这条规则追溯到了中世纪："重复对方所说的话到令对方满意后，再说自己的观点。"冲突学者安娜·托尔·拉波波特敦促人们在攻击一个对立的论点之前，先阐明它的"有效适用范围"——也就是说，这一观点可能成立的先决条件。对于一个坚持"黑就是白"的人，回答"没错，如果你是在说照片底片的话"。

但这些策略的问题在于，他们还是将我们与对手严格分为两个阵营。即使在我们最宽容大度的时刻，比如说，竭力去理解黑怎么可能是白，我们作为（仁慈的）批评者，仍然与对手保持着一定的距离。

转换身份则不同，它迫使我们真切地从对方的视角看问题，亲身体验到他人信念的主观合理性。我们可以暂时体验一下，深信与我们自己的观点相左的想法是什么感觉。这样我们就能一步步搞清楚，一个理智的人（比如说我们！）是怎样得出原本绝不会相信的结论的。

立场转换也可以让我们换个角度看自己。我们可以欣然接受这样一种可能性，即我们可能是出错的人，因为我们的信念是某些选择和假设的结果，还有另外的选择和假设；有可能我们才是那些需要被容忍、被适应或被喊停的人；与我们意见不同是很自然的，也是意料之中的。苏格兰小说家罗伯特·路易斯·史蒂文森在描述他19世纪60年代大学时代的辩论时，更为激昂洋溢地提出了同样的观点：

现在，按照这个规则，你要承担起你不赞成的那一方的责任，因此，为了自己的名誉，你不得不站在与己方观点背道而驰的立场上去辩论、去感知、去阐述；在这片闲置的葡萄园里，暗藏着多么丰富的智慧有待你去挖掘啊！有多少新的困难会出现在你的面前，有多少陈腐的论点在你被迫采取的折衷主义目光下，失去力量直至最终被丢弃！

立场转换的这些方面都表明了一种共情的思考方式。大多数人认为同理心是一种自然而然的心理联结，是美好德行的反映，但在辩论者眼里，它是通过一系列行动而达成的相互理解。这样看待同理心颇为乏味。因为如若这般，那它需要的不是德行或想象力，而是纸和笔。但好处是，当我们的其他能力——想象力、美德、情感和直觉——都辜负了我们，至少还有一些事情可做。它要求我们越是陷入困境，越要转换立场。

诚然，我们经常会误解对手。即便如此，转换立场的目的既不是对对方做出预先判断，也不是为自己不倾听对方的观点找任何借口，而是为了让我们从自满中跳脱出来，以更加开放的态度和视角参与到讨论中。

布莱兹·帕斯卡尔在《思想录》中回答了长期困扰无神论者的问题：一个人如果不能下决心信仰上帝，会怎样呢？"遵循（其他人）刚开始时的方式；行为上表现得如同信徒一般，喝圣水，做弥撒。"换言之，信仰与其说是宗教活动的先决条件，不如说是其结果。"立场转换"会让同理心以同样的方式发挥作用：它产生自仪式行为。人们只需遵循步骤，接下来的一切便会自然而然发生。

同时用自己和他人的眼睛看世界是令人困惑、不安和疲惫的。但立场转换不至于让爱的表达陷入最糟糕的境地。

...

教会讨论会结束后的几天里，在与父母持续的争论中，我都用了"立场转换"的方法。我试图想象父母为什么希望我把谈恋爱提到日程上来，也仔细审视了我敦促他们减少住房面积的理由。"立场转换"在一定程度上有所帮助。我变得更加耐心和谨慎；我能理解他们之所以那样想的原因。但随着交谈继续，理性开始耗尽，我又陷入了熟悉而枯燥的非理性争吵的恶性循环中。

造成这种情形的一部分原因是，双方的分歧由来已久，而"立场转换"的时间则很短。这一技巧实际是用重置的方式，动摇了我们所作的假设，结束了非理性争论的恶性循环。但即便"立场转换"将我们拖离自己的视角，"骄傲""恐惧"和"身份"等却从反方向向我们施加着强大的推力。此外，在激烈的争论中，认知不和谐太难处理了。在不考虑对方的情况下为自己辩护已经够难的了。

在这里，我再次意识到辩论带给我的益处。"转换立场"体现了一个更大的原则：我们应该考虑甚至尝试站在与自己的立场相反的立场上。这一原则不仅在竞争性辩论中反复出现，而且已融入其结构之中。

在辩论中，个人观点与辩论立场无关。分配立场的方式多种多样，包括掷硬币、石头剪刀布、从帽子中抽出，但都是随机的。这样分配的结果，会出现一个坚定的马克思主义者捍卫亚马逊、反对堕胎的拥护者为干细胞研究辩护的情形。在这个世界上，这样的情形也只有在辩论时才会出现。牛津大学联盟辩论的录音带上永远会有一条免责声明:"这段视频中的演讲者是一位竞争性辩论的辩手,其表达的观点不一定代表自己的信仰。"

一些辩论赛的赛制实际上要求参赛者对每一项动议进行正反两方面的辩论,一周作为正方,下一周则成为反方。但即使没有此要求,只要有足够的时间,辩手对大多数辩题都会进行正反两方面的辩论,其对手同样会这样做。

辩论的这一制度遭到了严肃的批评。回顾1876—1880年的大学生活,西奥多·罗斯福写道,他从不后悔的一件事就是没有参加辩论队。他写道:"就我个人而言,我对随意分配一个立场的辩论比赛一点儿也不感兴趣。""我们需要的是大学将我们的年轻人培养成有明确是非对错观念的人,而不是为了利益,不管对错都能进行充分论证。"

罗斯福的话在冷战期间重新进入公众意识。1954年,美国大学辩论巡回赛上的动议是,美国应当外交承认中国共产党政府。可能抽到反对遏制政策的立场让一些辩手和教练义愤填膺。事实上,美国海军学院(安纳波利斯)和军事学院(西点军校)全面禁止学生参加比赛,后者称"国家政策已经确立"。

这引发了一系列关于言论自由、军事法规、民主公民等棘手问题,也在全国范围内掀起了对竞争性辩论规则的讨论,观点之一是辩论者在每个问题上都要持正反两方观点进行辩论。在一篇经常被引用的文章中,前辩论教练理查德·墨菲教授认为,公开演讲应该是真诚的。也就是说,辩论者应该清楚自己真正相信什么,并坚持自己的立场。他从辩论教练布鲁克斯·昆比那里借用了彰显罗斯福风格的这句话:"我们的民主需要有原则的人……而不是被训练得可以站在由掷硬币决定的任意立场上的人。"

我发现这个论点极具说服力。每个辩论者的一生中都会有一段时间 —— 在两轮辩论之间的某个安静的时刻,不禁自问,真正相信的是什么。对于一个接受训练去为任何立场辩论的聪明的年轻人来说,这种内省让人心神不安。要回答这个问题,似乎需要与自己掌握的完全不同的技能,不是智力,而是判断力；不是魅力，而是坦率；不是速度，而是深思熟虑。

此外，人们还看到了这种唯利是图的行为准则在公共领域的影响。能说会道的政客们将随波逐流演绎成了一种艺术。不择手段的广告公司对烟草公司的广告精打细磨。如果说虚伪在政治和商业中是丑陋的，那么在个人生活中，虚伪则是令人无法容忍的。一想到有人振振有词，其实却根本不相信自己说的话，而我们却与这些人陷入争论，简直令人发疯。这种煽动拉拢，是站在了诚信的对立面。

大多数辩论者从未完全摆脱过此种担忧。小说家萨利·鲁尼在谈到她在大学巡回赛中的经历时写道："资本主义是怎样造福穷人的？针对压迫，被压迫的人们应该做些什么？我不再感到思考这些问题有任何乐趣。事实上，我觉得这让人压抑，有点不道德。"在我的辩论生涯中，很多时候，也有过同样的忧虑。

那么，为什么我要留下来？

答案就在辩论室里。一轮比赛开始之前，每个人，包括辩手和观众在内，都明白了这项活动会把人的自负显露无遗。那些 15 岁的孩子对伊朗核计划并没有多么强烈的看法。他们只是游戏中的玩家，出于某种奇怪的原因，需要在游戏中运用一些诡计和策略。

但随着辩论的进行，这种意识开始消散。不知从什么时候开始，我们忘记了这只是些十几岁的孩子，在为核裁军而争论。我们全神贯注于有关核裁军的论点。这是否意味着我们已经忘记了面前的辩手们只是十几岁的孩子？不是。相反，我们只是不再那么关心争论和说话者身份之间的关系。就像在一场戏剧表演中，我们愿意暂时把怀疑抛在脑后，沉浸在剧情之中。

将思想与身份割裂开、将说的内容与说话人割裂开是令人担忧的。在某些场合，比如法庭，这显然是站不住脚的。但在辩论室，它发挥着三个积极作用。

首先，这种割裂给了演讲者发挥的空间。一旦摆脱了忠实于自己的负担，辩手可以将新想法和表现自己的新方式玩弄于股掌之间。真实性和一致性的传统价值观让位于适应性和创造性。

其次，它让听众有机会从新的视角看待各种想法。日常生活中，我们经常将身份用作判断一个人的观点可信度的捷径。这在很大程度上是可行而有效的，却也会让我们倾向于与自己喜欢和信任的人达成一致意见。辩论把关注从"谁"转向"说的什么"，从而改变了这种自然倾向，我们得以重新思考习以为常的想法，尤其是看到由对手为我们真正持有的想法辩护时。

最后，这种割裂能让对手更好地表达异议。虽然我们会认真对待对手的辩案，但我们不认为一个论点可以代表他们的个性，或者说我们不认为一个论点可以定义或反映他们是谁。即便无法认同他们观点中那些不公正或愚蠢的方面，我们也会低声告诉自己，"如果不是上帝保佑，我们也会像他们一样"，因为我们知道，对方所持立场曾经离我们仅一步之遥。

这样一来，辩论室里便会生出一种嬉戏的感觉。不知道你可曾与辩手接触过？没有辩手失去自我，他们只是切断了自我与具体想法之间的联系。我们提出想法，不会考虑要与过去一致，也不会想到与将来的名誉相关。如此，一个重要的结果便是，改变主意变得更容易了。当然，180度反转仍很罕见。但辩论结束后，很多人会意识到问题的复杂性，认为对方有一些好的论点，感觉可以考虑站在中间立场上。

这是否意味着辩论实际上动摇了信念呢？我不这么认为，但辩论确实表明，对"信念"，可以有另一种理解方式。传统观点认为，我们是带着信念参与到讨论中的。其实我们也可以将信念视为从激烈的辩论中汲取的东西。简言之，信念与其说是一种输入，不如说是一种输出。争论的目的并非保护我们先前的信念不受外界攻击，而是为了去参与、去实践，直到发现值得我们一生秉持的信念。大可不必开始之前就把一切想得明明白白。

这种开放性的探索可能会产生更温和的信念。但如果一个人把信念的力量等同于对信念的偏执，就会出现问题。尽管教条式的信念是诱人而强烈的，但同时也是脆弱的。仔细斟酌后而选择的立场更温和，也更持久。正如爱荷华大学辩论教练克雷格·贝尔德在 1955 年阐述的那样，坚定的信念源于深思熟虑，辩论的作用正是"促进这种反思性思维，促进信念一步步走向成熟"。

贝尔德的阐述仍不够深入。哲学家约翰·斯图亚特·穆勒与爱人兼合作者哈里特·泰勒一起提出了许多观点。对他来说，任何坚定的信念，唯一得以证实的途径便是自由辩论。通过自由辩论我们才能确信，我们所持有的信念有可能被驳倒，但却并没有被驳倒。米尔的观点源自哪里呢？米尔自己认为，源自西塞罗及其提出的辩论成功的秘诀："据记载，这位古代最伟大的演说家曾说过，他总是像对待自己的辩案一样去认真研究对方的辩案，甚至比研究自己的更用心。"

日常生活中，显然，利用辩论的力量的方法便是去辩论。虽然正式辩论中很难采取"任意立场"，但它开始在一些工作场所得到关注。投资者沃伦·巴菲特曾提出，任何收购，都要同时聘请两名顾问。一名支持收购，另一名则反对收购，最终获胜一方将获得"输了的一方所得酬金的 10 倍"，甚至美国情报界也对"任意立场"持欢迎态度。继 21 世纪初发生灾难性情报问题后，美国情报组织试图在内部促进观点的多元化，措施之一是委托外部专家"研究相关事件的其他观点或处理方法；就一项不确定或模棱两可的判断之利弊进行争论甚至辩论。"

但我们不必展开整场辩论以获取上述裨益。与父母争论时，最让人吃惊的是他们不按常理出牌：妈妈会在反驳自己的想法之前先这样说："我想对此你可能会回答说……"或者"但话说回来……"这使我不由得尴尬地为她最初的主张辩护，导致我们暂时性的立场互换。"我来唱唱反调……"或者"只是提出来讨论讨论……"爸爸这样说只是为了表明他还没有确定的观点，但想检验一下某个论点合理与否。

这两种姿态都在想法和自我之间留出了一个空间。在那里，我们可以检验和改变我们的想法。在强冲突情境下，这个空间使得我们能够发挥最可贵、最必不可少的作用。

...

教堂第二次辩论前的午餐与往常没什么两样。餐厅功能齐全、微风习习，让人仿佛置身于某个健身房。年轻人刻意显得漫不经心地搬出桌子；另一些人紧随其后，拿着椅子和婴儿座椅。厨房将热气腾腾的米饭和汤一份份弄好，送到递菜口，另一些人守在那里等着拿，大人指挥着孩子们摆餐具。

没人谈论即将到来的讨论或前一周的讨论。人们谈论着孩子、政治、工作等日常，嘻嘻哈哈讲笑话。但午餐一结束，人们似乎忽然意识到了什么，一种别样的氛围笼罩着整个房间。看上去每个人都在忙着吃饭、聊天，但眼里却透出若有所思的神色。

这一次，人们没有从容地漫步走进房间，而是像陪审员一样，目的明确、神态严肃地鱼贯而入。牧师再次祈祷智慧和仁慈。他是个坚忍克己的人，但讲话中的每一次停顿、每一个没有清晰发出的音节，都不禁让人怀疑，是否一丝不安已悄悄潜入牧师的心中。

与第一次相比，这次的讨论更翔实具体。没有时间浪费在陈词滥调上。人们理解彼此的诉求并直接回应。总的来说，大家这次有更多的观点要分享。从某种程度上讲，这使得此次辩论更具挑战性。它将人与人之间的差异暴露无遗，大家各怀主张，矛盾重重。在更多涉及神学、政治、品格的问题上，大家意见存有分歧。不久，气氛便剑拔弩张。爸爸甚至一度离开房间以示抗议。

但就其他方面来讲，此次对话显示出其比第一次进步之处。人们不再对分歧的存在感到诧异，相反，他们期待着一场激烈的争论。发言人并没有做出任何真正意义上的让步，但他们认识到了有些听众可能持有的不同意见，并试图消除他们的忧虑。甚至有人提到"中间立场"和"兼收并蓄"。

最终，人们达成了初步共识。当然一些人强烈反对，而且许多问题尚未弄清。作为一名竞争型辩手，我早已习惯只能以两个确定结果中的一个来结束辩论——要么支持，要么反对。辩论赛的特点是赢家通吃。因此，我很难接受这样一个片面而且有争议的结论。然而，牧师没有安排再一次会议。他为社区祈祷，然后目送人们各自回家。

几天后，我忽然回忆起一段往事，才明白了这个结果的意义。2012 年 1 月，我踏上去往南非的辩论之旅，期间访问了罗本岛。自 17 世纪末以来，这个地方一直被用作监狱。但从 20 世纪 60 年代开始，这座监狱因曾关押过种族隔离政权反对者而为人熟知。到罗本岛需要坐 40 分钟的渡船，而登船必须经过一扇门，这扇门是以一名在岛上生活了 18 年的囚犯的名字命名的：纳尔逊·曼德拉。

参观完曼德拉的牢房，去往囚犯们打碎石灰石的采石场之前，博物馆工作人员准备了一段视频。"我听说你们是辩手，"导游说，"你知道马迪巴[1] 也曾经是位辩手吗？这个岛上的囚犯们整天都在争论政治、哲学和国家的未来。这是项很好的活动。"

视频中，1994 年 4 月 14 日，南非举行第一次民主选举的前十天，纳尔逊·曼德拉准备与种族隔离政府总统雷德里克·威廉·德克勒克[2] 进行辩论。德克勒克是一个强大的对手，这位南非白人律师是一位经验丰富、才华横溢的

1.Madiba，一种对曼德拉的敬称。

2.Frederik Willem de Klerk，南非共和国最后一任白人总统，废除种族隔离制度的推手。

演说家。曼德拉本人也是身经百战的辩论家，但他的顾问们担心，其沉着冷静的风格在电视上会被视为被动或无精打采。

其实，曼德拉面临的真正困难并不是赢得这场辩论。他已经确保会赢得选举。但基于德克勒克的财富和地位，国家需要他和他的选民们在家国重建中发挥重要作用。因此，双方必须在一夜之间由对手变为伙伴。

曼德拉的顾问们那时一定感到如释重负，总统候选人在辩论中表现得热情洋溢，胜券在握。作为挑战者，曼德拉像检察官一般对德克勒克步步紧逼。演讲结束段落是以严厉的批评开始的 —— "他们的计划在哪里？" "与谁讨论过？" —— 一些观众发出了叹息声。

但是，紧接着的下一句话，曼德拉改变了策略。"让我们共同努力达成和解，齐心协力建设国家。"说完，曼德拉伸出左手，握住了德克勒克的右手。"我很自豪能握着你的手，让我们共同努力，结束分裂，消除猜疑。"曼德拉自传中关于 1994 年辩论的章节的结尾部分是这样写的："德克勒克先生似乎很惊讶，但很高兴。"

辩论，无论多么激烈，都不会将其他解决我们与对手之间分歧的方式排除在外，包括谈判、建立联盟和宽恕。事实上，辩论可以使这些方式更加持久、更有意义。如果没有进行过至少一次彻底和批判性的意见交流，谈判达成的解决方案或组成的联盟又能持续多久呢？

然而，要使辩论发挥上述积极作用，必须明确其所处的位置。我认为，这是关于个人分歧的最后一件需要牢记在心的事：我们需要暂停争论，有时甚至需要完全放弃争论，以便采取其他方式解决分歧。正如曼德拉的言论中没有过多的挖苦讽刺，教会也没有举行第三次大会，因为辩论已经发挥了作用，紧随其后必须着手展开的是和解与妥协。

快到 11 月底时，我已经准备好开始一份新工作。漫长的招聘过程结束后，我得到了澳大利亚财经类日报《澳大利亚金融评论报》见习记者的职位。工资比最低工资高不了多少，但我很感恩总算有了一个开端。

第一天上班的前一天晚上，我为父母做了晚饭，表达对他们过去五个月来的感谢，同时也是道歉。我还不小心在炉子上把一些榛子烧着了，我明白，对周日晚上的晚餐来说，我将提起的话题太沉重了。

看着整条鱼在烤箱里烤着，青豆在沸水中变白，这几个月在家里的情景不禁在脑海中一段段重现。这段时间是平庸的成人生活的开端，我度过了无数个浑浑噩噩的日子，想来着实令人沮丧。校友杂志中的《他们现在在哪里？》专栏中绝不会描述这样的阶段，更不用说在求职简历中了。

然而，从这段日子中我有所收获。和父母住在一起的时光不断提醒我，人与人之间的冲突是不可避免的。厌恶争论一旦成为习惯，就意味着永远保持沉默或永远与人保持一定距离。我还意识到，有了分歧，最好的办法是就事论事，而不要林林总总、纠缠不清。我们只有将分歧厘清主次，才能对其加以控制。个人纷争比正式辩论更加难以处理。一个是生活，一个只不过是游戏。但这个游戏可以帮助我们应对生活中真正的挑战。

我把鱼、豆子、茴香、土豆和葡萄酒端上桌，然后邀请父母坐到桌前，怀着今晚我们能放弃分歧，以其他方式来相处的希望，用两个超出辩论常用语汇的词向他们表达心意：谢谢您、对不起。

9

AI 永远取代
不了的说服力

2019 年 2 月，一个周二的上午，悉尼《澳大利亚金融评论报》繁忙的办公室里，我在办公桌上放下一杯温咖啡，然后去找编辑们商量我的一篇新闻报道。在旧金山这座挤满各种媒体的城市，让编辑们通过一篇报道可不是件容易的事情。他们看起来没被我说服。"我们是不是应该探一探内部消息？"一个人问道。因为处在职业生涯新手期，所以我误把指令当问题，回答道："不，我们不用……"

　　当时技术编辑不失礼貌而略带同情地听我说完后，布置我去为一篇简短的专栏文章做字数统计。在走回办公室的路上，我觉得有点内疚。我并未十分坦诚地告诉技术编辑我想报道这一事件的原因。但当时我又能说什么呢？跟他讲我必须抓住这次机会一窥未来吗？跟他讲我想知道，这个世界上我唯一最在行的辩论领域，机器会比我更胜一筹吗？算了吧。

　　我当记者还不到三个月。对我来说，新闻编辑室是个令我顿生谦恭之心的地方。在澳大利亚，一直以来，踏足新闻业仅凭高中学历就够了。在这里，我经年累月获得的学位变得一文不值。才几天时间，助理编辑们就发现，除了用复杂难懂的句式和浮夸做作的语言表达，我对如何为普通读者写作一窍不通。刚入职第一周时，一位编辑无意中发现我正趴在一堆关于稀土矿物的文档上焦头烂额，大喊道："如果你不懂，打电话问！"

在诸多方面，我已对这份工作心生迷恋。新闻制作过程是一种有序的混乱。虽然每天充斥着各种错误、联络不畅，以及毫无商量余地的最后期限，但不知何故，最后总能奇迹般地完成排版。在新闻报道的全盛时代，记者们的报道会掀起公众讨论并构建起讨论的框架。他们用的工具很不起眼：事实、观点、故事和文字，是的，文字贯穿始终。此外，2019 年是选举年，新闻报道显得越发重要。并不是说我的工作有多么尖端、前沿。最初的两个月，我只成功发表了一篇报道，后来，报道开始排在杂志插页附近的页面，那种欣喜若狂的感受真真切切。

新闻行业本身显然已陷入困境。由于人们喜欢将一个行业的衰落归咎于单一因素，显而易见，对新闻行业来说，这个因素是技术。平面广告设计（包括汽车、就业和房地产分类广告）转向在线竞争对手，收入大幅下降；同时大型科技公司在线上平台的新闻报道中渔利，却未向出版商支付相应费用。此外，虚假新闻、网络暴力、以讹传讹等造成的危害不断蔓延，阻碍了新闻业的发展。

科技对我个人的职业生涯也构成了更加荒谬的威胁。十多年来，早期科技先行者一直在谈论人工智能在新闻自动化方面的潜力。从那时起，诸如彭博社的电子人[1]、华盛顿邮报的机器人记者 Heliograf 和澳大利亚卫报的内容制造器 ReporterMate[2] 等工具主要是被用于简单、公式化的内容，例如公司收益和体育比赛的结果等。但人们依然可以从中看到技术的不断进步。

想到这些，思绪把我从悉尼的办公桌前拉到了旧金山的一项活动中。在

---

1. 电子人：Cyborg，又称赛博格，一种人类与电子机械的融合系统，能使用 AI 提取来识别数千家公司的收益报告中的关键数据点，并在几秒钟内生成标题和文章。

2. 主要用于金融、体育行业新闻报道。

科技公司 IBM 的 Think 年会上，舞台布置得很简单。纯蓝背景下，两个讲台等距分布在舞台中心两侧，中间是个高大亮滑的黑色塔碑状东西，像加大版的移动存储器，又像个人体大小的电子烟。这场辩论吸引了约 800 人齐聚一堂，还有数千人在线围观。辩论者是谁呢？舞台一侧的角落里站着哈里什·纳塔拉扬，一位温文尔雅的剑桥毕业生，也是我在辩论巡回赛（包括在塞萨洛尼基举行的总决赛）中的老对手。而在另一侧的则是 IBM 开发的人工智能系统 Project Debater。它经过训练可以参与现场辩论，甚至击败人类。

早在 2018 年 6 月，Project Debater 问世之初，在旧金山举行的一次非公开媒体活动上，我就听到过有关它的传言。这台机器曾与以色列的几位辩手就关于"资助空间探索"及"增加远程医疗"两个辩题展开过辩论。辩论赛现场的记者们写道，智能辩手"非常有说服力，尽管有过失，但可以说完全不落下风"。记者们还提到其强大的 IBM 家族前辈。一位是深蓝。深蓝于 1997 年在象棋比赛中击败当时的世界冠军加里·卡斯帕罗夫，轰动一时；另一位则是超级计算机沃森。2011 年在《危险边缘》[1] 游戏中，沃森击败了两位前冠军布拉德·拉特和肯·詹宁斯。首次亮相，智能辩手便取得一胜一负的战绩：在有关太空旅行的辩论中被认为不如人类对手有说服力，但在远程医疗方面则比对手更具说服力。直播现场记分牌显示：1–1。

尽管如此，我并没把 Project Debater 放在眼里。科技记者往往对这些发展无比兴奋，但我已经记不清自己上一次依靠 Siri 做任何事情是什么时候。此外，我们 90 后一代，虽说精通技术，但并非技术控。我们经历过科技不发达的时期，亲历了从拨号上网到宽带、从随身听到 iPod、从 Windows 2000 到

---

1. 危险边缘：Jeopardy，哥伦比亚广播公司益智问答游戏节目。参赛者需具备历史、文学、政治、科学和通俗文化等知识，还得会解析隐晦含义、反讽与谜语等，而电脑并不擅长进行这类复杂思考。

Windows XP 再到 Vista 操作系统的转变。我心目中适用于辩论的模型是 AOL[1] 公司的聊天机器人 SmarterChild[2]。人们能用脏话和不合逻辑的推论使其产生愤怒、失望或困惑等情绪。

2 月的一个清晨，离首次亮相不到一年，Project Debater 将在我面前上演人机大战。哈里什是最优秀的辩手，经验极其丰富，曾在辩论巡回赛中多次战胜我。因此，我对这场人机大战极为关注。

流行文化中，恶毒的机器人总是沉默不语。沉默表明他们偏计算轻协商、行动胜过雄辩。只要机器依然服从于人类，沉默便是一项优点。然而，当机器人做出与人类相反甚至谋害人类的决定时，沉默就变得极其险恶。如斯坦利·库布里克导演的电影《2001：太空漫游》中的一幕：杀气腾腾的人工智能哈尔 9000 拒绝进一步对话：

大卫·鲍曼："哈尔，我不会再和你争论了。打开车门。"
哈尔 9000："戴夫，谈话已毫无意义。再见。"

我想知道假如 Project Debater 充满恶意，身处哈尔 9000 同样的情境时，它是否会深刻而滔滔不绝地解释其想要伤害我们的理由。当然，我也想知道我们是否会被说服。

视线回到旧金山，美国高端辩论节目《高手过招》[3] 的常驻主持约翰·唐万无奈之下，不得不用"嘘"声才让在场的技术极客和紧张的高管们安静下来。

1.American On Line，美国境内提供线上加值网络服务的公司。

2.2000 年"SmarterChild"出现在老牌即时通讯 AIM 上，它经过预编程能对用户查询给出反馈。

3. 高手过招：Intelligence Squared Debates，是一个著名的辩论节目，内容涉及社会生活的方方面面，每次请的嘉宾也都是各领域的大咖。

他先介绍了两位演讲人："首先，今晚的正方辩手是 IBM 的 Project Debater！"旋即一道蓝光打在黑色塔碑上。我不知道智能辩手会长什么样，我以为它会被推着滚到台上，却惊讶地发现原来它一直就在那里。"让我们欢迎代表我们人类的反方辩手上台，他就是——哈里什·纳塔拉扬！"哈里什，穿着西装三件套，踩着摇滚乐鼓点登场亮相。

本次辩题是"我们应该资助学前教育"，双方辩手各有 15 分钟的准备时间。至今那些辩论中的紧迫时刻仍历历在目——

为寻找一个（甚至）可能永远不会派上用场的案例而奋笔疾书、反复默念、小声咒骂。哈里什在后台做准备。而这台机器则一直在全世界的注视下。该它发言时，Project Debater 以优雅的女声说：

向你问候，哈里什。我听说你在与人的辩论赛中保持着不败的战绩。但我怀疑你从未与机器辩论过。欢迎来到未来。

· · ·

八年前，2011 年 2 月，以色列计算机科学家诺姆·斯洛尼姆和同事在位于特拉维夫的 IBM 研究院会面，讨论方案。距沃森在《危险边缘》中击败两位（人类）冠军已经过去好几个星期，公司领导层已开始酝酿下一个重大挑战。

在某些方面，斯洛尼姆是能够领导此类项目的科学家的不二人选。他于 2002 年在希伯来大学获得机器学习方向的博士学位，专长是将机器学习应用于文本数据。文本数据领域的研究结果是沃森获胜不可或缺的因素。除此之外，从其简历上来看，在其他方面，斯洛尼姆并没什么突出之处。读博期间，斯洛尼姆曾偷偷兼职担任《拼图》——一部昙花一现的电视情景喜剧——的联合编剧。毕业后，他在普林斯顿大学做了几年生物物理学研究员，然后回到了以色列。

头脑风暴持续了一个多小时，期间，斯洛尼姆充分体现了其多元背景，想法涉及人类语言、机器语言、娱乐和科学等诸多方面。

"挑战：在电视转播的竞争性辩论中击败人类专家型辩论者。"

初始方案仅由一张幻灯片呈现。斯洛尼姆和他的同事写道，这项挑战将需要"数据挖掘、自然语言理解和生成、逻辑推理、智能等方面强大高效的新方法"。怎样界定成功是一项崭新的挑战：辩论与国际象棋或《危险边缘》游戏不同，没有客观结果。竞争性辩论的传统是"规则明确、针对哪方获胜结论明确"。这为这一问题的解答提供了线索。一份记录显示，设计者们曾做出大胆预测："毫无疑问，完成这一挑战将史无前例。"

离特拉维夫研究中心不远的地方，一场最终的审判正在进行。以色列与埃及、约旦、黎巴嫩和叙利亚四个主权国家接壤。2月底，作为区域性运动的一部分，四个国家都爆发了大规模的抗议活动，反对僵化的政治体制和政府贪污腐败。

有关动乱的铺天盖地的报道中，媒体成就了一位新英雄：科技。记者们展示出抗议者用来组织集会和分享信息的社交媒体页面的截屏。"社交媒体革命"这一短语很快便随处可见。8月，在邓迪举行的世界学校辩论锦标赛上的辩题是"我方认为脸书时代专制统治必将终结"。

这种乐观主义既不合理，也缺乏依据。在其发端之初，互联网就激发了大量的乌托邦式的思想。这些思想由网络先行者们传播，并在主流媒体中被放大，最终流行于网络这个最公共的场所。人们无须考虑国界或地位，在网页上相聚并共存。当然，风险在于，网上的此种联结可以带来合作，但也常常导致冲突。但早期关于互联网论坛所做的研究发现，论坛中，人们之间极易产生争论。拿其中一位作者的话来说，"显而易见，人们相信，论战和谩骂能展现出辩论和激烈辩护的力量"。古老的无政府主义所鼓吹的思想解放得以复兴，互联网被比作咖啡馆、沙龙和公共广场。

对于硅谷的那些公司创始人来说，运动最初几个月提出的思想推动了公共关系的发展，使公司发展的宗旨看起来是可靠甚至是完全令人信服的，也让这些初创公司在向海外扩张的过程中平添了一些世俗心。在一年一度的 G 8 峰会上，时任法国总统尼古拉斯·萨科齐主张对科技公司加强监管。脸书首席执行官马克·扎克伯格随即变现撤资。扎克伯格说："人们告诉我：'你在运动中起到了举足轻重的作用，但这同时也挺可怕，你使得公众信息收集和分享成为可能。'""凡事总有两面性。你无法既利用互联网的好处，同时又能对你不喜欢的方面施加控制。"

这一年接下来的时间，诺姆·斯洛尼姆不断发展和完善辩论机的设想。潜在的竞争者不断被公司领导层淘汰。斯洛尼姆的想法经过一轮轮严格甄选，越来越成熟。项目之初，时政并不在他的考虑范围之内。他的主要动机是"纯科学"研究。从这个角度来看，挑战巨大。正如斯洛尼姆在第一次会议上告诉同事的那样，自他八年前在该领域从事研究以来，人工智能和文本数据的研究几乎没有取得进展："他们对付的永远是同样的问题，永远没有进展。这样的研究他们可以继续做 20 多年，而我认为这太无聊了。我们真的需要做一些开创性的事情。"

2012 年 2 月，斯洛尼姆收到一条消息。AI 技术部副总裁 Aya Soffer 问斯洛尼姆是否听说辩论已被 IBM 选为下一个重大挑战。斯洛尼姆刚想感谢 Soffer 的支持，就听她说："先别谢我……"

...

七年过去了，这台机器如今在旧金山的辩论中说着近乎完美的句子。由斯洛尼姆和拉尼特·阿哈罗诺夫共同领导的研发团队在 Project Debater 里储存了两类辩论素材。其一是包含 4 亿篇报刊文章、共计 100 亿句话的数据库，辩论者可以从中"挖掘"论点和论据。另一素材则是常见论点、例子、引用、类比和框架结构的纲要，例如，关于黑市形成的观点可用于许多与商品和服务禁令相关的辩论场景。

Project Debater 辩论时先采用的是第二种素材。它先从大处着眼："当前情形下，我们一致认为补贴问题超出了金钱的范畴，涉及社会、政治和道德各个层面。"进而，它引出了一个虽说有点闪烁其词但尚行得通的原则性立场："当我们对学前教育进行资助时，我们就是在很好地利用政府资金，因为它们为整个社会带来了好处。支持学前儿童是我们的责任。而补贴是一项重要的政策工具。"

让 Project Debater 达到如此水准绝非易事。即使对人类来说，剖析辩题、在记忆中搜索相关信息、再对想法分组和排序、进行语言编辑并最终产出语言，也是一项需要一生的时间才能熟练掌握的技能。而对于一台机器，完成上述每一项任务都必须先行编码。

开篇陈词仅 90 秒钟左右，Project Debater 就已展示出强大的优势：组织证据的超凡能力。在有关减贫这一论点的一分钟辩论中，辩论机参考了经济合作与发展组织、美国疾病控制与预防中心、美国国家早期教育研究所 1960—2013 年进行的一项超研究，以及 1973 年澳大利亚总理高夫·惠特拉姆的演讲。演讲显得有些仓促和混乱，但绝不显肤浅。

真不知道哈里什会对这一连串的信息作何回应。在辩论中，对信息储备不足的演讲者来说，事实便是克星。这台机器从其数据库中挖掘了不少于 6 项研究。若是对每一项研究都进行辩驳，结果只能是徒劳无益。就算熟读大量文献，反驳也将花费大量时间，能打成平局已是最好的结果。那么，人类该怎么做？

哈里什首先承认："正方的演讲涵盖了大量信息，包含了很多事实和数据。"他说话缓慢而严谨，好像在试图消除误解。接着他沉着冷静地开始反驳："Project Debater 表明的一点我们凭直觉便能感知：如果我们认为学前教育大体运行良好，那么当然值得给它们以资助。但我认为这还不足以成为给予资助的充分理由……还有很多事情是对社会有益的。"哈里什提到，应被优先考虑的还有医保和高等教育，但政府没有采取任何行动解决其中任何一项。"我并不是说上述两项就一定都比学前教育更重要，而是说，Project Debater 不能充分论证资助学前教育会对社会有益。"

然后哈里什展开进一步陈述："尤其值得一提的是，资助学前教育会引起一个问题，大笔资金将流向中产阶级和上层阶级家庭，因为这些是最有可能让他们的孩子接受学前教育的家庭。此外，补贴可能不足以让最贫困家庭负担起学前教育的费用。此种情况下，穷人将会被置于一种反常境地——用他们上缴的税补贴自己根本负担不起的服务，也就是说"两头吃亏"。后果会是什么呢？"出于政策原因而让利给中产阶级。"

Project Debater 无动于衷："首先，我聆听对手的发言时常常会想：他们要的是什么？他们希望看到穷人在他们家门口乞讨吗？要是穷人们没有暖气，没有自来水，他们能过好吗？"这些话充满煽动性发言的特征，有诋毁、有夸张，还有不雅重复，但语气听起来像个虚拟售货员一样充满关切。

接下来真正的考验来了。Project Debater 在设计上的特点就是早已准备好反驳。所以甚至在哈里什发言之前，它已经生成了反方有可能讲到的观点，或者说"线索"，并准备好驳论了。一轮轮的辩论中，它要做的是确定哈里什实际上用到了哪些"线索"，然后有针对性地"插进"恰当的回应。

但在这一步，翻译机显得有些支支吾吾。Project Debater 在没有证据的情况下断言"政府预算很大……确实有更重要的领域需要资金支出，但这一点无关痛痒，因为各类补贴并不相互排斥"。它不露声色地提到，补贴使父母能够进入并留在从业人员中（这可能是对哈里什关于能否送孩子接受学前教育观点的回应）。但它并没有进一步展开解释，转而提出了另一主张："我们谈的是一个有限、有益、有针对性的机制。"

哈里什在总结陈词中摆出了和解的姿态："所以我想首先指出我和 Project Debater 意见一致的地方。我们同意贫穷是可怕的……这些是我们需要解决的问题。"然后他话锋一转，"但上述所有问题并不会因为资助学前教育而得以解决。"哈里什重申了预算有限的观点，补充说，即使资金并不短缺，政治层面对补贴所需支出的支持也是有限的。"很高兴我能作为反方重申立场。"他最后说道。

正反方分别作了两分钟的总结陈词，随后观众进行投票。辩论之前，观众对资助学前教育的支持情况如下：

79%　　　　支持

13%　　　　反对

8%　　　　　未定

到本轮结束时，数字发生了变化：

62%　　　　支持

30%　　　　反对

8%　　　　　未定

根据"立场变化"的衡量标准，哈里什·纳塔拉扬获胜。

主持人还向观众提出了一个问题："两位辩手中哪位更能丰富你的知识？"在这一环节，Project Debater 获得了 55% 的选票，而哈里什获得了 22%

的选票（其余的人则认为双方平分秋色）。

我给报纸写了一篇评论文章。午餐时刻，在一家卖越南三明治的摊位前，我停下来，想了想用于评判这场辩论赛的两个标准。

Project Debater 丰富了我们的知识，因为这已经内置于其策略模式中。这台机器研发时基于的就是相信事实和研究的说服力。正如它在总结陈词时所阐明的："我确信，演讲中，我提供了足够的数据来论证对学龄前儿童的支持是合理的。"如果说有不足的话，那就是该系统似乎过于强调证据的重要性，结果反而适得其反。在急于拿出更多的研究或引文时，Project Debater 错过了其他机会，比如剖析概念、与观众互动、更积极地回应反驳。

而哈里什则采取了与之迥异的做法。他谈到了折衷方案和预算限制，在此基础上，他在理想和现实之间划出了一条明确的分界线。在我看来这真是明智之举，更符合我们做出决策的方式和途径。

但现在我怀疑自己是否太快地接受了"稀缺"逻辑。例如，我几乎没有考虑到放弃改善受教育机会所需要的成本。也许这台机器看到了一些我所忽略的东西：已有很多人撰文证明，阶级身份决定学习的机会和资源会带来诸多不可逆转的危害。

哈里什击败 Project Debater 的另一个原因体现在与观众互动方面。他强调"求同存异"，表现出关爱之心；他适时微笑或皱眉。跟这样一个天生的表演者相比，这台机器虽有电子屏幕，也表现出一定的幽默感，但仍无法与人类媲美。令人欣慰的是，我发现与他人交往这一最能体现人性的能力，仍然是我们人类所独有的。但我思考的是，对信息的喜恶超越对信息本身的衡量、趋"同"避"异"，会对我们产生怎样的误导。对我们来说，还有什么比倾向于支持人类更根本的同质化形式呢？

这使我想到下面这个问题：Project Debater 之所以输掉这轮比赛，是因为它在辩论中表现得不如人类，还是因为优于人类呢？把剩下的三明治包好，漫步走回办公室的路上，我确定了答案：两者兼而有之。

···

旧金山辩论后的几周我一直忙忙碌碌。4月11日上午，澳大利亚总理建议总督解散议会，并将选举定在下个月举行。一封电子邮件随即发到了新闻编辑室。虽然38天的竞选活动按照国际标准来说并不算长，但它仍将是一场"马拉松"，也将是"年度最重要的新闻"。

对我来说，获得报道选举的机会就像做梦一样。我对新闻业的浪漫憧憬——新闻服务于民主、新闻业存在的必要性、新闻报道的后果——都在现实中得以体现。然而难的是找到一个角度来报道城里发生的最精彩的故事。我发现自己几乎天天不停地刷推特和其他一些社交媒体网站，这些平台上每隔几分钟就有一些小纷争新鲜出炉，像流血的新伤口一样扎眼。

一方面，我想说"这很正常"。就像那个大家熟悉的表情包一样。我是在社交媒体中长大的，并且依靠社交媒体得以在三次跨国搬家中与朋友们保持联系。另一方面，作为一名辩手，我内心欣然接受网络上因政见分歧而导致的百家争鸣。这一现象在自我隔离时代极为罕见。造成自我隔离的因素包括阶级、回音壁[1]、公共平台使用机会不平等，以及主要政党在实质问题上的趋同，等等。对上述问题我只是大体有所了解，但我在这些网站上花费了大量的时间。总之一句话，感觉很糟糕，我开始怀疑是否有人能在互联网上合理发表异见。

有关在线辩论的研究一直把我引向 Reddit[2] 上的一个名为"改变我的观点

---

1. 人们只听到一种观点或类似自己观点的情况。
2. Reddit 是个社交新闻网站，标语：提前于新闻发声，来自互联网的声音。

（Change My View，CMV）"的论坛。论坛由一位名叫卡尔·特恩布尔的 17 岁苏格兰音乐人于 2013 年创建，迄今已发展成为一个拥有 70 万用户的社区，吸引了谷歌技术孵化部门的关注，并在《连线》杂志上被赞誉为"公民在线对话的最大希望"。CMV 的创意很简单：发帖人（楼主）为其所持的信念发帖表态，但是乐于接纳改变（例如"绅士化是一个艰难但必要的过程"）。然后楼主向其他人发出"CMV"（改变我的观点）的挑战，随后与跟帖者进行辩论。如果在辩论的过程中有人改变了楼主的观点，则被授予一个三角形符号（意为 A 级），论坛成员会把赢得的三角符号放在自己的名字旁边。论坛似乎证实了两个令人难以置信的观点：民众可以进行在线辩论，而且在线辩论能够改变我们的观点。

CMV 上的用户行为学者们提供了丰富的研究数据。它不仅记录下人们提出异议的方式，还能确定哪些方式最有可能改变人们内心的想法，即使提出异议者获得 A 级。基于 CMV 数据的研究论文有六七篇，其中最扎实的一篇论文里，来自康奈尔大学的研究人员在两年半的时间里研究了 18000 条帖子，涉及 70000 名参与者。研究结果为以下几个经验法则提供了证据：

快速行动：跟帖越晚，改变楼主观点的可能性越小。前两位跟帖者成功改变楼主观点的可能性是第十位跟帖者的三倍。

坦诚相待：更有说服力的帖子倾向于承认不确定性和限定性条件。也许出于类似的原因，有效的辩论往往包含更多"与辩论者相关的人称代词"（例如：我、你、我们），以代替原本笼统而宽泛的陈述。

切忌重复：成功的辩论提供"新信息或新观点"，而不在回应时使用与原帖雷同的术语。这一点可以通过措辞上的差异来衡量。研究人员还表示，反驳中我们常常引用对手原话，但这"似乎不是一种有效的策略"。

摆明依据：使人信服的帖子倾向于使用超链接和"例如"及"比如"之

类的标记词来引用外部证据。2018 年亚利桑那州立大学研究人员的一项独立研究发现，不管是关于"社会道德"问题的讨论，还是其他不那么激烈的话题，证据都极具说服力。

主动放弃（四轮后）：改变观点的可能性在原帖主和跟帖者之间进行三个来回之时达到顶峰，然后在第四次攻防转换后急剧下降。

这一切很好理解，但我花在 CMV 上的时间越多，就越发现它的访问常客和运行环境不同寻常。用户的认真程度几乎达到了令人痛苦的程度。一些原帖跟报纸专栏评论文章的长度不相上下。其他一些作者与 CMV 用户分享的帖子则都是描述个人遭遇的小危机，例如挫折、怀疑或顿悟。跟帖者的批评往往很犀利，有时甚至可以说严苛、尖锐。跟帖者常常提出问题，也经常勉强承认他人的部分论点。

在我看来，这些用户就像逃离了网络危险区域来此创造了一个新世界的难民。社会不仅通过亲密关系或文化联结在一起。法律和法规的维系作用也不可或缺。CMV 的"规则"页所包含的信息比美国宪法有过之而无不及，从学究气十足的各项规定（"标题应该是陈述，不是提问。例如，您应该写"CMV：Trix 果然多谷物早餐仅适用于儿童"，而非"CMV：Trix 果然多谷物早餐是儿童专用的吗？"）到对道德的要求（"你可以认为他们提出的观点具有冒犯性——'这种观点是种族主义的'——但你想对发表评论的人品头论足时必须悬崖勒马"）不一而足。每条规则由自愿当版主的人执行，他们有权删除帖子，在极端情况下，可以把某人踢出论坛。

通过这种软硬兼施的手段，CMV 似乎解决了导致在线辩论令人失望的三个结构性问题。

观众：网络分歧最糟糕的一点是，比起改变彼此的想法和讨论手头的问题，参与者更感兴趣的似乎是向人们展现自己的美德和喜好。CMV为这个问题设计了一个漂亮的解决方案："成功"的唯一途径就是改变他人的想法。

算法：社交媒体上的纷争往往旷日持久、令人不堪其扰，因为这些网站为了提高参与度往往选择极端的内容，这是由其算法决定的。CMV也依赖参与度，但帖子能否置顶留言板，取决于用户在所有讨论中的"更新"，而不是基于个人评论。

匿名：各社交媒体平台估计，网站上约5%是假信息，其中大部分是由机器人程序负责运行的。这带来了极其严重的风险，如选举干预，并在较小的范围内，促使人们对其他网民的身份和动机产生怀疑。CMV的用户大多是匿名的（创始人以"Snorrrlax"之名发帖），但他们通过A级符号的数量来表明自己长期参与论坛活动。

这样做的结果是，为有效辩论重设了一些背景条件，使得论坛发的帖子基于论据而非空喊口号、鼓励认真倾听而非哗众取宠，意在解决问题而非拖延拖沓。有效辩论一部分源于用户的自选择，但更多得益于平台设计。

在CMV上展开有效讨论需要其独具特色的文化、规则以及实施程序来保障，但这些都是需要成本的。即使在Reddit中，CMV仍然是针对特定小群体的社区。其会员人数是Gaming、Today I Learned和Funny等reddit上的子板会员人数的二十分之一到二十五分之一，仅有70万人。老实说，即使在我看来，CMV对遵守规则的要求也过于苛刻了。那些看上去十全十美的争论让我感觉很不自然，令人望而却步，进入论坛的门槛被抬得过高了。

我在浏览区中提出了相同的问题：如果CMV这个乌托邦不合众意（至少不合我意），那么未来切实可行的辩论应该是什么样子呢？

．

...

2021 年年中我遇到诺姆·斯洛尼姆，当时，世界因新型冠状病毒感染发生了翻天覆地的变化。澳大利亚保守派政府 2019 年在极度不利的情形下再次获胜，现在发现在疫苗推广方面政府处境十分不利。奥黛丽·唐和她的同事们正在与一场在线"信息疫情"作斗争，这场"信息疫情"对公众健康造成了实实在在、立竿见影的后果。以色列经历了三次封锁，数千人死亡，疫情似乎出现了拐点。世界仿佛站在新时代的悬崖上摇摇欲坠。

我上一次见到斯洛尼姆已经是两年前了，那还是在旧金山的一场直播节目中。从那以后，他就留起了胡子。视频连线时，他的眼镜反射出电脑屏幕的蓝光，让人很难看懂他的面部表情。

我想让斯洛尼姆告诉我，那场辩论是否已在他心目中慢慢淡化。每个辩论者都知道：随着时间的推移，人们不会再为了一场备受瞩目的失败而懊悔。记忆慢慢柔和起来，一切获得了新的含义。但这个成熟的过程，首先需要我们去接受失败。那么，他有没有淡忘那场辩论呢？

斯洛尼姆先是说："我认为哈里什更擅长现场辩论，原因很简单，他真的是一个比 Project Debater 更强大的辩论家。这并不是说在任何特定的辩论中，Project Debater 都会输给他。其实在大多数辩论中，Project Debater 会表现得更出色。

"我同意这样的看法，如果重新听一次辩论，做出更理性的思考，越发会认为两者势均力敌、难分秋色。但竞赛就是竞赛，只能现场听，做出评判，没有机会复盘。"

斯洛尼姆提醒我，用丰富观众知识这一标准来衡量，Project Debater 的表现更胜一等。他解释说，最初的观众意见是 80% 的人支持资助学前教育机构，这使机器获胜的概率更低。

随后，斯洛尼姆仿佛按下重置键一般变了个人。"老实说，我一点儿也不在乎了。在某种程度上，我认为输了对我们反而更好。当然，如果能以更小的劣势输掉比赛，那就更好了。但比赛结果传达的信息是正确的，我确实认为可以汲取一些教训。"斯洛尼姆的团队多年兢兢业业，只怀着一个雄心壮志，那就是在现场辩论中击败一位冠军辩手。然而，即使在辩论刚结束后不久，人们关注的焦点也不是结果，而是交锋。"回顾过去，你会发现这个问题完全不重要。所以我们一直是被错误的问题困扰着。"

但是，不要忘了，1996 年 2 月，深蓝在与大师加里·卡斯帕罗夫的第一场国际象棋比赛中失利，一年后在重赛中又赢了回来。有时，失败意味着在朝着更有意义的胜利迈进。

斯洛尼姆知道，如果再比一次，团队应该把精力放在哪里：去触动"观众的心"。他们可以设定程序让机器去寻找与观众的共鸣点，而不是一味反驳，要更直接地打动观众。斯洛尼姆解释说："从技术角度来看，这并不难做到。"他的话里透着些许反讽的意味。这台辩论机真是太能辩了。如果以说服为目的，那么单靠攻辩和逻辑推理是远远不够的。慰藉、同情和折衷等软技能也必须发挥应有的作用。

"除此之外，真的能建立更强大的逻辑和更有力的反驳吗？是的，我们可以在这些软技能方面做些什么。我们可以循序渐进地完成这项工作。确定目标后，我们人员足够，再花上几年时间，终会成功。反正我是这么想的。"

目前来说，一切都还只是设想。IBM 决定不再继续研发 Project Debater 的实时辩论系统，转而将重点放在该技术的其他应用上。迄今为止公布的方案是将系统的功能集成到一套企业版 AI 产品中。但该公司也展示了该技术的一些民用用途，例如解析大量公众评论，并向决策者呈现重要观点。

在我们谈话的前一个月，斯洛尼姆和他的团队在《自然》杂志上发表了一篇关于 Project Debater 的完整阐述。除了解释系统的工作原理，53 位合著者还试图定义 Project Debater 所体现的技术类型。他们发现，大多数人工智能研究专注于如何让单片电路完成离散的、狭义界定的任务。相比之下，Project Debater 承担了一项更复杂的工作，它需要将任务分解为更小的步骤，然后整合解决方案。这是一个"复合人工智能"系统，或者像斯洛尼姆解释的那样，是一个由许多活动部件组成的"协调器"。

斯洛尼姆认为，就目前而言，一个单一的端到端辩论系统 —— 直接从输入到输出，而不求助于单独设计的中间步骤 —— 依然是遥远的前景。这样一个系统需要大量的标准化数据（国际象棋选手深蓝从 70 万场大师赛的数据库中选择了自己的开局）。此外，在一轮辩论中，人们期望的输出是如此复杂，很难想象该从何着手使用这些数据。但这并不意味着斯洛尼姆和他的团队没有想过解决方案。

有一种解决数据问题的应变方法被称为强化学习。2017 年 10 月，Alphabet[1] 的子公司 DeepMind 发布了一款软件，该软件通过反复与自身对战来学习围棋。AlphaGo Zero 开始知道的仅仅是游戏的规则。在三天的时间里，它打了 490 万场比赛，战胜了旧版 AlphaGo，而旧版 AlphaGo 曾击败取得 18 次世界冠军的李世石。系统一直在进步。"纯粹自我学习的 AlphaGo 是最强大的。人类在其自我完善面前显得很多余。"中国选手柯洁如此评价。同年 12 月，DeepMind 推出了同样使用深度学习掌握国际象棋、日本将棋（一种棋盘游戏）和围棋的软件。

没有受到以往表现的束缚，该系统采取了避开最佳棋手的策略。用制造商的话说，由此产生的机器"不再被约束在人类知识的边界内"。

斯洛尼姆说，这种方法理论上可以用于辩论。他的团队已经开发了一个

---

1. 谷歌重组后的"伞形公司"名字，采取控股公司结构。

"裁判"，能够评估论点的力度。一个与自己辩论并能针对反馈做出改进的系统可能会"找到人类未曾想过的说服模式"。但一个人们预料不到的难题横亘在开发者面前。辩论的目的是说服人类改变主意，但机器一旦使用一些令人无法理解、难以置信的手段，就必然会失去人类的支持。围棋和国际象棋选手们努力追求的是超越对手，辩手却只能与对手一起前行。

斯洛尼姆说："对辩论来说，人天生就在圈内。"

我觉得斯洛尼姆这样想很令人欣慰。争论是如此人性化的行为，从中可以窥见人类的怪癖和局限。不管是好是坏，人类的推理能力、同理心和判断能力界定了辩论的边界。机器要完成在辩论中最终战胜人类的壮举，其在辩论中只能去体现人性，而不是超越人性。

与诺姆·斯洛尼姆交谈后，上述想法在我心里产生的共鸣让我极度忧虑。我在想（假如）一个系统利用数百万小时的人类争论训练自己，从议会辩论的文字版到社交媒体上的各种信息记录，应有尽有，（那么）这台机器肯定会看到，在胜算不大的情况下，我们也有办法很好地表达分歧。但有时，我们会屈从于花言巧语，对煽动性的谣言、缺乏逻辑、奉承讨好、厌恶仇恨毫无招架之力。它甚至可能识别出，人类采取一些技术促成有效辩论，也有一些技术被用来阻碍进行合理辩论。

一台利用这些数据来训练的机器，将对人类这一物种如何处理争论形成判断，而后系统将对性能做出必要的调整。这样一台机器，是会与人类本性中的善对话，还是与人性中的恶对抗？会与我们诡辩还是跟我们讨论？本着斗争还是合作的精神？这一切目前仍掌握在人类手中。

结论

本书，如一场辩论，以沉默开始，也将以沉默结束。

2021 年 7 月，一个周六的凌晨，我完成了初稿。在还没有陷入自我怀疑之前，把书稿发给了几个朋友。他们都是喜爱争论之人，形成鲜明的意见不费吹灰之力，所以我准备坚强地去面对他们将给出的激烈回应。然而，漫长的几个星期过去了，一片死寂。数百页书稿，大量的信息，结果呢？"懒得理你。"

就在我准备一笔勾销这些所谓的朋友时，他们的回复接踵而来，一封封长长的电子邮件，一通接一通的电话。大家并没有对书稿表示一致赞赏。在所有回复中，他们最为担忧的是："主题选择有效辩论没什么不好，但关注点是否过于狭小、太个性化了呢？过于关注社交细节了，对结构改革有所忽略。"

我的一位朋友是硅谷一家初创公司的创始人，他让我在便笺上写下一个问题——"辩论如何发展？"并把便条贴在浴室的镜子上，直到找到答案。几分钟后，他给我发来一张小小的长方形图片。图片里，一位胡须飘逸、留着长发的老人正在用杠杆撬动地球。下面的引文写着："给我一个杠杆和一个支点，我能撬动地球。——阿基米德"

我理解这种推动力。此时此刻，世界似乎正处于此起彼伏的结构性变革中。在澳大利亚，我看到地缘政治力量在变化，并感受到了美国种族正义运动的影响。另外，最近发生的这场疫情不仅反映着我们所创造的世界，也破坏了我们所创造的世界。

大家的普遍看法与我的观点不同，认为必须认真对待结构性问题：如果辩论的质量反映了更广泛意义上的社会健康问题，那么我们应该把重点放在作为辩论背景的体制问题上，而不是仅仅关注辩论本身。也许我们可以从获得政治代表权方面的差异入手，或从媒体组织的结构开始。

早上，站在浴室的洗脸盆前，那张该死的便笺总是浮现在眼前 ——"辩论如何发展？"我决定回答这个问题。最终的答案是，应逐步在公共机构推行辩论的精神并实践之。

第一，从安排上来讲，公共机构应该为讨论留出更多空间。我们可以通过循序渐进的改革来实现这一目标，例如，对国会和议会程序加以规定，或建立新的制度。后者最好的体现之一是公民大会，即随机选出一群公民，赋予他们就政策提出建议的权力，建议有没有约束力暂且不说。

第二，国家应为公民提供参加此类讨论会所需的教育。这意味着从基本的公民意识培养转向学者梅拉·莱文森所提出的"知识、技能、态度和参与习惯"的培养。虽然应从学校教育入手开展这项工作，但也应看到对成人进行教育的可能性。这项工作迄今为止一直是由少数民间社会组织承担的。

第三，在成立论坛之后，公共机构 —— 无论是政府还是公立学校 —— 都应对其诚信进行监督和维护。讨论取决于是否存在一个公平的竞争环境，使参与者有机会发表意见，并就其做出的贡献做出判断。在我们所处的这个世界，这样的环境极其稀缺。因此，我们需要将促进争论发展的努力放在一个更具实质性的规划中，建立更健全、更公平的制度。

第四，公共机构应该对辩论的结果做出回应。政府经常将磋商作为遮羞布以掩盖其不作为。然而，一场保护人权的辩论，与真正意义上的保护人权不可同日而语。任何论坛，如果仅仅停留在讨论层面上，绝不会持续太久。

虽然这些想法听起来既抽象又不切实际，但事实上，世界上许多地方都已将其付诸实践。过去二十年里，加拿大、美国、爱尔兰、荷兰、比利时、波兰和英国都成立了公民大会。当年，日本政府重新实施裁判员制度时，开展了大规模的公共教育活动，向公民传授法律论述和审议程序等方面的知识。日本的裁判员是义务性的，类似陪审团制度，邀请公民与专业法官一起审议刑事案件。（司法部部长会打扮成裁判员制度的官方吉祥物鹦鹉，为推动改革助力。）

　　更重要的是，各国政府表明，只要有利于公民利益，他们可以迅速组织特别集会。例如，为了应对呼吁政府进行经济改革的示威抗议活动，法国总统埃曼纽尔·马克龙于 2019 年 1 月举行了大规模的公众磋商会议，被称为"国民大讨论"。在两个多月的时间里，"国民大讨论"共产生 200 万在线捐款、10000 次地方集会、16000 份投诉书和一系列公民集会。上述种种推行辩论精神的尝试，其结果都存在争议。尽管如此，如果因为其早期的迭代而忽视过去一百年来最重要的一些改革，那将是愚蠢而荒唐的。

　　我对上述每一项措施都深信不疑，但当我设想将其作为公共机构痼疾的综合解决方案时，总摆脱不了没有抓住要点的感觉。

…

　　辩论如何发展？我感到迫切需要回答这个问题，因为在我看来，摆在辩论面前的种种危险是非常严重甚至是生死攸关的。观察公众广场上愤怒的争吵，我担心的并不是争吵双方受到感情上的创伤，而是大多数人会被劝阻不要卷入争论。因为我从小到大一直太熟悉那样的时刻了，你认为根本不值得争论时，最好的选择便是保持沉默。

　　这种沉默有其诱惑力：它将人与人之间拉开距离，从而保证了安全、舒适和优越感。然而，我在澳大利亚慢慢长大成人的过程中，明白了一件事，这种将自己从对话中移除的选择，不仅等于选择了远离他人，也意味着否定了自己，那个与世界对话的自己。随着时间的推移，诸如沮丧、无聊、绝望等促使我们做出上述行为的动机，可能会演变成一种更为顽固的情绪——蔑视。

因此，规劝大家去解决造成种种社会顽疾的结构性问题，是远远不够的。我们公共和私人生活中的许多问题都有其制度根源。然而，恶意争论带来的懊恼沮丧，以及由此造成的对辩论的信心丧失，这些本身就可能导致社会分化和社会功能失常。同样，在政治对手缺乏对话的意愿和能力的情形下，任何实质性改革都不可能进行下去。结构上的修正可能先于文化变革，但不可能消除对文化变革的需求。

一天下午，我正琢磨这些想法，我的企业家朋友告诉了我另一个关于发展的秘密："我们的目标不仅是增长，而且是不成比例的大幅度增长，这样一来，一个不起眼的小动作便会产生巨大的连锁反应。"他说，"这可不是那种挨家挨户的方式。"

那一刻，对他最初提出的问题，我忽然有了答案：辩论不会扩大规模。

辩论的力量，无论大小，存在于面对面、一对一的交锋产生的魅力之中。每一场辩论都有其本身的特点，需要我们谨慎小心，需要我们集中精力。在辩论的过程中，没有阿基米德可以用来撬动地球的杠杆：我们能保证的，只有把话一句句说好，让一次次的对话奏效。

有时这就足够了。成功的辩论会催生新的思想，会促使关系更加紧密。学习辩论则会使人们对政治机会主义者的狡猾操纵更具免疫力。辩论确实培养了许多伟大的人物，但辩论的基本职责是对话，而非独白。

辩论要想改变世界，首先必须改变辩论者的生活。在这本书中，我讲述了辩论改变我的生活的故事。在我没有发言权时，是辩论赋予了我声音。它教会了我如何为自己的利益辩护、如何回应对手、如何字斟句酌、如何输得优雅，以及如何选择战场。就世界的变革而言，这些是微不足道的，但对我来说，这就是一切。

很长一段时间以来，我一直认为我对辩论的兴趣源于我与生俱来的怪癖和生命中发生的一系列意外事件。但近来，我对辩论的看法更加全面。作家斯坦·格兰特喜欢引用黑格尔的这句话："人类是地球上的匆匆过客。"格兰特是土生土长的澳大利亚人，祖先来自欧洲，所以，对于造就现代澳大利亚的澳大利亚文化和欧洲文化，都感同身受："我住在船与岸之间，试图在激荡着多灾多难的过往的海域中艰难航行。"格兰特用黑格尔的哲学观点阐释道。这种情况下，必须辩证地看待解放：一个观点（正题）与另一个观点（反题）产生碰撞后，不是默认任何一个观点，而是在碰撞的过程中产生了第三种观点，即将二者结合（合题）。

在我看来，辩论回应的是同一个挑战：人类存在意见分歧；人类是地球上的匆匆过客。然而，这并不意味着我们需要在投降和拒绝之间做出选择，并不意味着，人要么屈从于他人，要么与他人隔着如此的鸿沟，以至于根本听不到他们在说些什么。

相反，辩论要求我们保持开放，保持敏感。一轮辩论总是从"我"开始——我的立场、我的论点、自我意识，但最终会不可阻挡地走向对方。

这种转变发生在辩论室里，也出现在演讲者结束演讲后的沉默中。这样的时刻既没有蔑视带来的沉闷，也没有因回避引起的沉重。相反，它充满紧张地期待：人们会不会接受我的观点？对方会做出怎样的回应？

对我来说，演讲后的沉默是辩论中最难挨的时刻。在这样的时刻，你暴露无遗，未来充满未知，一切仰仗着他人的恩典。然而，我们辩手会将麦克风交到对方手中，因为如果没有这种信任，任何对话都不可能发生。

为使己方观点长存，我们将其交付他人。

致谢

我要感谢几代辩论家建立并保持的传统，让我心有安处。我试图将他们的集体智慧记述在本书中，我是在用他们赋予我的声音写作。感谢法内勒·马什瓦马与我保持长达十几年的友谊，对此我俩都心怀感激。感谢安德鲁·胡德和史蒂夫·辛德的明智指导。

感谢出版社同仁们的信任和辛勤工作。Scribner Australia 出版社的本·鲍尔是我的第一位编辑，感谢他冒着风险给我机会。而且是他帮我撰写了开题书（给他自己看）。写作的过程曲折蜿蜒，他一直是我不可或缺的向导。我的经纪人盖尔·罗斯和达拉·凯和我一起将开题书从头到尾做出的修改多达八次，并费尽心力为我谋求出版机会。感谢威廉·海沃德代表企鹅出版社的邀约，并成为本书的主编。他的远见卓识一直照亮着我的前行之路。

威廉·柯林斯出版社的肖伊布·罗卡迪亚一次次打来长途电话，他的文雅和坚韧一直激励着我，我们由此建立起深厚的情谊。

任何一位作家，能拥有这些人中哪怕一个人的支持，都幸运之至。而我却有幸得到所有这些人的支持。然而由此，我却陷入了一个"不幸"的境地：找不到任何退缩的借口。

感谢安·戈多夫、斯科特·莫耶斯、阿拉贝拉·派克和丹·鲁菲诺以及他们的团队，能成为他们编辑出版过的众多作家中的一员，我感到荣幸之至。感谢企鹅出版社的娜塔莉·科尔曼和哈佛学院的阿曼达·张，他们的敏锐和乐观让成书的过程轻松而愉悦。感谢韩国 Munhakdonne 出版集团、Hayakawa 出版社、北京磨铁文化集团有限公司、Acme 出版社、Litera 出版社[1]以及 Abner Stein、Milkwood Agency、The English Agency、Grayhawk Agency 和 Livia Stoia Literature Agency，谢谢他们将本书介绍给更多的读者。感谢莎拉·哈特森、莫莉·里德、希娜·帕特尔、梅根·卡瓦诺、妮可·塞利、苔丝·埃斯皮诺萨、艾莉·达马托和瑞安·贝尼特斯为本版所做的工作。

本书内容有关我的教育经历，所以我要感谢我的老师们。朱迪·吉尔克里斯特让我认识到，语言可以改变人们的生活，尤其是，语言可以通过改变我的生活而改变他人的生活。在我心里，牙买加·金凯德一直是创造力和讲真话的完美典范。伊莱恩·斯卡里拥有完美的道德想象力和坚韧不拔的意志。路易斯·梅南德教会了我怎样冷静做出判断。与陆克文、王辉、阿马蒂亚·森、迈克尔·罗森和罗伯托·昂格有关政治和哲学问题的讨论，构成了我的教育中不可或缺的部分。我所尊重的新闻界的诸多同人教会我怎样提出好问题，他们是《澳大利亚金融评论》的霍华德·弗伦奇、理查德·麦格雷戈、茱莉亚·贝尔德、安娜贝尔·克拉布。希望我能沿着法律界前辈们迈克尔·柯比、吉莉安·特里格斯、路易斯·莫雷诺·奥坎波、玛莎·米诺和珍妮·苏克·格森的脚步不断前行。感谢史蒂夫·施瓦茨曼和比尔·阿克曼为我的教育提供部分资助。感谢丽莎·马斯卡廷、亚当·格兰特、罗伯特·巴内特和诺姆·斯洛尼姆的帮助。

感谢家人和朋友们的付出。感谢澳大利亚最优秀的作家瑟立文·达维于

1.西班牙著名出版社。

百忙之中指导我完成写作过程的每个阶段。感谢约拿·哈恩、温妮·格雷厄姆、阿克沙·博努和内森·布斯，他们是无与伦比的对话者。感谢我的阿姨吴美京，让我在她的家里完成本书的初稿。

本书献给朴真暻和徐源教，我爱他们，感谢他们永远支持我。

© 民主与建设出版社，2024

图书在版编目（CIP）数据

绝对说服 /（澳）徐辅贤著；曹军译 . -- 北京：
民主与建设出版社，2024.8
书名原文：Good Arguments: how debate teaches
us to listen and be heard
ISBN 978-7-5139-4514-1

Ⅰ . ①绝… Ⅱ . ①徐… ②曹… Ⅲ . ①说服—语言艺
术—通俗读物 Ⅳ . ① H019-49

中国国家版本馆 CIP 数据核字（2024）第 045507 号

著作权合同登记号：01-2024-3674

绝对说服
JUEDUI SHUOFU

著　　者　[澳]徐辅贤
译　　者　曹　军
责任编辑　郭丽芳　周　艺
封面设计　王雪纯
出版发行　民主与建设出版社有限责任公司
电　　话　（010）59417749　59419778
社　　址　北京市海淀区西三环中路 10 号望海楼 E 座 7 层
邮　　编　100142
印　　刷　三河市中晟雅豪印务有限公司
版　　次　2024 年 8 月第 1 版
印　　次　2024 年 8 月第 1 次印刷
开　　本　700mm×980mm　1/16
印　　张　16.25
字　　数　180 千字
书　　号　ISBN 978-7-5139-4514-1
定　　价　68.00 元

注：如有印、装质量问题，请与出版社联系。